Key Technologies of Widening of Subgrade and Pavement of Expressway on Soft Soil Foundation

软土地基上高速公路路基路面加宽关键技术

张军辉　编著
郑健龙　主审

人民交通出版社

内 容 提 要

本书共分为10章。第1章为绪论，主要分析目前国内外高速公路加宽工程的概况，研究加宽工程中常见病害及其产生机理，并由此提出软土地基上高速公路加宽工程的关键技术。第2~7章主要对新老路基的相互作用、加筋路堤性状、路堤加宽的设计和施工技术、加宽工程差异沉降的控制指标与标准等与加宽路基相关的技术进行论述；第8章给出高速公路加宽工程性状现场监测方面的技术要求；第9章开展了加宽工程路面开裂的断裂力学分析；第10章着重以沪宁高速公路路面加宽工程为例，对路面加宽及施工技术进行论述。

本书可供从事公路设计、施工及科研的技术人员参考使用。

图书在版编目(CIP)数据

软土地基上高速公路路基路面加宽关键技术/张军辉编著. —北京：人民交通出版社，2012.6

ISBN 978-7-114-09824-6

Ⅰ.①软… Ⅱ.①张… Ⅲ.①软土地基—高速公路—公路路基—工程施工 ②软土地基—高速公路—路面—工程施工 Ⅳ.①U419

中国版本图书馆CIP数据核字(2012)第114990号

书　　名：软土地基上高速公路路基路面加宽关键技术
著 作 者：张军辉
责任编辑：王文华（wwh@ccpress.com.cn）
出版发行：人民交通出版社
地　　址：（100011）北京市朝阳区安定门外外馆斜街3号
网　　址：http：//www.ccpress.com.cn
销售电话：（010）59757969，59757973
总 经 销：人民交通出版社发行部
经　　销：各地新华书店
印　　刷：北京交通印务实业公司
开　　本：720×960　1/16
印　　张：11
字　　数：204千
版　　次：2012年6月　第1版
印　　次：2012年6月　第1次印刷
书　　号：ISBN 978-7-114-09824-6
定　　价：28.00元

目　　录

第1章 绪 论

1.1 高速公路加宽的必要性

1.1.1 促进国民经济又好又快发展的需要

改革开放以来,我国交通基础设施建设迈上新台阶,迎来了高速公路发展的新时代。截止到2011年年底,高速公路通车里程已达8.49万km,但其中大部分为双向四车道。

随着国民经济的发展,公路客货运输持续快速增长,1990~2010年20年间,客运量增长近5倍,货运量增长3.4倍,如图1.1所示。汽车保有量大幅增加,相当比例的高速公路通行能力已无法满足要求,1990~2010年20年间,汽车保有量增长14倍,如图1.2所示,经常造成交通拥堵,甚至引发恶性交通事故(图1.3),严重制约了社会经济发展。因此,加快高速公路网的升级改造、提高重要路段的通行能力已迫在眉睫。

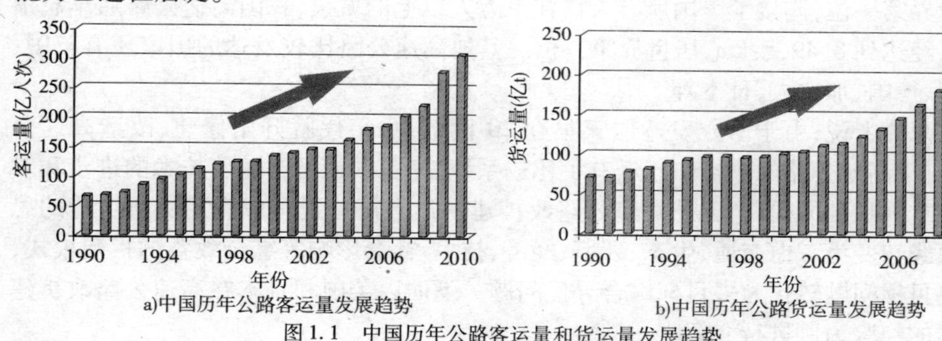

图1.1 中国历年公路客运量和货运量发展趋势

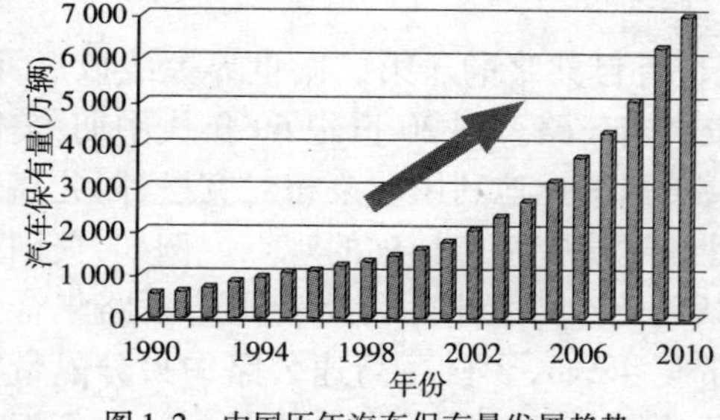

图1.2 中国历年汽车保有量发展趋势

图1.3 通行能力不足引发的交通事故

1.1.2 发展低碳经济，走资源节约和环境友好型交通发展之路的需要

节约资源、保护环境是我国的基本国策。道路建设与维护消耗大量资源，并且占用土地，污染环境。因此，交通行业是资源占用和能源消耗性行业，也是建设资源节约型、环境友好型社会的重点攻关领域。

通过原有高速公路的改扩建，拓宽道路，增加车道，提高通行能力，以适应交通量快速增长的需要。与新建高速公路比较，将大大减少土地资源占用、降低建设成本。此外，高速公路改扩建工程将产生大量的废旧路面材料，通过开发这些废旧材料的循环再生利用技术，既可节约沥青、石料等原材料资源，亦可减少工程垃圾，保护环境。

1.2 国外高速公路加宽工程发展概况

1930 年，德国修建了从波恩至科隆的高速公路，世界第一条高速公路自此诞生。高速公路因其行车速度快、通行能力大、经济效益高、行车舒适安全等特点备受世界各国青睐。高速公路已成为世界各国实现交通现代化的一个主要标志。高速公路通车里程已经成为衡量一个国家或地区经济发达程度的一项重要指标。

截至 2009 年年底，全世界已有 80 多个国家和地区拥有高速公路，高速公路通车里程已超过 25 万 km。目前，美国高速公路网已基本建成，总里程约 10 万 km，居世界第一位，连接了美国所有人口在 5 万人以上的城镇，我国高速公路通车总里程已经达到 8.49 万 km，居世界第二位。其他高速公路比较发达的国家还有英国、法国、德国、加拿大、日本等。

总体上说，由于西方发达国家早在 20 世纪 30 年代就开始修建、改造高速公路，对于高速公路的改扩建已经有了比较系统、完备的认识。随着技术的进步和对环境重视程度的提高，国外高速公路改扩建由过去简单地考虑满足交通功能的思维模式转变为考虑交通、生态、环境、经济、技术、社会影响等综合效益的扩建模式，从单目标问题转化为多目标综合寻优问题。下面以美国和日本在高速公路改扩建方面的经验为例进行介绍[1]。

1.2.1 美国高速公路改扩建

美国在高速公路建设上取得的成就是有目共睹的。第二次世界大战以后，因国防需要，美国开始在国内大规模地建设高速公路。到 20 世纪 60 年代中期，美国的高速公路网基本成形。由于国情不同，美国的土地利用政策相对宽松，因此高速公路建设具备很好的前瞻性，在公路设计和建设中坚持长远的观点。例如，美国高速公路的中央分隔带通常设计得较宽：1956 年，国家州际公路和国防公路集合设计标准中规定，城区高速公路中央分隔带宽 4.9m，乡村区高速公路中央分隔带宽 11m；1967 年出版的 AASHTO 规范中推荐的最小中央分隔带宽为 18 ~24m，靠近城

区的中央分隔带为 7 ~ 8m。较宽的中央分隔带既便于排水、管线布设和交通安全设施等的布置，也便于将来的道路拓宽。

随着经济的发展及交通量的不断增加，从 20 世纪 70 年代中期至 80 年代中期，美国掀起了一股大规模的高速公路改扩建热潮。出于对环境保护的考虑，联邦政府非常赞同对旧线进行拓宽扩建。由于美国的路基拓宽改造一般在中央分隔带内进行，所以新老路面的沉降差异问题并不突出。

在此期间，对扩建方案的研究主要针对具体项目中的工程技术问题，类似我国目前所处的高速公路改扩建初期。随着对高速公路扩建问题探索的深入，TRB 组织于 1983 年在美国召开了高速公路扩建工程专题国际会议。该会议比较完整地总结了发达国家近 10 年来对高速公路扩建的技术方法，主要集中在结构拼接和施工方法上的总结，而对于高速公路改扩建的方案设计、比选以及线形设计等问题几乎没有涉及。1983 年，美国 Jack E. Leisch 在 ITE Journal 上发表了名为《高速公路改扩建设计特点和方案研究》的论文，较为系统地论述了在高速公路改建拓宽中在几何线形设计方面普遍遇到的问题，尤其是对立交设计作了很精辟的总结。

从 20 世纪 80 年代末至今，环境与公共关系对高速公路改建项目的重要性越来越突出。美国在高速公路改扩建方面的研究，越来越多地侧重扩建项目如何减少对自然环境和公众生活的影响，如何有效地与公众进行沟通，如何在工程中利用先进的技术等问题，在改扩建项目的方案设计、比选、施工区道路安全性和施工区的交通组织等方面的技术日臻成熟。

1.2.2 日本高速公路改扩建

日本于 20 世纪 60 年代初开始建设高速公路，到了 80 年代，陆续建成了名神、中央、东名、首都、阪神等干线高速公路，初步形成了高速公路干线网络。此后，开始大力兴建与干线交叉的支线高标准道路。目前，日本全国高速公路总里程接近 8 000km，其最终目标是在全国建成总长度为 11 520km 的高速公路网络。

日本的高速公路建设也经历了高速发展、注重提高质量、兼顾维修保养出精品三个阶段。和美国一样，日本的公路部门非常重视前期的规划工作，充分体现以人为本和经济实用的原则，为后续的改扩建留有余量。在技术方向，日本国内的施工企业非常注重技术创新工作，在路基处理、路基拼接、桥梁拼接和立交拓宽等方面，总结了很多实用的技术。概括来讲，日本在高速公路改扩建中积累的经验主要在以下几个方面。

(1)路基处理技术

日本多数地区属火山地貌，少部分地区为盆地和海相沉积平原，深软土地基分布较广。由于高速公路规划建设线路多呈南北纵向分布，少量为东西横断走向。道路所穿越的地区基本为山区、峡谷，软土地基处理量较小。因此，在道路新建和扩建中对局部软土地段一般不作深层地基处理，而基本采用水泥或石灰进行土质改良、提前预压或用轻质填料进行路基填筑，以减少路基工后沉降。用轻质填料进行路基填筑是日本在高速公路扩建中总结的实用技术。目前，日本的轻质路基填料主要有两种类型：一种是空气泡沫砂浆和空气泡沫轻质稳定土；另一种是发泡聚苯乙烯块颗粒土。该技术的成功应用，加快了道路新建和扩建施工进度，缩短了施工周期，具有较好的综合效益，近年来被广泛推荐使用。

(2)路基拼接技术

由于受地理条件限制，日本现已建成通车的高速公路中，隧道和桥梁所占比例较大，填筑路基段大多位于山间峡谷，依山体而建。因此，根据地形条件，除少数一般的平原、丘陵挖填方路段采用两侧拼接加宽的方式外，其他路段多以单侧拼接加宽为主，局部路段的隧道、桥梁和路基采取分离新建的做法。由于对路基段的拼接应用了轻质填料技术，所以在拼接过程中一般不对原路基进行大面积开挖台阶和复压，从而加快了扩建的速度。

(3)排水性沥青混凝土路面技术

在路面新材料应用方面，目前日本正在全国范围内大力推广排水性沥青混凝土路面。路面结构为：4cm 厚排水性沥混凝土面层 + 6cm 厚沥青防水层 + 20cm 厚沥青处治基层 + 10 ~ 20cm 厚水泥处治底基层。其面层所用石料一般选用坚质砂岩，10 ~ 13mm 粒径石料占 70% ~ 80%，砂占 10% ~ 15%，矿粉占 5%，树脂沥青占 5%，孔隙率达 20%。从面层渗透的水由防水层表面排至路基边沟。尽管此种路面结构的建设成本比一般沥青路面高，但由于排水性沥青混凝土路面的摩擦系数较高且能降低行车噪声，消除普通路面车辆雨天行驶产生的尾雾现象，并具有较高的抗车辙能力，从而提高了道路的安全系数和行车的舒适性。因此，日本道路公团要求所有新建及改建的路面均采用此结构。

此外，国外公路加宽工程主要还有荷兰鹿特丹(Rotterdam)—安特卫普(Antwerp)的 A16 号公路[2-4]、阿姆斯特丹(Amsterdam)—乌得勒支(Utrecht)的 A2 号公路[5]、芬兰赫尔辛基(Helsinki)—Mikonkorpi 公路[2]，韩国 1 号高速公路，德国开姆尼茨(Chemnitz)—德累斯顿(Dresden)的 A4 号联邦高速公路等。

由于国外高速公路设计时充分考虑了后期交通量的增加，采用了较宽的中央分隔带，新老路基结合部带来的差异沉降问题不明显，因此，值得借鉴的地方不多。

1.3 国内高速公路加宽工程发展概况

自我国首条高速公路加宽工程——广佛高速公路加宽工程动工以来，先后有海南环岛东线、沪杭甬、哈大、沈大、沪宁、南京绕城等高速公路相继局部或全线扩建加宽。

1.3.1 广佛高速公路加宽工程

广佛高速公路加宽工程从起点至雅瑶立交段，全长 6.864km，按高速公路八车道标准加宽扩建，两侧各加宽两条车道，全宽达 41m；雅瑶立交至终点谢边段，全长 6.971Km，按高速公路六车道标准加宽扩建，两侧各加宽一条车道，全宽达 33.5m。加宽工程从 1997 年 8 月开工，到 1999 年 10 月完工，成为全国首条高速公路加宽扩建工程[7-9]。其主要技术要点及效果如下。

(1)软土地基处理

广佛高速公路全线累计共有软土地基段 5 562m，软土层厚度达 10 ~ 20m，主要是淤泥质细(粉)砂软弱层。老路下的软土地基采用袋装砂井结合砂垫层排水固结处理，经过近 10 年的沉降，路基范围内的软土地基已充分固结并趋于稳定。考虑新路基的工期短、不可中断交通和软土地基范围广等特点，采用水泥粉喷桩快速固结软土地基，并结合砂垫层形成复合地土地基，提高地基整体强度。

粉喷桩施工由外向内分两阶段逐步施工：第一阶段按 1∶0.8 的坡率开挖老路边坡，整平、压实形成工作面后进行外层粉喷桩施工，待粉喷桩成型检验合格后进入第二阶段施工，按 1∶0.5 的坡率继续开挖边坡，整平压实后再进行内侧粉喷桩施工。桩的直径为 50cm，桩间距分布里密外疏，其中，新建路面下采用 1.2m 间距梅花桩形布置，靠近新路坡脚处采用 1.8 ~ 2.3m 的间距。

砂垫层严格按照设计要求施工，与老路堤的砂垫层连通。地下水丰富路段增设土工布包碎石作盲沟，确保路基排水畅通。

(2)路基处治措施

老路边坡采用清除表土后再挖台阶的方法进行衔接，严格按照施工规范中对新老路基衔接的要求开挖台阶，而且台阶数量尽可能多，为新老路基衔接提供更多接触面，更利于新老路基的结合。在部分填方较高的路段采用逐步开挖的方式施工，同时做好排水与安全防护工作。

在软土地基处理和填土过程中，始终用塑料布封闭开挖出露的老路堤坡面。

为减小不均匀沉降和提高新路基的稳定性，使应力传递更合理，在复合地基上铺设两层土工格栅。土工格栅横向铺设，两层之间填筑 50cm 厚风化土。对软土地基与非软土地基接头部位用两层 15m 长的土工格栅搭接过渡，其中，软土地基处理段搭入 5m，非软土地基段搭入 10m。

在路槽纵向铺设 2m 宽跨施工缝的土工格栅，格栅嵌入老路面的宽度为 1.05m，以加强新老路基的横向联系，减少裂缝反射。

严格控制新老路基结合部(大型压路机的压实施工死角)的压实，对该处用打夯机分薄层压实填筑。

(3)施工动态控制

软土地基处理施工期从1997年9月至12月，施工完成后设点观测沉降量，期间每增加一层填土观测一次，填土结束后每个月观测一次，连续观测至1999年10月完工通车为止。

(4)路面处治措施

将老路面边缘60cm宽范围内呈疏松状的沥青混凝土面层和水泥稳定基层挖除，在新路面施工时一起回填压实，结合路槽跨施工缝设计土工格栅来增强路面整体性。

(5)路基拼接效果

广佛高速公路加宽工程竣工投入运营后，道路通行能力大幅提高，高峰期交通量达110 000辆/昼夜。在繁重的交通量作用下，加宽工程的质量状况良好。2000年11月加宽工程缺陷责任期路况调查资料表明，新建路基基本稳定，无显著下沉或开裂，新路面没有出现积水现象和因设计或施工原因导致的破损。2003年7月，广佛高速公路路面状况明显下降，出现了横向裂缝、网裂、坑槽等病害，但基本没有出现因路基拼接、差异沉降造成的路表纵向裂缝和反坡，初步说明处理方法和措施是合适的。

1.3.2 海南环岛东线高速公路加宽工程

海南环岛东线高速公路加宽工程分两期进行，一期工程(海口—琼海段)86.15km于1996年11月正式动工，1998年3月建成通车。二期工程(琼海—三亚段)分两阶段进行：1998年6月，二期工程(琼海—陵水段)108km正式动工，2000年1月建成通车；2000年中旬，二期工程(陵水—三亚段)57km正式动工，全部工程于2001年9月建成通车[10]。其主要技术要点及效果如下。

(1)软土地基处理

对于3m深度的软土地基，一般换填适当厚度的砂垫层或级配碎石垫层。对于3m以上深度的软土地基，采用粉喷桩、粉喷桩加反压护道或粉喷桩加预压处理。粉喷桩要求至少7d龄期后才逐渐填筑土方。填土时要严格控制填土厚度和压实度标准。

(2)路基处治措施

新老路基结合部开挖台阶。在原有半幅左侧路堤边坡处，从坡脚向上挖成1.0~1.5m、内倾2%~4%的反向台阶。坡脚附近的台阶宽一些，通常为2~3m。然后逐渐填筑新路基，台阶部位需及时和重点碾压。部分路段提高路基压实度标准。填方路段，把规范规定的90%压实度区提高到93%，93%区提高到95%，95%区提高到96%；挖方段，路堑路床压实度要求达到96%。

对于4m的填方路基、底基层下以及桥涵的台背处，在新老结合部设置塑料土工格栅。

(3)施工动态控制

软土地基路堤填筑过程中要做好沉降和稳定观测，并严格限制施工填料和加载速度。路基加载速度应控制沉降量小于1.5cm/d，水平位移量小于0.5cm/d，待路基沉降基本趋于稳定后才能修筑路面。

(4)路基拼接效果

2002 年 12 月,经海南省高速公路工程验收小组验收,海南环岛东线高速公路(左幅)加宽工程被评定为优良工程。加宽工程新老路基拼接处基本无异常现象,仅在大茅隧道引道分离高填路堤处沥青路面因压实度等原因出现约 200m 纵缝及约 20 条横缝,加宽工程拼接总体效果良好。

1.3.3 沈大高速公路加宽工程

2002 年 5 月 28 日,沈阳至大连高速公路加宽改造工程全线开工。沈大高速公路原为四车道,路基宽度 26m,加宽改造后为八车道,设计时速 120km,基本沿两侧加宽,局部单侧加宽,路基宽度 42m。加宽改造工程全长 348km,投资额近 79 亿元,2004 年 9 月建成通车[11-14]。其主要技术要点及效果如下。

(1)软土地基处理

试验段采用了塑料排水板 + 土工布 + 砂砾、粉喷桩结合石渣和直接铺筑 70cm 石渣三种处理方案。

对于软土层较薄路段,采用抛石填筑;对于软土层较厚路段,采用塑料排水板或粉喷桩处理。粉喷桩桩径为 0.5m,间距为 1.4m,正三角形布置,桩长一般为 8 ~ 12m。

(2)路基处治措施

老路路基边坡面开挖成台阶状,高度不大于 80cm,底面向路中心横坡 3%,并挖至与原路面齐平。挖到一定高度后再挖下一个台阶,避免施工时边坡塌落。原边坡垂直厚度 30cm 的边坡土一次性清除,移至加宽路基的坡脚外,做加宽路基的培肩土用。

在路基顶面以下 20cm 处铺设一层土工格栅,宽度 6m,每延米纵横断裂荷载分别为 60kN/m、20kN/m,同时路基内台阶处铺设 2 ~ 3 层土工格栅,增加新老路基的结合,并改善路基土体的应力状态。

选用与老路基相同或物理力学指标高的碎石土、砾石土、山皮土、石渣等材料填筑新路基。通过大吨位振动压路机、冲击式压路机来碾压土体以及增加碾压遍数来减少土体本身孔隙率,增加路基压实度,减少路基本身沉降。

当加宽部位路基填至路基顶面 80cm 时,把原路硬路肩挖除,然后检查原路基填料是否符合要求(表 1.1);如符合,进行填筑。

路基填料强度要求 表 1.1

路基顶面以下	上路床	下路床	上路堤	下路堤	零填或零挖
深度(m)	0 ~ 30	30 ~ 80	80 ~ 150	150 以下	—
最小强度(CBR)	8	5	4	3	—
最大粒径(cm)	10	10	15	15	10

(3)施工动态控制

当填土高度在临界高度以上时,日沉降量不大于0.5cm,日侧向位移不大于0.3cm;当填土高度在临界高度以下时,日沉降量不大于1.0cm,日侧向位移不大于0.5cm。

对于填土速率,接近或不超过临界高度时,每2d填筑25cm;超过临界高度时,每4d填筑25cm。

(4)路基拼接效果

在对路基沉降、土压力、位移、孔隙水压力和测斜五个项目进行长达1年的观测,从获取数据上分析,沉降量在最初的6个月里增长较快,基本达到21~23cm,以后增长缓慢,逐步趋于稳定,满足设计沉降要求;根据试验路横向位移的观测,路基横移量很小,只有0.5~1.8cm,同时通过观察新老路基结合部,纵向未发现裂缝,表明路基是稳定的。

1.3.4 沪杭甬高速公路加宽工程

沪杭甬高速公路浙江段全长248km,分三期实施八车道加宽建设,总投资55亿元。一期红垦至沽渚段,加宽为设港池或停车带的双向八车道,已于2000年10月开工建设。二期红垦至枫泾段,全长120km,加宽为标准双向八车道,2003年底开工,2005年完成。三期沽渚至宁波段,2004年开工,2007年完工[15-16]。其主要技术要点及效果如下。

(1)软土地基处理

软土地基主要分布在K32+100~K60+600之间,其中,厚度20m以上的路段达17.6km,占软土路段的76%,软土地基处理路段长度为21.4km。

沪杭甬高速公路软土地基路段的月沉降量目前仅1~3mm,已基本稳定,而加宽路基计算总沉降量达20~90cm。为减小新老路堤之间差异沉降对老路的影响,浙江省交通规划设计研究院根据不同的地基情况、填筑长度、结构物类型等因素,确定采用预应力管桩(也叫控沉疏桩)、粉喷桩、塑料排水板结合等载预压等几种处理形式。

预应力管桩处理:处于硬壳层较薄、软土层深度大于10m的重点路段(桥头、结构物处理路段等)的处理使用预应力管桩。预应力管桩为先张法预应力混凝土薄壁管桩,采取锤击或静压沉桩方式,用焊接法接桩。打设深度25m以内的管桩直径为30cm,打设深度25m以上的管桩直径为40cm。桩顶现浇混凝土桩帽通过桩塞混凝土与管桩连接,桩帽为矩形,边长有90cm和100cm两种。加宽部分的路基荷载通过土工格栅和桩帽的传递,大部分由预应力管桩承担。路堤桩的平面布置采用正方形,布置间距为2.0~2.5m,打设深度为15.0~35.0m;桥头等结构物部位采用间距和打设深度分级过渡处理。

粉喷桩处理:处于硬壳层较薄、软土层厚度小于10m的重点路段(桥头、结构物处理路段等)的处理采用粉喷桩。粉喷桩处理的平面布置采用正方形,布置间距为 1.1 ~ 1.5m，打设深度为 6.0 ~ 14.0m；桥头等结构物部位采用间距和打设深度分级过渡处理。

塑料排水板结合等载预压处理：为控制工后沉降、保持新路路面的变形协调，除铺设一层 50cm 厚砂垫层外，一般路段按打设塑料排水板结合等载预压处理。打设深度在 15m 以内的，采用厚度为 4mm 的塑料排水板；打设深度大于 15m 时，采用厚度为 4.5mm 的塑料排水板。塑料排水板打设间距为 1.3 ~ 1.5m，最大打设深度为 25m。

(2)路基处治措施

考虑老路的填料为宕渣，老路路基，尤其是边缘压实度不足，台阶尺寸较大，控制为宽 1 ~ 2m。

老路及加宽工程的路基填料根据该区域的料源情况，均采用宕渣和砂砾作为填料。其中，砂砾主要用于桥头与结构物连接部位，每层最大压实厚度为 25cm。

为协调拼接路基的变形，均化荷载，减少新老路基的不均匀沉降，粉喷桩、预应力管桩段在其上铺设一层双向土工格栅，塑料排水板结合等载预压段每级台阶上铺设一层单向土工格栅，底基层与路基之间铺设一层双向土工格栅。土工格栅铺设长度从拼接处至新路基边缘。

考虑提高压实度的实施难度及缺乏控制标准等因素，沪杭甬高速公路加宽工程路基采用规范要求的压实度进行填筑。

(3)施工动态控制

沪杭甬高速公路在如此深厚的软土地基上进行加宽，在国内尚属首例，没有成功的软土地基处理设计和施工经验作参考，因此应进行施工过程及工后的沉降和稳定动态观测。

路肩沉降观测桩埋设在老路堤路肩上，测量老路的沉降；水平沉降管水平放置在加宽路堤底部，测量加宽段沉降。

位移边桩和测斜管均埋设在路堤护坡道外侧与桥头路堤前缘，观测整个土层的水平位移。

软土地基路堤填土高度在 3.0m 以内，按 0.2m/4d 的速率填筑，每填一层(0.2m 厚)间隔时间不得少于 4d；填筑高度大于 3m 时，按 0.2m/7d 速率填筑，水平位移控制为 3 ~ 4mm/d，每填一层(0.2m 厚)间隔时间不得少于 7d，同时结合沉降及水平位移速率控制。

(4)路面处治措施

为保证新老路面的良好结合，防止路面结构层积水等不良现象产生，主要采取以下措施：路面底基层与路基的交界面铺设土工格栅；老路路面各结构层挖成台阶状,并要求结合密实;在新老路面相接处,面层下设置开级配水泥稳定碎石排水带;新老路面基层顶面洒铺封层油,在接缝处铺设宽度为50cm的玻纤网,并洒布热沥青作为黏层油。

(5)路基拼接效果

沪杭甬高速公路拼接段的总沉降量为10~20cm,远小于设计的30~90cm。拼接后新路基月沉降速率为3~5mm。目前,沪杭甬高速公路加宽工程宁波至杭州方向半幅已基本稳定,没有出现明显病害,无下沉或开裂现象。

1.4 国内外软土地基上高速公路加宽工程对策分析

软土地基上高速公路加宽工程是一个系统工程,涉及的问题很多,由于篇幅所限,并根据本书研究的重点,下面仅对软土地基处理、新老路基结合部拼接技术、新老路面结构处治、沉降控制标准及加宽工程变形特性分析方法等技术对策进行分析。

1.4.1 软土地基处理

高速公路加宽工程中的软土地基处理,应将减小新老路堤的差异沉降作为设计原则,并针对不同的软土地基深度、填筑高度、路段位置及结构物类型等因素确定相应的处理方法。高速公路软土地基处理方法很多,但对于加宽工程而言,由于工期紧、施工场地狭窄,同时还要维持既有道路交通正常运营等原因,软土地基处理较新建高速公路具有更高的要求。目前,在加宽工程中最常用的软土地基处理方法有塑料排水板法[16]、粉喷桩复合地基[8]、控沉疏桩复合地基[16]等方法。从机理上来说,大致可以分为加快软土固结的排水法、增强土体强度的复合地基法和结合土工材料的处治方法。

由于老路软土地基处理方法的差异,导致不同的加宽软土地基处理方法对加宽工程变形特性影响不同,现有的文献资料没有考虑新老地基处理方法的交叉影响。同时,考虑加宽工程工期短,并且加宽施工时老路要维持正常的通车,这都对加宽工程软土地基处理提出了更高的要求,不但要求新老路基工后差异沉降量小,还要求降低对施工期老路的扰动。因此,通过理论分析,确定合理的加宽工程软土地基处理方法是加宽工程综合处治措施的一个重要方面。

1.4.2 新老路基结合部的拼接技术研究

加宽工程中,老路经过长期荷载作用,必然在软土地基固结程度和路基刚度上存在差异,从而在新老路基交界处产生不均匀沉降,进而引起纵向开裂,并将裂缝反射到路面,影响道路的使用性能。因此,要采取有效的技术措施保证新老路基的良好衔接,使其成为一个整体,同时降低新路基在软土地基中产生的附加荷载,减小新老路基的差异沉降,避免或减少横向错台和纵向裂缝。新老路基结合部的拼接技术包括土工合成材料的应用、新路堤填料的选择及新老路堤加宽拼接的施工工艺等。

(1)土工合成材料的应用

为了使加宽路基和既有道路紧密衔接形成整体,减少新老路基的不均匀沉降,防止路面开裂,广佛、海南环岛、沈大以及沪杭甬高速公路加宽工程中均采用了土工合成材料。Juha Forsman 等[17]、杨茂等[18]、李锁平等[19]都对软土地基上高速公路加宽工程中土工合成材料的应用进行了分析。分析结果表明:使用土工合成材料可以有效地加强新帮填路基与既有路基的整体性,提高地基的承载力和减小路基不均匀沉降;可以降低由于路基自重引起的水平应力,从而减少水平位移,有效地防止路面开裂。影响作用效果的主要因素是土工合成材料的刚度,并且刚度越高,作用效果越好。

实施时,通常将老路基边坡挖成一定宽度的内倾台阶后,沿道路纵向铺筑一定幅宽的土工格栅,使土工格栅一半位于老路基上,另一半位于加宽路基上(图 1.4);必要时,还可采取向老路基中植入筋带的方法加强新老路基间的连接。

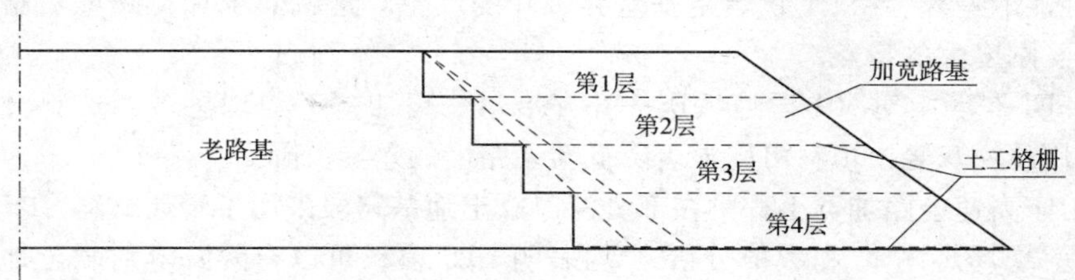

图 1.4 沈大高速公路加宽路堤土工合成材料铺设层位示意图[14]

土工合成材料铺设层数和位置存在多种不同形式,见表 1.2。但其对加宽效果的影响有待进一步研究。

加宽或拼接工程中土工合成材料铺设层数和位置 表 1.2

加宽或拼接工程	土工合成材料铺设层数和位置
广佛高速公路加宽工程[7-8]	路基底部铺设一层土工布和一层土工格栅,其中,下层为土工格栅,上层为土工布,两层间距 50cm,中间填砂和风化土;横向铺设,纵向搭接宽度大于 200mm
沈大高速公路加宽[11]; 锡澄—沪宁高速直接拼接段[20-21]; 宁连—雍六高速公路拼接段	基底开始铺设一层土工格栅,以后每个台阶顶面均铺设一层土工格栅

续上表

加宽或拼接工程	土工合成材料铺设层数和位置
沪杭甬高速公路加宽工程[15-16,22]	路基顶面铺设一层土工格栅
马芜—芜宣高速公路拼接段	路床顶铺设 25cm 厚土工格室装碎石，宽度为 300cm，新老路基交接处左右各 150cm 宽
庐铜—老合铜路拼接段	每隔 50cm 设置一层土工格栅；新老路基顶和结合部均铺设一层宽 600cm、厚 15cm 的土工格室进行加筋，新老路基结合部两侧各布设 300cm 土工格室内部用级配碎石填充密实
广东省省道 S362 线沙湾至紫坭段[23]	新路基底面以上采用两层土工格栅和一层土工布，土工布位于砂垫层之上，土工格栅则位于土工布之上，间距 20 ~ 50cm，并伸入老路基边坡不小于 1m
海南环岛东线高速公路加宽[10]	对于 4m 的填方路基、底基层下以及桥涵的台背处，在新老结合部设置塑料土工格栅

(2)新路堤填料的选择

软土地基上高速公路加宽工程路基沉降主要源于软土地基沉降和自身压缩。二者性能的差异，导致了新老路基差异沉降的产生。这就要求加宽路堤填料要具有质轻、刚度大的特点。

孙四平等[24]对 301 国道大庆—齐齐哈尔公路加宽工程现场观测资料分析表明，采用粉煤灰轻质填料可以显著降低新老路堤的差异沉降。

沪宁高速公路加宽工程中在部分深厚软土地基路段采用了轻质材料 EPS 填筑新路堤，现场观测[25]和数值分析[26]均表明 EPS 填料可以有效降低对软土地基的扰动，进而减小新老路堤的差异沉降。

尽管有文献证明了轻质填料在加宽工程中的优越性，但不同路堤填料、路堤填料的压实度(对应于工程实际中路堤的刚度)等对软土地基上加宽工程变形特性的影响有待进一步研究。

1.4.3 新老路面结构的处治技术

老路加宽工程中，新老路面结构的衔接是软土地基处理和路基结合部处治之外的另一个难点问题。由于老路面结构经过长时间的荷载作用与新路面结构性质差异很大，二者拼接时，不同的变形特点必然导致结合部产生非协调变形，在软土地基差异沉降的作用下，使路面结构产生纵向裂缝，影响行车性能。

国内已完成的高速公路加宽工程中，只有广佛和沪杭甬高速公路加宽工程进行了路面结构的处治，如老路面结构开挖台阶、挖除硬路肩、路面与路基之间铺设土工格栅等，但处治盲目性大。有必要考察路面面层厚度和模量、老路基层模量、新路基层模量及差异沉降等对反射裂缝开裂的影响，分析新老路面结构衔接的处治措施，研究加筋延缓加宽工程路面开裂的桥联增韧作用等。

1.4.4 加宽工程中差异沉降的控制指标和标准研究

加宽工程中的新老路基差异沉降控制指标及其标准将直接影响软土地基处理和路堤填筑的难度和道路的使用性能，是加宽工程中的重要课题。

周志刚等[27]运用弹性应变有限元方法对老路拓宽下路基在自重作用下的不均匀沉降规律进行了分析，指出拓宽路面在界面处开裂的原因在于应力集中和界面强度的不足。因此，必须对新老路基路面交界部位的衔接提出一些具体的设计要求和施工要点，以保证它们具有足够的界面强度。文中没有全面反映软土地基的情况，且没有考虑新老路基施工时间的差异和土体固结对沉降计算的影响，没有建立加宽工程的控制指标及其标准。

汪浩[28]分析了高速公路拼接工程中不均匀沉降对半刚性基层路面结构的影响，认为路面结构性能允许的不均匀沉降的坡比为 0.4%，路面功能性要求允许的不均匀沉降的坡比为 0.15%，应适当提高新路堤的工后沉降标准，建议一般路堤匝道不超过 20cm，桥头段不超过 10cm。

章定文[29]从路面结构的功能性要求和结构性要求着手，分析了软土地基上高速公路加宽工程中半刚性基层沥青路面容许的差异沉降，认为 0.4% 的坡差对于路面结构性要求和功能性要求都是合适的。

刘汉清等[30]通过对一条二级公路加宽工程计算后认为，0.6cm 的新老路基工后不均匀沉降值和 0.3% 的沉降坡差是容许的。

曾国东等[31]通过对一条二级公路加宽工程计算后认为，新老路基工后不均匀沉降值为 0.5cm，容许沉降坡差为 0.25%。

另外，有的加宽工程也根据试验路建立了相应的控制指标及标准。

沈大高速公路改加宽工程[11]路堤加宽技术研究课题组提出了新加宽路堤工后沉降量不大于 8cm 的控制标准。

河海大学[25]在沪宁高速公路加宽工程试验段地基处理中期报告中指出：拼接路基施工后，原高速公路路堤中心与新路肩的横坡度增大值应小于 0.5%，与原公路横坡相比不得出现反坡。

锡澄与沪宁高速公路[20-21]拼接段设计要求：工后沉降控制年限为 15 年，对一般路段工后容许沉降量不大于 30cm，桥头段不大于 10cm，过渡段不大于 20cm，拼接路堤施工引起的横坡改变值小于 0.5%。

扬州西北绕城—京沪拼接工程[32]认为，路面结构性能容许的不均匀沉降坡比为 0.4%，路面功能性要求容许的不均匀沉降坡比为 0.15%，并建议一般路堤匝道不超过 20cm，桥头段不超过 10cm。

综上所述,对理论分析成果和实体加宽工程分析后发现,不但控制指标没能很好体现软土地基上加宽工程的特殊性,而且已有的控制标准差异较大,在0.15% ~ 0.5%之间变化。因此,深入研究加宽工程中新老路基的变形特性,找出加宽工程沉降变形规律,建立加宽工程的控制指标并提出相应的控制标准,对于我国的高速公路建设具有重要意义。

1.4.5 加宽工程中的分析方法

(1)数值方法

目前,国外多采用 PLAXIS 岩土有限元软件,利用弹塑性摩尔库仑模型或修正 Cam-Clay 模型对加宽路基进行有限元模拟计算,如 H. G. B. Allersma 等[2]利用小型离心机模型结合 PLAXIS 有限元程序分析了加宽路基两种不同填筑方法(普通水平填筑和间隙法填筑)对加宽路基的影响。关于这一点,A. N. G. Van Meurs[5],E. Vos[4]等人的研究工作也都得到相似的结论:加宽路基的间隙法填筑较普通水平填筑可以有效地减少既有道路的水平变形(30%),从而减小了路面结构开裂的可能性,且两种施工方法对竖向变形没有明显影响。H. G. B. Allersma 等[2]还发现,新老路堤之间的间隙宽度对其稳定性有很大的影响,间隙较小时,新老路堤都不易发生失稳,间隙变大时,老路堤不易发生失稳,但新路堤稳定性降低。因此,间隙法施工时,新老路堤应保持搭接[5]。

R. B. J. Brinkgreve 和 P. A. Vermeer[3]针对软土地基上的加宽工程分析了有限元计算中本构模型的选取导致的结果差异,指出应用弹塑性摩尔库仑模型和修正 Cam-Clay 模型计算的竖向变形比较接近,而采用后者比采用前者计算的水平变形小一些,且后者和实测资料比较一致。E. Vos[4]等采用弹塑性摩尔库仑模型对一个工程实例进行分析后发现,计算的沉降结果与实测值接近,而水平位移差别很大,并认为采用修正 Cam-Clay 模型可以解决这个问题。另外,A. G. I. Hjortæs - Pedersen 和 H. Broers[33]的研究成果也证实了这一点。

A. G. I. Hjortn. s - Pedersen 和 H. Broers[33]曾利用大型离心机模型试验和 PLAXIS 有限元程序分析了加宽路基施工过程中软土地基的力学特性和变形特性。离心模型试验和有限元分析具有较好的一致性,但也有一定的差异:加宽部分软土中量测的孔隙水压力较有限元分析值大 15%;离心模型试验中加宽部分刚填筑完时,实测沉降是有限元分析值的 2 ~ 2.5 倍,但固结度达到 80% 时,两者又十分吻合;对于水平位移,采用弹塑性摩尔库仑模型的计算值是实测值的 2 ~ 3 倍,而采用修正 Cam - Clay 模型的计算值和实测值比较相近。

周志刚等[27]等运用弹性力学平面应变有限元法,分析了一般地基上非高速公路加宽中新路在自重作用下的沉降和应力分布规律,并根据强度理论,提出了防止新老路相接处产生裂缝的处理方法。

汪浩[34]采用基于二维比奥(Biot)固结理论的平面应变有限元方法,分析了新路堤作为附加荷载对老路堤和地基的影响,加宽后路堤和地基的剪应力分布情况,最大剪应力的位置,加宽时地基的稳定状态,并结合新老路基结合部处治的特殊性,分析了粉喷桩复合地基、隔离墙、轻质路堤、路堤加筋四种处治技术的适用场合、处治机理、工程效果和参数敏感性。

钱劲松等[35]通过分析老路拓宽差异沉降的研究现状,指出利用分层总和法不能考虑新老路基的相互影响,无法反映出路堤顶面的实际沉降横断面图,并采用 ANSYS 软件对老路拓宽工程进行了非线性有限元分析,认为采用双侧对称加宽比单侧加宽对路面结构更为有利。

章定文[29]采用摩尔-库仑理想弹塑性有限元方法对新老路堤的相互作用机理进行研究,分析了老路边坡开挖和加宽部分路堤填筑对老路沉降和侧向位移的影响,及不同软土地基处理条件下加宽部分路堤填筑对老路沉降和侧向位移的影响。

孙伟等[36]对双侧加宽工程中的水平位移和地基沉降进行了有限元计算,分析了地基和路基模量对路基最大沉降量、最小沉降量及差异沉降的影响,认为提高地基模量可以有效降低路基沉降量,而提高路基模量对其沉降量影响不大。

贾宁等[37]以杭甬高速公路拓宽为背景,分析了拓宽路堤附加应力对老路堤的影响,基于摩尔 - 库仑模型,研究了老路堤和拓宽路堤的沉降变形规律,与实测结果作了对比,并认为拓宽路堤路面铺设时间应以新老路堤工后差异沉降大小为控制标准。

(2)解析解

目前,土体最简单的固结理论为假定土骨架为线弹性的固结理论,其中包括不考虑水、土变形耦合的 Terzaghi 一维及 Terzaghi-Rendulic 三维固结理论,以及考虑水、土变形耦合的 Biot 固结理论。相比较而言,Terzaghi 固结理论比较简单,而 Biot 固结理论则比较完善。

一维 Terzaghi 固结方程可以求得简洁的解析解,三维的 Terzaghi-Rendulic 固结方程只可求得轴对称情况下的解析解,其他条件下的固结问题一般采用差分法或有限元法。Biot 固结方程则只可求得几种特殊情况下的解析解,如条形荷载作用下均质地基的固结解等,但这些形式十分复杂,不便于工程应用。

陈振建[38]基于 Biot 介质,得出了瞬时点荷载、圆形面积上均布荷载及矩形面积上均布荷载作用下地基中初始有效应力和初始位移解。贾宁[39]在此基础上,将路堤假定为无限条形均布荷载,分析了老路堤和加宽路堤荷载作用下地基中的初始应力分布,并求得了地基沉降。但该方法对于加宽路堤荷载分析显得过于粗略,并且不能研究加宽路堤荷载作用下地基沉降的分布规律,只能求得沉降最大值。

因此,建立更为合理的加宽路堤荷载作用下地基的初始有效应力及沉降表达式,便于工程应用,并进而对初始有效应力及沉降分布规律进行分析非常必要。

综上所述,国内外对高速公路加宽工程中所涉及的软土地基处理、新老路基结合部处治等问题进行了一定的研究,但研究大多建立在试验路基础之上,很多处治措施还有待时间的检验。因此,有必要深入研究新老软土地基不同处理方法组合对加宽工程变形特性的影响;加宽工程中新老路基结合部处治措施,包括土工格栅的设置层数和铺设位置、加宽路堤填料的选择等;加宽工程中新老路面衔接措施,包括路面加筋的桥联增韧作用、效果及影响因素;加宽工程的控制指标及相应的控制标准等。同时,基于 Biot 固结理论,求得加宽路堤荷载作用下地基的沉降特性,方便工程应用具有重要意义。这些都是工程实际迫切需要解决的问题。

1.5 国内外现有技术知识产权和技术标准现状及分析

1.5.1 国内外知识产权现状分析

调研可知,国内外与本项目相关的专利较少,且大部分专利内容相似,仅对道路工程加宽方法进行了阐述,基本未涉及地基基础设计、路面协调设计与施工控制等关键技术。国内外相关主要专利如表 1.3 所示。

国内外相关专利　　表 1.3

序号	专利名称	申请号
1	冲击压实加宽旧路路堤的方法	CN03156946.3
2	Widened Road	JP2003403121
3	Road Widening Structure and Road Widening Method	JP2004107049
4	Lightweight Banking Structure, and Road Widening Method by Lightweight Banking Structure	JP2004153892
5	Road Widening Method and Structure of Widened Road	JP2002274829
6	Method for Widening Road and The Like, and Wall Surface Panel	JP2004170094
7	Method for Widening Road Having Retaining Wall	JP2001315906
8	Road Widening Method and Method of Preventing Stong from Falling	JP2004044776
9	Road-Widening Structure	JP08240599

续上表

序号	专利名称	申请号
10	Method for Widening Road, Superhighway or Railway Tunnels, Without Interrupting the Traffic	EP98110881A
11	Road Widening Construction method	JP11102638
12	Widening of Road and Construction Method Thereor	JP09167456
13	Widening Construction of Road	JP06147791
14	Widening of Road	JP02077242

1.5.2 国内外技术标准现状分析

我国涉及高速公路加宽工程的规范主要有《公路路线设计规范》(JTG D20—2006)、《公路路基设计规范》(JTG D30—2004)、《公路沥青路面设计规范》(JTG D50—2006)、《公路水泥混凝土路面设计规范》(JTG D40—2011)等[39-45]。

在路线设计方面,现行的设计规范中缺乏高速公路改扩建路线设计的原则与要求,缺乏改扩建设计的总体方案设计参数与标准,改扩建工程与既有道路的衔接及互通立交设计技术与方法有待进一步完善。在地基基础设计与构造物拼接方面,缺乏新路地基沉降预测计算方法和设计技术,缺乏新路地基沉降控制标准,缺乏过路构造物台背回填设计与施工关键技术。在路基工程方面,现行的规范中仅给出路基拓宽改建设计的指导性原则,可操作性不强,尚无成熟的改扩建工程路基设计方法。在路面工程方面,现行的规范中仅给出了路面加铺层结构设计方法,尚未形成完善的路面拼接方案和路面结构协调设计方法。

1.6 软土地基上高速公路加宽工程常见病害及机理分析

1.6.1 软土地基上高速公路加宽工程常见病害

(1)新加宽路基失稳

主要表现为加宽路基沿新老路基结合面发生滑移,严重时甚至发生整体坍塌。这种病害常发生在山区陡坡地形、软弱地基、高填方路堤等加宽路段。当加宽路基沿结合面滑移量较小时,新老路基结合面会产生错台,导致新老路基结合部位的路面开裂,雨水由裂缝渗入,结合面强度急剧降低,给路基稳定性留下很大的隐患;当路基滑移量较大,甚至整体坍塌时,会造成加宽路面整体破坏[46]。

(2)新老路基差异沉降导致的路面损坏

由于新老路基之间沉降量和速率的不同,在路基加宽改造过程中出现的不均匀沉降是其典型性病害。路基的不均匀沉降作用于上部的路面结构层,从而影响了路面的使用性能甚至导致病害出现，对路面性能的影响按照路面材料的不同表现为两种形式。

①沥青路面。主要表现为面层破碎（图 1.5）、结合料松散、道路横坡改变等症状，严重时会产生沿结合部的纵向裂缝（图 1.6）。

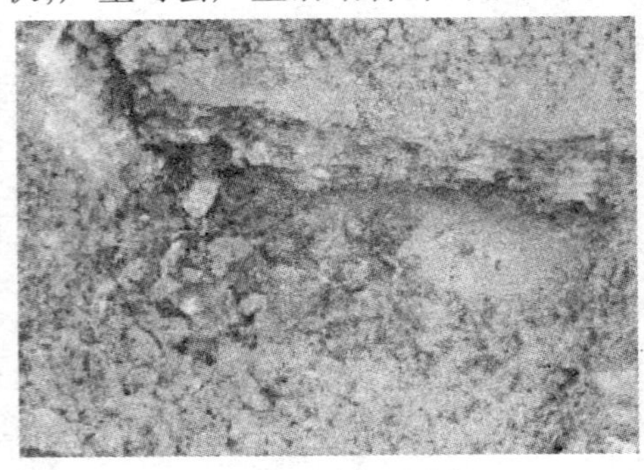

图 1.5　沥青面层破碎

图 1.6　沿新老路基结合部的纵向裂缝

②水泥路面。主要表现为出现唧泥（图 1.7）和脱空现象，进一步发展会引起结合面附近出现纵缝、裂缝处板块断裂以及裂缝扩展，如图 1.8 所示。

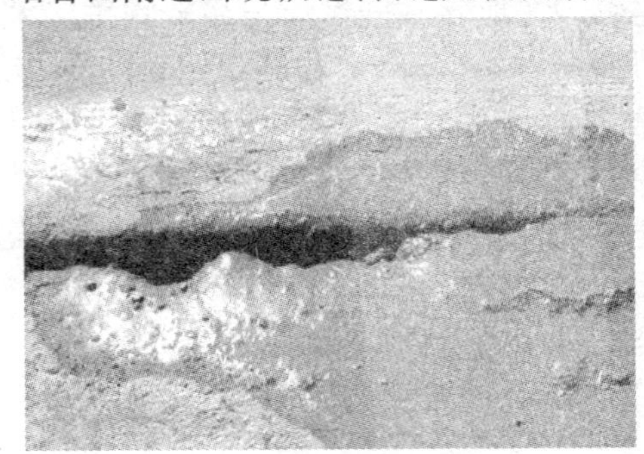

图 1.7　水泥混凝土路面唧泥

图 1.8　沿新老路基结合部的纵向断裂

当出现纵向裂缝后，路基横断面坡度随之受到相应的影响。在降水情况下，积水沿纵向裂缝下渗，从而诱发裂缝下部路基土体的强度下降，不均匀沉降进一步增大，在冬季产生冻胀等相应病害。随着上述病害的发生，道路结构性能和使用状况均产生下降。当路面状态指数、结构承载力、平整度下降到一定程度后，直接影响到行车安全。

（3）新加宽路基边坡表层病害

在降水和其他自然因素的作用下，新加宽部分的路基边坡表层将出现侵蚀剥落、溜塌、浅层滑坡等现象。由于新填筑边坡部分压实度质量较难保证且坡面防护措施未能全面发挥作用，上述病害一般在竣工后 2 年内集中出现。

1.6.2 软土地基上高速公路加宽工程常见病害机理分析

按照病害的主要类型,可以从以下三个方面分析软土地基上高速公路加宽工程病害产生机理。

(1)新加宽路基稳定性机理分析

稳定性不足是指加宽路基自身稳定性不能满足要求,或者新老路基结合部结合强度不足。

①地基坡面过陡

在山区加宽工程中,地形条件复杂,经常需要在陡坡地基上进行加宽路基的填筑。为保证加宽路堤的稳定性,应采用重力式挡墙或者轻型挡墙的支挡结构。当原地基边坡存在潜在破裂面或滑移面时,加宽路基将沿此破裂面或滑移面产生滑移;地基土的抗剪强度会因雨水浸入湿化,在干湿循环、冻融循环等外界因素的影响下沉降,从而导致整体失稳;进行支挡结构设计时,获取的道路沿线地质资料不够完整,因此挡墙设计一般以经验为主,对挡墙缺乏必要的稳定性验算,实际施工时基础埋深随意性强,影响支挡结构的稳定性。

②地基存在软弱下卧层

当地基存在软弱下卧层时,如压缩系数大、流变性显著的软土,若新老路基结合部的结合强度不足,从而产生结合面至软弱层顶面的滑动面。另外,软弱下卧层具有流变性,侧向变形大,使软弱地基土向路堤外侧挤出,加宽路基坡脚出现起拱现象,并伴随塑性区域展开,最终导致边坡失稳。

③新老路基结合部强度不足

首先,新老路基结合部施工工艺较复杂,施工难度较大,往往在此产生人为的质量因素,如压实度达不到标准、开挖台阶没有达到设计要求、老路基边坡没有处理完全等。

其次,在新老路基结合部没有设置土工合成材料(如土工格栅、土工格室等),或土工合成材料和填土之间的摩擦力较小,或土工合成材料埋入新老路基的长度不够,致使其未能充分发挥加筋性能。

再则,加宽路基填料较差,抗风化性能、抗侵蚀性能不足,致使加宽路基整体强度较低,稳定性降低。

最后,排水设施不完善,设施布置不合理,导致地表水下渗,形成滞水、积水和渗水,使加宽路基稳定性降低。

(2)差异沉降产生机理

既有路基、地基在自重、车辆等荷载长期作用下已达到固结稳定的状态,新加宽部分改变了原有的应力分布,增大了地基中的附加应力分布。

①新老路基的自身压缩变形

其产生的主要原因是填土的压实度不足、填石路堤咬合状态不好而发生滑移,或者路堤采用压缩性大而固结时间长的黏土。由于老路基已经使用一段时间,在堤身荷载作用下的压缩变形已基本完成,而新路基在加宽施工结束后仍发生较大的压缩变形。通常在地质条件良好、路基自身压缩变形占主导地位时,新老路基的变形不协调将导致加宽部分路面的损坏。

②新路基荷载作用下的地基固结沉降

这种沉降主要发生在地基下卧层土质条件较差的路段,新的附加应力分布导致软弱地基中超孔隙水压力的产生,该孔压的消散需要一定的时间,从而导致路基新加宽部分新的沉降发生:若地基土质较好则所产生的新沉降在施工期间即可完成大部,在投入使用后的工后沉降值较小,对工程性能的不利影响较小;若地基土质软弱或渗透性较差,则产生的新沉降数值较大或历时较长,从而导致较大的工后沉降。而老路基作用下的地基在老路堤自重荷载作用下固结变形已完成或基本完成,在新路堤自重荷载作用下地表发生不协调变形,老路基远离加宽路基部分产生的沉降较小,靠近加宽路基部分产生的沉降较大,这种不协调变形最终反映到路堤顶面,造成路面结构的损坏。

③地基沉降计算误差

现行国标规范体系中关于地基沉降计算一般推荐采用分层总和法进行,该方法假定地基土体在无侧向变形条件下的受力压缩变形。但只有在对称的路基中心线下的沉降计算才符合无侧向变形的假定。该公式忽略了地基土体中实际应力的分布状态,对存在加宽路基的情况明显有较大误差,按照该方法进行设计施工,必然为在路基加宽改造工程中出现由不均匀沉降诱发病害埋下不利因素。

对于软土地基固结问题,设计规范所推荐使用的公式、数表均基于太沙基一维固结理论的结果,即假定固结沉降、渗流仅在竖向发生。对于加宽改造此类二维渗流固结问题出现误差难以避免。

(3)新填筑路基边坡表层病害分析

新填筑路基边坡出现的溜塌、浅层滑坡等病害与设计、施工以及路基填料自身特性均相关。

①设计因素。对路基边坡表层病害具有明显影响的设计因素为防护措施与排水设施设计两方面内容。排水设施不完善、不合理导致降水不能迅速排除而渗入边坡表层,土体由于吸水而强度急剧下降,从而产生浅层滑塌等破坏;坡角处的降水汇集及排出设施尤为重要,应严格做好防渗处理,坡角处受水浸润是导致病害的一个关键因素。路基边坡可采用工程防护、生物防护等措施,为实现不同防护措施的处理效果,则应对不同措施在设计阶段即予以具体分析,如生物护坡是近年兴起的可实现工程、环保、景观设计相统一的工程措施,但由于植物需要一定时间才能长成,因此在竣工初期防护效果较差。

②施工因素。在旧路基旁边进行加宽施工,存在作业区域狭窄、大型施工机械难以展开、较多区域需人工或小型机械进行夯实处理的问题,对边坡部位的碾压质量难以完全保证。同时,由于进行加宽改造的线路一般为主要的交通干道,因此对工期要求较紧,直接制约了具体工程措施的选用,而在实践中赶工期往往是以降低工程质量为代价的,如何实现工期与质量之间的相互协调是施工管理人员必须考虑解决的问题。此外,路基填筑完成后的刷坡处理应与后续的防护工程密切衔接,以减少外界因素直接作用在裸露路基边坡上的时间。

③填料因素。路基填筑需大量的土石方,一般以就地取材为主,因此,难以严格按照设计标准选用填料的级配、粒径以及材料本身的物理力学性能,从而难以完全确保施工质量。

1.7　软土地基上高速公路加宽的关键技术

由于我国亟待加宽改建的高速公路均在路网中占据重要位置,改扩建过程中交通必须保持畅通;同时,为节约资源,降低成本,旧路的充分利用也是改扩建工程必须考虑的重要因素;加之软土地基上高速公路加宽工程中常见的病害类型,可以确定软土地基高速公路加宽工程的关键技术主要有:交通方案设计和交通组织、旧路的评价和利用、加宽路基下的软土地基处理、新老路基结合部处治措施、新老路面的拼接设计与施工、差异沉降控制指标与标准、加宽工程现场变形监测技术和桥涵等构造物拼接技术等。由于篇幅所限,本书仅对路基路面拼接的关键技术进行论述。

本章参考文献

[1] 徐强,等. 高速公路改扩建工程技术与实践[M]. 北京:人民交通出版社,2010.

[2] Allersma H G B, Ravenswaay L, Vos E. Investigation of road widening on soft soil using a small centrifuge [J]. Transportation Research Record 1462, 1994:47-53.

[3] Brinkgreve R B J, Vermeer P A. Constitutive aspects of an embankment widening project [C]. Proc. International Workshop: Advances in understanding and modeling the mechanical behaviour of peat. Balkema, Rotterdam, 1994: 143-158.

[4] Vos E., Couvreur J F, Vermaut M. Comparison of numerical analysis with field data of a road widening project on peatysoil. Proc. International Workshop: Advances in understanding and modeling the mechanical behavior of peat [C]. Balkema, Rotterdam, 1994: 267-274.

[5] Van Meurs A N G, Van Den Berg A, et al. Embankment widening with the gap – method [C]. Proceedings of the 12th European Conference on Soil Mechanics and Geotechnical Engineering. Balkema, Rotterdam, 1999: 1133-1138.

[6] 何通海. 高速公路改扩建工程软土地基段新旧路基间的衔接技术[D]. 大连:大连理工大学,2003.

[7] 苏阳. 广佛高速公路扩建工程软机路段施工简介[J]. 水运工程,2001,2:51-58.

[8] 陈海珊,胡永深. 广佛高速公路加宽工程的软基处理[J]. 广东公路交通,1998,3:47-50.

[9] 黎志光. 高速公路加宽扩建工程新老路衔接的处理措施[J]. 广东公路交通,2001,2:9-10.

[10] 江苏省交通科学研究院. 沪宁高速公路扩建工程路基拼接设计及施工技术研究总报告[R]. 2004.

[11] 杨昊. 沈大高速公路改建工程软土地基处理的设计思路和施工控制要点[J]. 东北公路,2002,25(2):11-14.

[12] 王鹏飞. 加宽路堤软土地基的变形计算与分析[D]. 哈尔滨:哈尔滨工业大学,2003.

[13] 吉文志. 塑料排水板法及其在沈大路改扩建工程软基处理中的应用[D]. 大连:大连理工大学,2003.

[14] 曲向进. 沈大高速公路改扩建工程技术方案研究[D]. 大连:大连理工大学,2003.

[15] 桂炎德,徐立新. 沪杭甬高速公路(红垦至沽渚段)拓宽工程设计[J]. 华东公路,2001,6:3-6.

[16] 桂炎德. 高速公路拓宽设计方法初探[J]. 公路,2004,7:59-64.

[17] Juha Forsman, Veli – Matti Uotinen. Synthetic reinforcement in the widening of a road embankment on soft ground [C]. Proceeding of the 12th European Conference on Soil Mechanics and Geotechnical Engineering Balkema, Rotterdam, 1999: 1489-1496.

[18] 杨茂,张介非,等. 土工合成材料在喇嘛湾—大饭铺公路改建中的应用研究[J]. 内蒙古公路与运输,2001,2:5-7.

[19] 李锁平,龚成亮. 土工格栅砂砾垫层在软弱地基路基加宽段的应用设计[J]. 公路,2001,11:20-23.

[20] 徐泽中,苏超,等. 锡澄与沪宁高速公路拼接段地基处理设计[J]. 水利水电科技进展,1998,18(2):49-51.

[21] 苏超,徐泽中. 高速公路拼接段地基处理设计分析方法与工程实践[J]. 工程地质学报,2000,8(1):81-85.

[22] 孙文智,金爱国,等. 沪杭甬高速公路拓宽工程施工[J]. 中外公路,2004,4(24):34-38.

[23] 刘桂强. 软弱地基上旧路加宽路基综合处治的设计[J]. 中外公路,2004,4:1-4.

[24] 孙四平,等. 旧路加宽综合处治方案设计的几点考虑[J]. 华东公路,2002,12:7-10.

[25] 江苏省沪宁高速公路扩建工程指挥部,江苏省交通基础技术工程研究中心. 沪宁高速公路扩建工程软土地基沉降控制标准与处理技术研究[R]. 2005.

[26] 张军辉,黄晓明. 软土地基上高速公路加宽工程的数值分析[J]. 2006,23(6):32-35.

[27] 周志刚,郑健龙. 老路拓宽设计方法的研究[J]. 长沙交通学院学报,1995,11(3):50-56.

[28] 汪浩. 新老路结合部处治技术研究[D]. 南京:东南大学,2004.

[29] 章定文. 软土地基上高速公路扩建工程变形特性研究[D]. 南京:东南大学,2004.

[30] 刘汉清,曾国东,应荣华. 老路拓宽容许工后不均匀沉降指标研究[J]. 公路,2004,3:37-38.

[31] 曾国东,应荣华,郑健龙. 老路拓宽容许工后不均匀沉降指标研究[J]. 辽宁交通科技,2004,3:30-31.

[32] 江苏省高速公路建设指挥部. 新老高速公路结合部处治技术研究[R]. 2004.

[33] Hjortnæs - Pedersen A G I, Broers H. The behaviour of soft subsoil during construction of an embankment and itswidening. Proc. Centrifuge 94 [C]. Balkema, Rotterdam, 1994: 567-574.

[34] 汪浩. 新老路结合部处治技术研究[D]. 南京:东南大学,2004.

[35] 钱劲松,孙力彤,管旭日. 老路拓宽差异沉降计算的研究[J]. 兰州铁道学院学报,2003,22(4):91-94.

[36] 孙伟,龚晓南,孙东. 高速公路拓宽工程变形性状分析[J]. 中南公路工程,2004,29(4): 53-55.

[37] 贾宁,陈仁朋,等. 杭甬高速公路拓宽工程理论分析及监测[J]. 岩土工程学报,2004,26(6):756-760.

[38] 陈振建. 饱和地基的初始沉降与孔隙水压力[J]. 岩石力学与工程学报,

2000,19(增):1027-1029.
[39] 中华人民共和国行业标准. JTG D20—2006 公路路线设计规范[S]. 北京:人民交通出版社,2006.
[40] 中华人民共和国行业标准. JTGD30—2004 公路路基设计规范[S]. 北京:人民交通出版社,2004.
[41] 中华人民共和国行业标准. JTG F10—2006 公路路基施工技术规范[S]. 北京:人民交通出版社,2006.
[42] 中华人民共和国行业标准. JTG D50—2006 公路沥青路面设计规范[S]. 北京:人民交通出版社,2006.
[43] 中华人民共和国行业标准. JTG F40—2004 公路沥青路面施工技术规范[S]. 北京:人民交通出版社,2004.
[44] 中华人民共和国行业标准. JTG D40—2011 公路水泥混凝土路面设计规范[S]. 北京:人民交通出版社,2011.
[45] 中华人民共和国行业标准. JTG F30—2003 公路水泥混凝土路面施工技术规范[S]. 北京:人民交通出版社,2003.
[46] 庞巍,周敏娟,吕鹏. 高等级公路路基加宽病害特征及技术对策研究[J]. 路基工程,2007,6:181-182.

第2章　路堤加宽引起的地基附加应力及沉降特性分析

土力学计算中，一般在弹性半无限空间表面点荷载的 Boussinesq 解基础上，求得路堤荷载作用下地基的总附加应力和沉降变形。该方法仅能得出路堤荷载作用下总应力的分布，而不能区分出有效应力和超孔隙水压力的变化，并且计算的初始沉降往往偏小[1]。因此，工程中常用 Terzaghi 固结方程和 Biot 固结方程进行地基应力和变形的求解。但从目前仅有的 Terzaghi 固结方程和 Biot 固结方程解答来看，求解这些方程一般较为困难，需要借助数值积分才能得到最终结果，不便于工程应用。因此，求得外加荷载瞬时作用下 Biot 介质的初始应力分布，并进一步求得地基沉降具有重要意义。

陈振建[1]基于 Biot 介质，得出了瞬时点荷载、圆形面积上均布荷载及矩形面积上均布荷载作用下地基中初始有效应力和初始位移解。贾宁[2]在此基础上，将路堤假定为无限条形均布荷载，分析了老路堤和加宽路堤在荷载作用下地基中的初始应力分布，并求得了地基沉降。该方法方便了问题的讨论，对于分析老路堤荷载在地基中的附加应力是足够的，但将加宽路堤等价为一个小梯形荷载，对于加宽路堤荷载响应的分析就显得过于粗略，并且不能分析加宽路堤荷载作用下地基沉降的分布规律，只能求得最大值。

本章首先在贾宁[2]分析的基础上，将加宽后整个路堤荷载分解为加宽路堤荷载与老路堤荷载，根据条形面积梯形荷载作用下地基中初始有效应力和超孔隙水压力计算式，得到高速公路加宽工程加宽路堤荷载作用下地基初始有效应力和超孔隙水压力表达式，并对其分布进行分析。其次，得到了条形面积梯形荷载作用下地基的沉降特性，并与实测结果进行比较。最后，推导了加宽路堤荷载作用下地基瞬时沉降、固结沉降和总沉降表达式，并考察了加宽路堤荷载作用下的地表沉降特性。

2.1　几种分布荷载作用下地基初始有效应力及超孔隙水压力分析

条形面积上竖直梯形荷载可以分解为条形面积上竖直均布荷载和竖直三角形分布荷载，而这两种荷载在地基中的响应可以通过点荷载下地基响应得到。因此，在求解条形面积上竖直梯形荷载在地基中的响应之前，有必要对瞬时点荷载[1]、线荷载、条形面积矩形荷载及三角形荷载在地基中的响应进行回顾和分析。

2.1.1 瞬时点荷载作用下初始有效应力及位移

注意到初始时刻饱和土不可压缩，即体积应变 $\varepsilon_v=0$，则轴对称条件下以位移分量表示的 Biot 固结方程可以写成

$$\left.\begin{aligned} G\left(\nabla^2 u_s-\frac{u_s}{r^2}\right)-\frac{\partial u}{\partial r}&=0\\ G\nabla^2 w_s-\frac{\partial u}{\partial z}&=0\\ \frac{k}{\gamma_w}\nabla^2 u&=\frac{\partial \varepsilon_v}{\partial t}\end{aligned}\right\}\tag{2.1}$$

式中：u_s、w_s——分别为径向和垂直向位移；

u——超孔隙水压力；

G——土骨架剪切模量，$G=E/2(1+\mu)$；

k——渗透系数；

γ_w——水的重度；

ε_v——体积应变，$\varepsilon_v=-(\partial u_s/\partial r+u_s/r+\partial w_s/\partial z)$；

∇^2——微分算子，$\nabla^2=\partial^2/\partial r^2+(1/r)\partial/\partial r+\partial^2/\partial z^2$。

由初始时刻 $\varepsilon_v=0$，从式(2.1)不难导出 $\nabla^2 u=0$，因此，式(2.1)成为

$$\left.\begin{aligned} G\left(\nabla^2 u_s-\frac{u_s}{r^2}\right)-\frac{\partial u}{\partial r}&=0\\ G\nabla^2 w_s-\frac{\partial u}{\partial z}&=0\\ \nabla^2 u&=0\end{aligned}\right\}\tag{2.2}$$

可见，初始时刻地基内超孔隙水压力分布为调和函数。

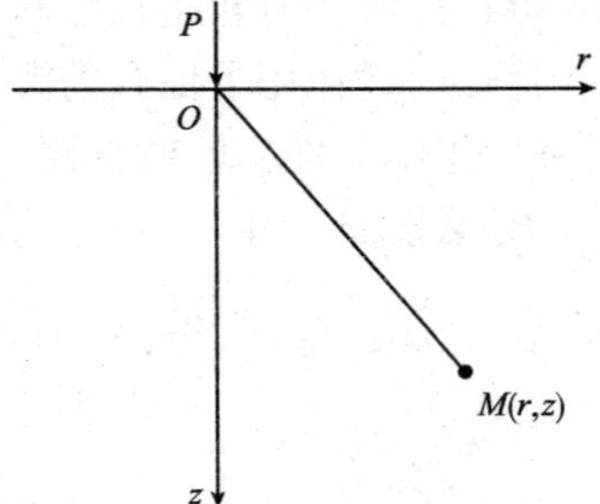

图 2.1 点荷载作用下的求解示意图

设弹性半无限空间如图 2.1 所示，其上作用垂直集中荷载 P，应力边界条件要求：

$$(\sigma'_z+u)_{z=0,r\neq 0}=0\tag{2.3}$$

$$(\sigma'_{zr}+u)_{z=0,r\neq 0}=0\tag{2.4}$$

$$\int_0^\infty(2\pi r\mathrm{d}r)(\sigma'_z+u)=P\tag{2.5}$$

借用弹性力学半逆解法，假设超孔隙水压力为调和函数 $u=A\dfrac{z}{R^3}$，这里 A 为待定常数，$R=$

$\sqrt{r^2+z^2}$，将 u 代入式(2.2)中前两式，并注意到 $\varepsilon_v=0$，可得到：

$$u_r=\frac{P}{4\pi G}\frac{zr}{R^3} \tag{2.6}$$

$$w_z=\frac{P}{4\pi G}\left(\frac{z^2}{R^3}+\frac{1}{R}\right) \tag{2.7}$$

$$\sigma'_r=\frac{P}{2\pi}\left(\frac{3zr^2}{R^5}-\frac{z}{R^3}\right) \tag{2.8}$$

$$\sigma'_\theta=-\frac{P}{2\pi}\frac{z}{R^3} \tag{2.9}$$

$$\sigma'_z=\frac{P}{2\pi}\left(\frac{3z^2}{R^5}-\frac{z}{R^3}\right) \tag{2.10}$$

$$\tau_{zr}=\frac{3P}{2\pi}\frac{zr^2}{R^5} \tag{2.11}$$

$$u=\frac{P}{2\pi}\frac{z}{R^3} \tag{2.12}$$

以上式中：σ'_r、σ'_θ、σ'_z——分别为径向、环向和竖直向土骨架的有效应力；

τ_{zr}——剪切应力。

解答满足控制式(2.1)，又满足边界条件式(2.3)、式(2.4)和式(2.5)。

2.1.2　线性荷载作用下初始有效应力及超孔隙水压力

在地表无限长直线上，作用有竖直均布线荷载 p，如图 2.2 所示，求在地基中任意点 M 引起的初始有效应力和超孔隙水压力。

根据弹性半无限空间线荷载 Flamant 解答思路，在线布荷载上取微分长度 dy，作用在上面的荷载 pdy 可以看成集中力，则在地基内 M 点引起的应力按式(2.10)计算为：

$$\mathrm{d}\sigma'_z=\frac{p}{2\pi}\left(\frac{3z^2}{R^5}-\frac{z}{R^3}\right)\mathrm{d}y \tag{2.13}$$

则

$$\sigma'_z=\int_{-\infty}^{+\infty}\frac{p}{2\pi}\left(\frac{3z^2}{R^5}-\frac{z}{R^3}\right)\mathrm{d}y=\frac{p}{\pi}\frac{z(z^2-x^2)}{(x^2+z^2)} \tag{2.14}$$

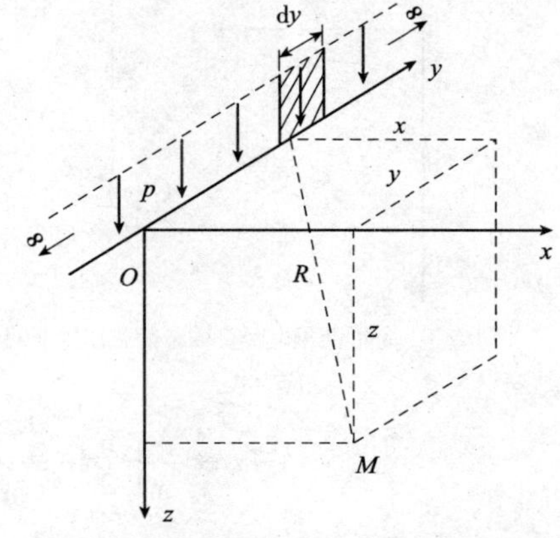

图 2.2　竖直线荷载作用下的应力状态

同理，由式(2.12)，得：

$$u=\frac{p}{\pi}\frac{z}{x^2+z^2} \tag{2.15}$$

2.1.3 条形面积上竖直均布荷载作用下初始有效应力及超孔隙水压力

当地基表面作用宽度为 B 的条形面积竖直均布荷载 p 时(图 2.3),地基内任意点 $M(x,z)$ 的初始有效应力和超孔压可利用式(2.14)和式(2.15)在[0,B]上积分得到。

$$\sigma'_z = \frac{p}{\pi}\left[\frac{mn}{m^2+n^2} - \frac{n(m-1)}{n^2+(m-1)^2}\right] \tag{2.16}$$

$$u = \frac{p}{\pi}\left(\arctan\frac{m}{n} - \arctan\frac{m-1}{n}\right) \tag{2.17}$$

式中,$m = x/B$,$n = z/B$。

由于积分上的困难,水平向有效应力 σ'_x 不能由式(2.8)和式(2.9)积分求得。但根据有效应力原理,可以从已知的半无限弹性地基表面作用条形荷载后,地基中的总应力减去超孔隙水压力得到,见式(2.18)。

$$\sigma'_x = -\frac{p}{\pi}\left[\frac{mn}{m^2+n^2} - \frac{n(m-1)}{n^2+(m-1)^2}\right] \tag{2.18}$$

2.1.4 条形面积上三角形竖直分布荷载作用下初始有效应力及超孔隙水压力

当地基表面作用宽度为 L 的条形面积三角形竖直分布荷载 p 时(图 2.4),地基内任意点 $M(x,z)$ 的初始有效应力和超静孔隙水压力可利用式(2.14)和式(2.15)在[0,L]上积分得到。

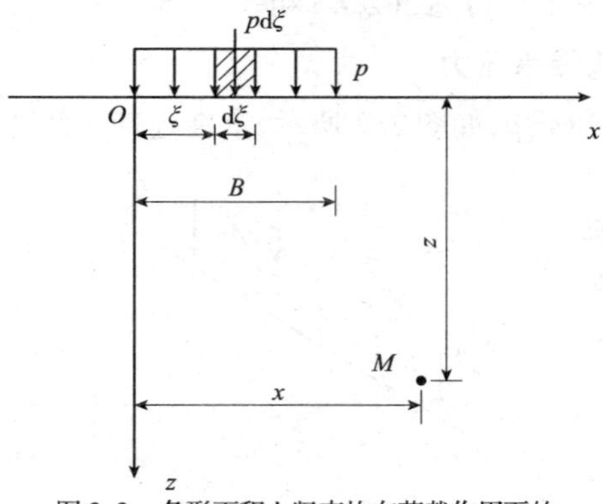

图 2.3 条形面积上竖直均布荷载作用下的应力状态

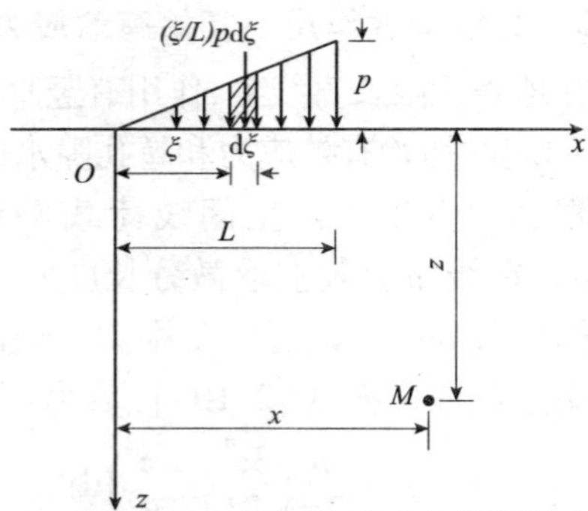

图 2.4 条形面积上三角形竖直分布荷载作用下的应力状态

$$\sigma'_z = \frac{p}{\pi}\left[\frac{n}{2}\ln\frac{m^2+n^2}{(m-1)^2+n^2} - \frac{(m-1)n}{(m-1)^2+n^2}\right] \tag{2.19}$$

$$u = \frac{p}{\pi}\left[\frac{n}{2}\ln\frac{(m-1)^2+n^2}{m^2+n^2} + m\left(\arctan\frac{m}{n} - \arctan\frac{m-1}{n}\right)\right] \tag{2.20}$$

式中,$m = x/L$,$n = z/L$。

同样,由于积分上的困难,水平向有效应力 σ'_x 只能根据有效应力原理,从已知的半无限弹性地基表面作用条形荷载后，地基中的总应力减去超孔隙水压力得到，见式(2.21)。

$$\sigma'_x = -\frac{p}{\pi}\left[\frac{n}{2}\ln\frac{m^2+n^2}{(m-1)^2+n^2} - \frac{(m-1)n}{(m-1)^2+n^2}\right] \tag{2.21}$$

2.2　路堤加宽引起的地基初始有效应力及超孔隙水压力分析

加宽后整个路堤荷载可以认为是加宽路堤荷载与老路堤荷载叠加得到。因此，在研究路堤加宽引起的地基初始有效应力前，有必要首先得到条形面积上竖直梯形荷载作用下的地基响应。下文对条形面积上竖直梯形分布荷载作用下初始有效应力及超孔隙水压力表达式进行推导，并进行加宽路堤荷载作用下初始有效应力及超孔隙水压力分析。

2.2.1　条形面积上梯形竖直分布荷载作用下初始有效应力及超孔隙水压力

梯形可以看成两个三角形和一个矩形的组合，因此，条形面积上梯形竖直分布荷载下地基中的初始有效应力和超孔隙水压力，可以根据前文推导的结果求得。计算时，建立如图2.5所示的坐标系，x轴原点位于梯形底边的中心处，考虑实际路堤对称，取左右两边三角形底边均长为L。

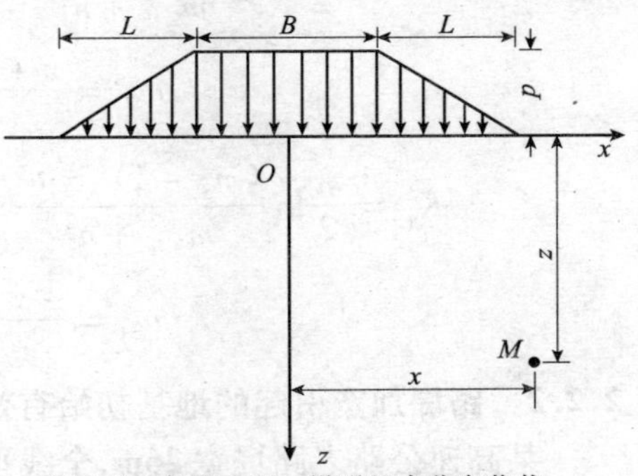

图2.5　条形面积上梯形竖直分布荷载作用下的应力状态

结合坐标变换，将式(2.16)和式(2.17)中m的表达式变为$m=(x+B/2)/B$，n的表达式变为$n=z/L$，即可求得如图2.5所示的条形面积上竖直均布荷载作用下的有效应力和超孔隙水压力。

分别将式(2.19)和式(2.20)中m的表达式变为$m=(x+B/2+L)/L$和$m=(-x+B/2+L)/L$，n的表达式变为$n=z/L$，即可求得路堤左侧三角形和右侧三角形荷载下的有效应力和超孔隙水压力。

将左右两侧三角形荷载和中间均布荷载作用下有效应力和超孔隙水压力叠加，即为梯形荷载作用下地基中的有效应力和超孔隙水压力。有效应力可简化为：

$$\sigma'_z = \frac{P}{\pi}(K_\sigma^1 + K_\sigma^2 + K_\sigma^3) \tag{2.22}$$

式中：K_σ^i——竖向初始有效应力分布系数($i=1,2,3$)。

$$K_\sigma^1 = \frac{m_1 n}{m_1{}^2 + n^2} - \frac{n(m_1-1)}{n^2+(m_1-1)^2}; m_1 = \frac{x+B/2}{B}, n = \frac{z}{B} \tag{2.23}$$

$$K_{\sigma}^{2}=\frac{n(1-m_{2})}{(m_{2}-1)^{2}+n^{2}}+\frac{n}{2}\ln\left(\frac{m_{2}^{\ 2}+n^{2}}{(m_{2}-1)^{2}+n^{2}}\right);m_{2}=\frac{x+B/2+L}{L},n=\frac{z}{L} \tag{2.24}$$

$$K_{\sigma}^{3}=\frac{n(1-m_{3})}{(m_{3}-1)^{2}+n^{2}}+\frac{n}{2}\ln\left(\frac{m_{3}^{\ 2}+n^{2}}{(m_{3}-1)^{2}+n^{2}}\right);m_{3}=\frac{-x+B/2+L}{L},n=\frac{z}{L} \tag{2.25}$$

超孔隙水压力可简化为：

$$u=\frac{P}{\pi}(K_{u}^{1}+K_{u}^{2}+K_{u}^{3}) \tag{2.26}$$

式中：K_{u}^{i}——超孔隙水压力分布系数，($i=1,2,3$)。

$$K_{u}^{1}=\arctan\frac{m_{1}}{n}-\arctan\frac{m_{1}-1}{n};m_{1}=\frac{x+B/2}{B},n=\frac{z}{B} \tag{2.27}$$

$$K_{u}^{2}=\frac{n}{2}\ln\frac{(m_{2}-1)^{2}+n^{2}}{m_{2}^{\ 2}+n^{2}}+m_{2}\left(\arctan\frac{m_{2}}{n}-\arctan\frac{m_{2}-1}{n}\right);\quad m_{2}=\frac{x+B/2+L}{L},n=\frac{z}{L} \tag{2.28}$$

$$K_{u}^{3}=\frac{n}{2}\ln\frac{(m_{3}-1)^{2}+n^{2}}{m_{3}^{\ 2}+n^{2}}+m_{3}\left(\arctan\frac{m_{3}}{n}-\arctan\frac{m_{3}-1}{n}\right);\quad m_{3}=\frac{-x+B/2+L}{L},n=\frac{z}{L} \tag{2.29}$$

2.2.2 路堤加宽引起的地基初始有效应力及超孔隙水压力

某高速公路老路堤宽26m，全线平均高度3.7m，两侧对称加宽8.25m，左右两侧坡比均为1∶1.5，重度为20kN/m³，为计算方便，取路堤高度为4m。根据式(2.22)和式(2.26)，并将加宽后整个路堤荷载响应看做加宽路堤荷载响应与老路堤荷载响应的叠加，可得加宽路堤荷载作用下地基中初始有效应力和超孔隙水压力，如图2.6所示。

从图2.6a)可看出，初始有效应力受另一侧加宽荷载的影响较大，小于5kPa的等值线明显不对称，但路堤正下方的等值线仍然保持一侧路堤单独作用时的形状。同时，加宽路堤下方出现了高应力区，并沿深度呈减小→增大→减小的变化规律，最大值发生在加宽路堤断面形心垂线位置地表以下10m深度处。因此，在进行软土地基处理时，加宽路堤下方为重点处治区，并且从老路边坡向外侧最好采用渐变的处治方式，以既能满足要求，又经济合理。

图2.6b)为加宽路堤荷载作用下地基中的超孔隙水压力等值线图。从图中可

看出，路堤一侧加宽荷载对另一侧的超孔隙水压力也有较大影响，小于 10kPa 等值线出现了明显不对称现象，随深度增加影响程度增加。加宽路堤中心线下方地基中超孔隙水压力最大值出现在地表，并沿深度迅速减小。

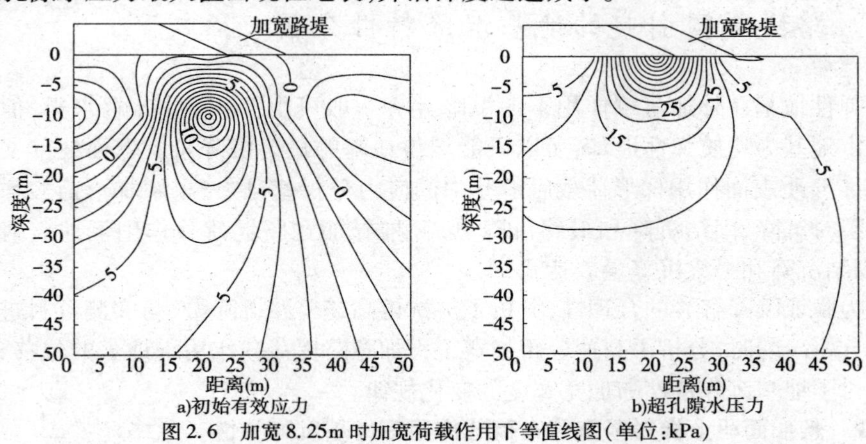

图 2.6　加宽 8.25m 时加宽荷载作用下等值线图（单位：kPa）

为考察加宽宽度对地基中应力分布的影响，图 2.7 绘出了加宽 4.5m 时的等值线图，其余计算参数同前。从图中可知，加宽 4.5m 时地基中初始有效应力和超孔隙水压力分布规律与加宽 8.25m 时基本相同，但加宽 4.5 时应力和超孔隙水压力明显小于加宽 8.25m 时的值，这是上覆荷载较小的缘故。比较还发现，加宽宽度增加，最大应力值和超孔隙水压力值出现的位置向外推移，并基本保持在加宽路堤断面形心垂线位置。同时，加宽 4.5m 时，应力小于 3kPa 的等值线和超孔隙水压力小于 6kPa 的等值线明显不对称，地基中初始有效应力和超孔隙水压力值受另一侧加宽路堤影响较加宽 8.25m 时小。由此得出，当加宽宽度相对于原有路堤宽度较小时，计算可以不考虑另一侧路堤的影响。

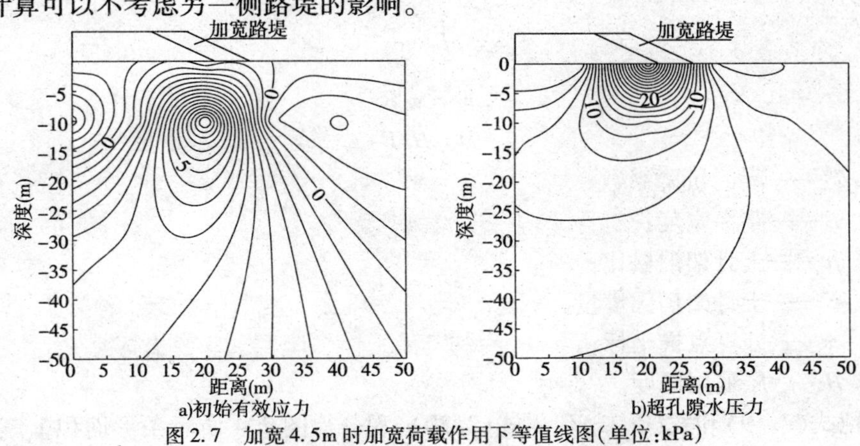

图 2.7　加宽 4.5m 时加宽荷载作用下等值线图（单位：kPa）

由图 2.6 和图 2.7 可知,加宽路堤荷载在地基中产生的超孔隙水压力沿深度迅速衰减,因此,当采用排水板处理地基时,下部排水效果较上部差。

2.3 路堤加宽引起的地基沉降特性分析

弹性地基在外加荷载作用下的沉降计算一般可由 Boussinesq 解求得,但由于它假定地基为均质弹性地基,所以只能求得地基的最终沉降量。下面在前文半空间 Biot 介质表面作用梯形荷载后地基中的应力分析基础上,求解梯形荷载作用下地表瞬时沉降、固结沉降和最终沉降量,并推导加宽路堤荷载作用下地表瞬时沉降、固结沉降和最终沉降量表达式。

为验证沉降解答的合理性,分析了沪杭甬高速公路沉降量,与实测资料进行了对比分析。同时,分析了高速公路加宽工程加宽路堤荷载作用下地表的位移分布,并探讨了地基沉降特性随加宽宽度的变化规律。

2.3.1 条形面积上梯形竖直分布荷载作用下地基沉降特性

(1)瞬时沉降

瞬时沉降是由于外加荷载作用后地基中附加有效应力发生变化而引起的。若要计算瞬时沉降,只需对附加有效应力引起的竖向应变积分即可。考虑水平向附加应力 σ'_x 的作用,路堤荷载作用下的瞬时沉降可以通过式(2.30)在压缩层范围内积分求得。

$$\varepsilon_z = \frac{1-\mu^2}{E}\left(\sigma'_z - \frac{\mu}{1-\mu}\sigma'_x\right) \tag{2.30}$$

把式(2.16)和式(2.18)代入式(2.30),积分得图 2.3 所示条形面积上竖直均布荷载作用下地基瞬时沉降 S_{d}^1:

$$S_{\mathrm{d}}^1 = pB\frac{1+\mu}{\pi E}C_{\mathrm{d}}^1 \tag{2.31}$$

$$m = x/B$$

$$D = H/B$$

式中:C_{d}^1——瞬时沉降系数;

B——路堤宽度;

μ——土骨架泊松比;

E——土骨架杨氏模量;

x——计算点横坐标;

H——压缩层厚度。

把式(2.19)和式(2.21)代入式(2.30),积分得图 2.4 所示条形面积上三角形竖直荷载作用下地基瞬时沉降 S_d^2：

$$S_d^2 = pL\frac{1+\mu}{\pi E}C_d^2 \tag{2.32}$$

式中：C_d^2——瞬时沉降系数；

L——三角形底部宽度；

其余符号意义同式(2.31)。

结合坐标变换，将式(2.31)中 m 的表达式变为 $m=(x+B/2)/B$，可求得图 2.5 所示的条形面积上竖直均布荷载下地基瞬时沉降。

将式(2.32)中 m 的表达式分别变为 $m=(x+B/2+L)/L$ 和 $m=(-x+B/2+L)/L$，D 的表达式变为 $D=H/L$，即可求得图 2.5 所示路堤左侧和右侧三角形荷载下的地基瞬时沉降。

将左右两侧三角形荷载和中间均布荷载作用下地基瞬时沉降叠加，即为梯形荷载作用下地基瞬时沉降，可简化为：

$$S_d = p\frac{1+\mu}{\pi E}(BC_d^1 + LC_d^2 + LC_d^3) \tag{2.33}$$

式中：C_d^i——瞬时沉降分布系数($i=1,2,3$)。

$$C_d^1 = (m_1-1)\ln\sqrt{\frac{(m_1-1)^2}{(m_1-1)^2+{D_1}^2}} - m_1\ln\sqrt{\frac{{m_1}^2}{{m_1}^2+{D_1}^2}};$$
$$m_1 = \frac{x+B/2}{B},\ D_1 = \frac{H}{B} \tag{2.34}$$

$$C_d^2 = \frac{1-m_2^2-D_2^2}{4}\ln\left[(m_2-1)^2+{D_2}^2\right] + \frac{m_2^2+D_2^2}{4}\ln(m_2^2+D_2^2) +$$
$$\frac{m_2^2-1}{4}\ln(m_2-1)^2 - \frac{m_2^2}{4}\ln m_2^2;\ m_2 = \frac{x+B/2+L}{L},\ D_2 = \frac{H}{L} \tag{2.35}$$

$$C_d^3 = \frac{1-m_3^2-D_3^2}{4}\ln\left[(m_3-1)^2+D_3^2\right] + \frac{m_3^2+D_3^2}{4}\ln(m_3^2+D_3^2) +$$
$$\frac{m_3^2-1}{4}\ln(m_3-1)^2 - \frac{m_3^2}{4}\ln m_3^2;\ m_3 = \frac{-x+B/2+L}{L},\ D_3 = \frac{H}{L} \tag{2.36}$$

(2)固结沉降

地基固结沉降是超孔隙水压力消散的结果。由于 Mandel 效应，在固结过程中，超孔隙水压力的消散量并不等于有效应力的增加量，但当固结结束后，地基中超孔隙水压力完全转化为有效应力，所以固结完成后，地基有效应力的增加量等于加荷时地基中的超孔隙水压力[2]。

考虑水平向应力的影响，把式(2.30)中的 σ'_z 和 σ'_x 均以超孔隙水压力式

(2.17)代替,并在压缩层范围内积分,即得图2.3所示的竖直荷载作用下地基中的固结沉降 S_c^1。

$$S_c^1 = \frac{pB(1-2\mu)(1+\mu)}{\pi E}C_c^1 \tag{2.37}$$

式中:C_c^1——固结沉降系数;

其余符号意义同式(2.31)。

同理,考虑水平向应力的影响,把式(2.30)中的 σ'_z 和 σ'_x 均以超孔隙水压力式(2.20)代替,并在压缩层范围内积分,即得图2.4所示的三角形竖直荷载作用下地基中的固结沉降 S_c^2。

$$S_c^2 = \frac{pL(1-2\mu)(1+\mu)}{\pi E}C_c^2 \tag{2.38}$$

式中:C_c^2——固结沉降系数;

L——三角形底部宽度;

其余符号意义同式(2.31)。

结合坐标变换,将式(2.37)中 m 的表达式变为 $m=(x+B/2)/B$,可求得图2.5所示的条形面积上竖直均布荷载下地基固结沉降。

将式(2.38)中 m 的表达式分别变为 $m=(x+B/2+L)/L$ 和 $m=(-x+B/2+L)/L$,D 的表达式变为 $D=H/L$,即可求得图2.5所示路堤左侧和右侧三角形荷载下的地基固结沉降。

将左右两侧三角形荷载和中间均布荷载作用下地基固结沉降叠加,即为梯形荷载作用下地基固结沉降,可简化为:

$$S_c = \frac{p(1-2\mu)(1+\mu)}{\pi E}(BC_c^1 + LC_c^2 + LC_c^3) \tag{2.39}$$

式中:C_c^i——固结沉降分布系数($i=1,2,3$)。

$$C_c^1 = D_1\left(\arctan\frac{m_1}{D_1} - \arctan\frac{m_1-1}{D_1}\right) - (m_1-1)\ln\sqrt{\frac{(m_1-1)^2+D_1^2}{(m_1-1)^2}} + m_1\ln\sqrt{\frac{m_1^2+D_1^2}{m_1^2}};\ m_1 = \frac{x+B/2}{B},\ D_1 = \frac{H}{B} \tag{2.40}$$

$$C_c^2 = \frac{D_2^2-m_2^2+1}{4}\ln\left[D_2^2+(m_2-1)^2\right] + \frac{m_2^2-D_2^2}{4}\ln(D_2^2+m_2^2) + \frac{m_2^2-1}{4}\ln(m_2-1)^2 - \frac{m_2^2}{4}\ln m_2^2 + m_2D_2\left[\arctan\left(\frac{m_2}{D_2}\right) - \arctan\left(\frac{m_2-1}{D_2}\right)\right];\ m_2 = \frac{x+B/2+L}{L},\ D_2 = \frac{H}{L} \tag{2.41}$$

$$C_c^3 = \frac{D_3^2 - m_3^2 + 1}{4}\ln[D_3^2 + (m_3 - 1)^2] + \frac{m_3^2 - D_3^2}{4}\ln(D_3^2 + m_3^2) + \frac{m_3^2 - 1}{4}\ln(m_3 - 1)^2 - \frac{m_3^2}{4}\ln m_3^2 + m_3 D_3\left[\arctan\left(\frac{m_3}{D_3}\right) - \arctan\left(\frac{m_3 - 1}{D_3}\right)\right];\ m_3 = \frac{-x + B/2 + L}{L},\ D_3 = \frac{H}{L} \tag{2.42}$$

不考虑固结过程中土骨架的塑性变形和流变，并根据式(2.33)和式(2.39)，则路堤梯形荷载作用下的总沉降 S 可表示为：

$$S = S_c + S_d \tag{2.43}$$

(3)实例分析

沪杭甬高速公路老路堤顶面宽 26m，高 3.7m，坡度为 1∶1.5，路堤填料重度为 20kN/m³，压缩层厚度为 47.6m，以各土层厚度为权计算出的压缩层范围内土骨架平均杨氏模量为 3.7MPa，土骨架泊松比为 0.25[2]。将各参数代入式(2.33)、式(2.39)和式(2.43)，求得老路堤荷载中心线瞬时沉降为 320mm，固结沉降为 266mm，总沉降为 586mm。贾宁[2]将梯形荷载简化为条形荷载，条形荷载大小不变，为 74kPa，宽度取为 31.55m，根据其给出的计算方法得出的瞬时沉降为 289mm，固结沉降为 266mm，总沉降为 555mm。

沪杭甬高速公路实体工程加荷共历时 56d，路堤填筑加荷曲线及中心线沉降实测曲线如图 2.8 所示。加荷结束时，路堤中心线实测沉降为 341mm，加荷 1 000d 固结基本完成后的沉降为 730mm，并且沉降仍在持续发展。由此可见，本书计算的瞬时沉降与实测值较为接近，固结沉降小于实测值，这是计算中假定地基为均质弹性 Biot 介质，而没有考虑土体的塑性和流变性质所致。另一个原因就是，现场土层性质差别非常大，最大模量为 7.97MPa，而最小值为 2.45MPa。对于性质较均匀且塑性和流变性质较弱的地质条件，应用本书提出的方法应能得到与实测值接近的结果。同时，本书计算结果比本章参考文献[2]的结果与实测值接近。

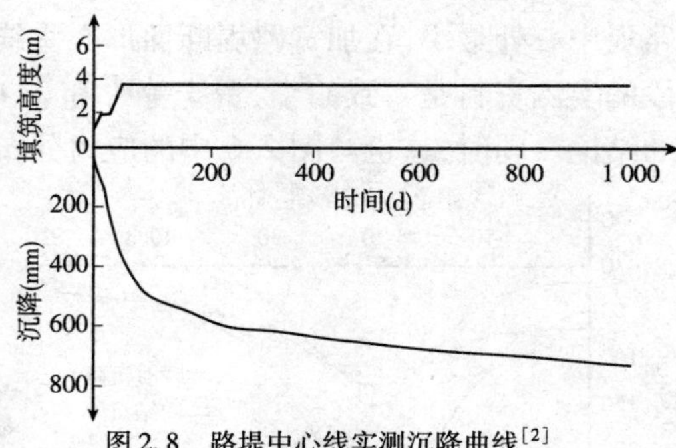

图 2.8　路堤中心线实测沉降曲线[2]

2.3.2　路堤加宽引起的地基沉降特性分析

软土地基上高速公路加宽路堤沉降计算是一个复杂的问题。一方面，老路堤下地基土体在上部荷载的作用下，逐渐排水固结，孔隙比减小，强度提高；另一方面，加宽路堤荷载作用下，既有瞬时沉降，也有后续的排水固结沉降，而且加宽路堤荷载作用下地基土体的塑性变形和流变变形还与老路堤荷载大小、作用时间有关。

下面仅以弹性 Biot 介质地基为基础，分析加宽路堤荷载作用下地表沉降特性。

取老路堤宽 26m，高 4m，两侧对称加宽 4.5m，坡比均为 1∶1.5，路堤填料重度为 20kN/m^3，压缩层厚度为 50m，压缩层范围内土骨架平均杨氏模量为 3.7MPa，土骨架泊松比为 0.25。把以上参数代入式(2.33)、式(2.39)和式(2.43)，并将加宽后整个路堤荷载响应看做加宽路堤荷载响应与老路堤荷载响应的叠加，即可求得加宽路堤荷载作用下地表瞬时沉降、固结沉降和总沉降。

图 2.9 给出了加宽 4.5m 时，加宽路堤荷载作用下地表瞬时沉降、固结沉降及总沉降变化曲线。从图中可以看出，各沉降均在距道路中心线约 19m 处（基本为加宽路堤断面形心垂线位置）出现了最大值；同时，瞬时沉降在总沉降中占的比重较大，并且在最大值两侧出现了隆起现象，这是加宽路堤下地基土体向两侧推挤所致。

为考察加宽宽度对地基变形特性的影响，图 2.10 给出了加宽 8.25m 时地表沉降曲线。从图中可以看出，沉降曲线变化规律与加宽 4.5m 时一致，并且瞬时沉降最大值两侧的隆起量增加了。这是由于加宽宽度增加，增大了地基承受的荷载，从而导致隆起量增加。另外，对比发现，加宽 8.25m 时，各沉降最大值出现的位置向道路外侧推移，从加宽 4.5m 时距道路中心线 19m 左右，变化到了约 21m 处，但仍保持在加宽路堤断面形心垂线位置，从而表明，加宽路堤荷载作用下，地表沉降在路堤中心处最小，在加宽路堤断面形心垂线位置最大，这与沪宁高速公路加宽试验段的实测资料是一致的[3]，贾宁等[4]和 A. G. I. Hjortnæs - Pedersen[5]也得出了同样的结论。同时，这也与图 2.6 中的应力分布规律相符。

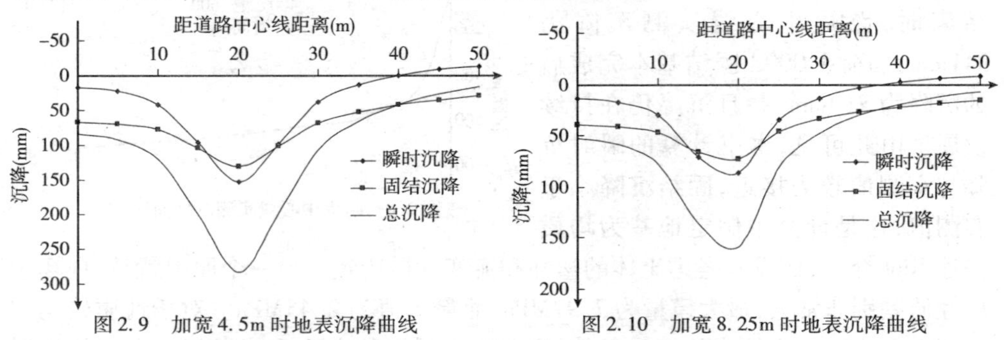

图 2.9　加宽 4.5m 时地表沉降曲线

图 2.10　加宽 8.25m 时地表沉降曲线

另外，从图 2.9 和图 2.10 还可以看出，加宽路堤荷载作用下地基中存在差异沉降，其反映到路基表面，必然导致路面结构的破坏，影响路面的行车性能。因此，采取适当的地基处理措施减小差异沉降并建立合理的差异沉降控制标准，是软土地基上高速公路加宽工程亟须解决的问题。

从式(2.33)、式(2.39)和式(2.43)可以看出，影响地基瞬时沉降、固结沉降和总沉降的参数除应力、加宽宽度及地基模量外，还有泊松比及压缩层厚度。图 2.11

绘出了加宽 8.25m 时地基最大瞬时沉降和固结沉降值随泊松比和压缩层厚度变化的曲线，其他参数同前。

从图 2.11 可看出，地基瞬时沉降随泊松比和压缩层厚度增加线性增加；固结沉降随泊松比增加迅速减小，随压缩层厚度增加而增加，但泊松比较大时，固结沉降随压缩层厚度增加的幅度减小，当泊松比增大到 0.5 时，固结沉降为零，瞬时沉降等于总沉降，超孔隙水压力消散并未引起固结沉降。这一点可以从式(2.30)得到解释，计算固结沉降时，σ'_z 和 σ'_x 分别用超孔隙水压力代替，所以，当泊松比为 0.5 时，固结并不引起竖向沉降。

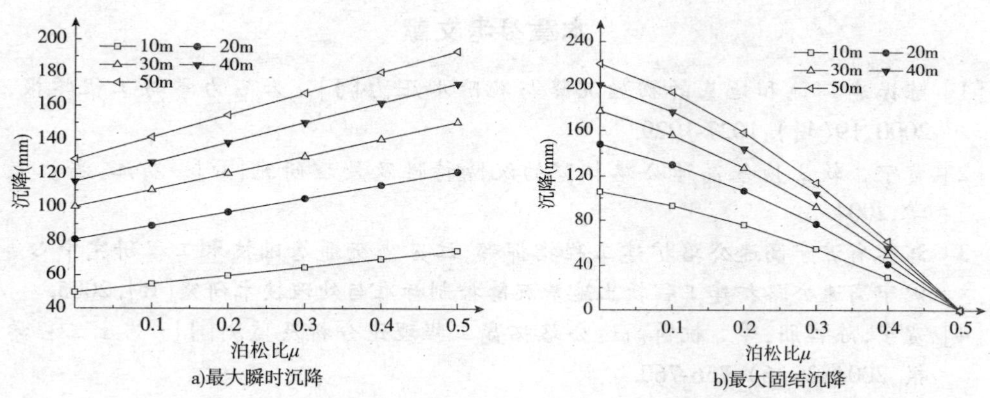

图 2.11　加宽 8.25m 时最大瞬时沉降和固结沉降随泊松比及压缩层厚度变化曲线

图 2.9 和图 2.10 表明，瞬时沉降在总沉降中占较大比重。考虑泊松比和压缩层厚度对加宽荷载作用下地基沉降影响较大，图 2.12 给出了加宽 8.25m 时地基瞬时沉降与总沉降的比值 R 随泊松比和压缩层厚度的变化曲线，其他计算参数同前。

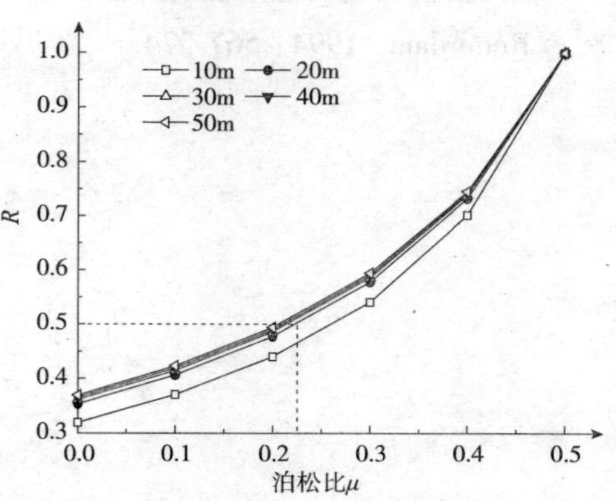

图 2.12　瞬时沉降与总沉降比值随泊松比及压缩层厚度变化曲线

从图 2.12 中可以看出，瞬时沉降与总沉降的比值 R 受泊松比的影响很大，随泊松比的增大而增加，且泊松比大于 0.3 时，增加的速率变大；同时，R 值随压缩层厚度增大而增加，当泊松比大于 0.3 时，增加的速率减小。另外，当泊松比大于 0.22 时，R 值大于 0.5，表明此时瞬时沉降已在沉降中占较大比重。

2.4 本章小节

在前人工作的基础上,推导了加宽路堤荷载作用下地基中初始有效应力、超孔隙水压力及沉降计算式,并对各响应进行了分析。研究表明,加宽路堤荷载作用下,地表沉降呈现路堤中心处最小、加宽路堤断面形心垂线位置最大的分布形式,变化规律和现场实测资料及其他研究成果一致;随加宽宽度增加,地表沉降最大值出现位置向道路外侧推移,但基本保持在加宽路堤中心线下。

本章参考文献

[1] 陈振建. 饱和地基的初始沉降与孔隙水压力[J]. 岩石力学与工程学报,2000,19(增):1027-1029.

[2] 贾宁. 软土地基高速公路拓宽的沉降特性及处理研究[D]. 浙江:浙江大学,2004.

[3] 江苏省沪宁高速公路扩建工程指挥部,江苏省交通基础技术工程研究中心. 沪宁高速公路扩建工程软土地基沉降控制标准与处理技术研究[R]. 2005.

[4] 贾宁,陈仁朋,等. 杭甬高速公路拓宽工程理论分析及监测[J]. 岩土工程学报,2004,26(6):756-760.

[5] A. G. I. Hjortnæs-Pedersen, H. Broers. The behaviour of soft subsoil during construction of an embankment and itswidening. Proc. Centrifuge 94 [C]. Balkema, Rotterdam, 1994: 567-574.

第3章 软土地基上路堤加宽性状的有限元分析

软土地基上的加宽工程,由于土体本构模型、加载历时、边界条件等的复杂性,采用解析解远不能满足工程需求。有限元法能充分考虑土体固结特性、应力应变非线性、复杂边界条件和加荷条件等,已在岩土工程中广泛应用。

本章采用大型有限元软件 ABAQUS 分析了软土地基上路堤加宽的性状。首先,研究了加宽荷载作用下软土地基中的附加应力场、位移场和超孔隙水压力分布场,加宽施工期老路堤表面沉降、新老路堤表面沉降、横坡比及新老路堤坡脚水平位移等,并与现场实测资料进行对比分析。其次,考察了加宽路堤几何参数(宽度和高度)、加宽路堤填料性质(刚度和重度)、软土地基性质(深度和刚度)及老路固结程度等因素对加宽性状的影响。为了对路堤加宽性状进行较为全面的研究,分析中不涉及地基处理、加筋等处治措施,这些将在后面章节中进行研究。

3.1 计算方法

由于加宽工程加荷条件的复杂性,文中考虑应力路径的影响,并采用增量法对加宽路堤性状进行分析,同时模拟施工的全过程,即先按老路堤的加载、预压和路面结构逐渐施加,然后进行新路堤的修筑,以求得任意时刻的位移、应力及超孔隙水压力等的变化。为模拟施工的全过程,计算中采用时间步(Time Step)来控制路堤加载的分级情况。其方法是:设置每级荷载与时间步对应;在每个时间步,如有填土荷载施加,相应网格单元被激活,对应时间步模拟自重应力的施加;如无填土荷载施加,对应时间步模拟施工间歇期或填筑后的预压。在初始分析步中,移去路堤填土单元,施加土体自重应力,软件采用迭代方法来获得指定边界条件及荷载作用下的平衡状态,并将此状态作为后续计算的初始条件。

3.2 有限元基本理论及计算模型的建立

3.2.1 土体本构关系的选择

实践表明,土体本构模型性能的好坏,除了其本身能否较为全面、真实地模拟土体的变形性状之外，参数取值的影响也非常大。当参数取值合理时，用非线性弹性模型也能较好地反映土的应力—应变规律，并且更加简单。在非线性弹性模型中，Duncan - Chang 双曲线模型因其参数物理意义明确且易于确定、适用土的范围广等优点而受到广泛应用。因此，综合该模型的优点和由于实际试验条件的限制，本书在分析时拟采用 Duncan - Chang 非线性弹性模型进行土体的模拟，同时，考虑有限元软件 ABAQUS 材料库中不含该模型，根据本章参考文献[1-2]的思路，本书进行了 Duncan - Chang $E-\mu$ 模型子程序的开发，用于后续的分析。$E-\mu$ 模型中，切线弹性模量为：

$$E_t = \left[1 - \frac{R_f(1-\sin\varphi)(\sigma_1-\sigma_3)^2}{2c\cos\varphi + 2\sigma_3\sin\varphi}\right] K p_a \left(\frac{\sigma_3}{p_a}\right)^n \tag{3.1}$$

切线泊松比为：

$$\mu_t = \frac{G - F\lg\dfrac{\sigma_3}{p_a}}{(1-A)^2} \tag{3.2}$$

式中，$A = \dfrac{D(\sigma_1-\sigma_3)}{Kp_a\left(\dfrac{\sigma_3}{p_a}\right)^n\left[1-\dfrac{R_f(1-\sin\varphi)(\sigma_1-\sigma_3)}{2c\cos\varphi+2\sigma_3\sin\varphi}\right]}$。

卸荷条件下，用回弹模量 E_{ur} 代替式(3.1)切线弹性模量 E_t，E_{ur} 为：

$$E_{ur} = K_{ur} p_a \left(\frac{\sigma_3}{p_a}\right)^n \tag{3.3}$$

上述公式中，c、φ、K、n、R_f、G、F 和 D 八个参数均可由常规三轴试验确定，确定方法参考本章参考文献[3]。而 $K_{ur} = (1.2 \sim 3.0)K$，对于密砂和硬黏土，$K_{ur} = 1.2K$；对于松砂和软土，$K_{ur} = 3.0K$；一般土介于其间[3]。

3.2.2 计算假定

(1)路堤足够长，按平面应变问题考虑；路堤加宽时，假定对称布置在老路堤两侧，且同时施工。

(2)假设软土地基土体沿路堤横断面均匀分布，也就是不考虑软土地基的横向不均匀性。

(3)将路面荷载考虑为路堤的 1m 填土荷载。

3.2.3 交通荷载的静力等效计算

交通荷载作用下，路基路面动力响应较为复杂。为简化计算过程，在道路结构的传统设计中，通常采用作用于路表的等效均布荷载来替代交通荷载的作用效应。Peck 和 Kutara[4-5] 研究认为，等效均布荷载大小应为 11.5kPa，相当于 0.6m 高填土产生的自重应力；而 Kim 和 Barker[4] 依据等效弯矩法以及路面轮胎压力分布规律，得到了相应的等效荷载大小计算公式;根据大量实际工程情况,Han 和 Gabr[6] 则认为采用 10kPa 的等效荷载替代交通荷载对路堤路面的作用,计算所得变形结果与实测较为一致。本书有限元计算中,将车辆荷载等效为 10kPa 静载。

3.2.4 计算断面和参数

如图 3.1 所示,双向四车道高速公路顶面宽 26m,在原道路两侧同时对称加宽 8.25m。路堤高 4m(包括路面结构等代荷载 1m),新老路边坡均为 1:1.5,老路采用砂垫层处理,加宽部分路堤砂垫层与老路接通。考虑其对称性,取一半结构进行研究。由勘察报告可知,沪宁高速公路加宽工程昆山试验段属河湖或海相沉积平原。该段总体以软弱黏土为主,软土为淤泥质粉质黏土夹粉砂或互层。为研究软土地基上加宽工程变形规律,在试验段选取 K0 +710 断面进行了高压固结试验,试验参数如表 3.1 所示。路堤填料和砂垫层参数如表 3.2 所示[7]。软土地基深度为 50m,经试算,横向取 50m。

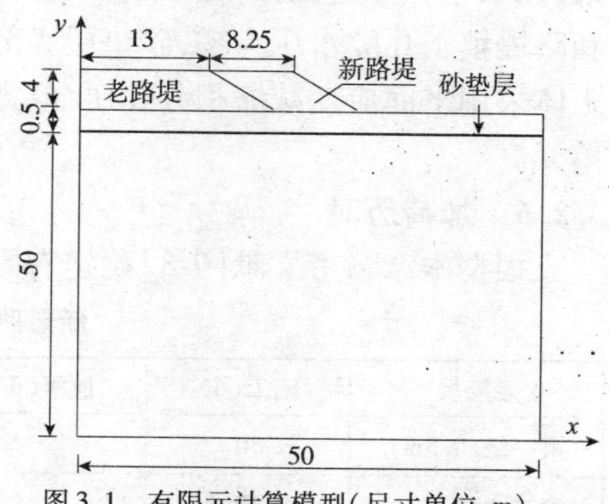

图 3.1 有限元计算模型(尺寸单位:m)

软土 Duncan - Chang 参数 表 3.1

土层号	埋深 (m)	γ ($kN \cdot m^{-3}$)	φ_d (°)	c (kPa)	R_f	K	n	G	F	D	k_x (10^{-7}cm/s)	k_y (10^{-7}cm/s)
1	2.7	19.2	24.5	2.0	0.72	99	0.23	0.31	0.10	2.20	1.40	5.46
2	11.2	18.5	25.0	19.8	0.56	32	0.71	0.16	0.03	3.36	6.20	8.01
3	14.1	17.7	24.3	2.0	0.54	20	0.76	0.08	0.09	3.40	2.75	3.84
4	15.0	19.3	25.9	47.0	0.64	100	0.24	0.21	0.01	2.60	20.0	21.33
5	19.4	19.4	37.6	6.0	0.65	87	0.69	0.34	0.16	2.10	4.73	7.28
6	24.6	17.5	24.9	6.0	0.51	47	0.44	0.14	0.13	3.90	4.70	4.96
7	35.8	19.1	29.3	8.7	0.51	57	0.53	0.19	0.09	3.70	4.67	5.64
8	50	19.1	32.0	4.0	0.56	48	0.85	0.22	0.06	2.70	6.04	6.32

其他材料 Duncan - Chang 参数 表 3.2

材料	厚度 (m)	γ ($kN \cdot m^{-3}$)	φ_d (°)	c (kPa)	R_f	K	n	G	F	D	k_x (10^{-7}cm/s)	k_y (10^{-7}cm/s)
砂垫层	0.5	18.0	34.0	0.0	0.60	280	0.80	0.24	0.002	2.7	透水	透水
路堤填土	4.0	19.0	28.0	30.0	0.8	150	0.40	0.35	0.01	1.0	透水	透水

3.2.5 边界条件和单元选择

结构左右边界分别为横向固定约束,无水平位移;底部为横向和竖向固定约束,无水平和竖直位移;地下水位线为地表下0.5m深度,水位线以上软土地基土体和路堤填土孔隙水压为零,砂垫层底部为排水边界;其余为不透水边界。软土地基土体采用平面应变减缩积分孔压/应力耦合单元,路堤填料采用平面应变减缩积分单元。

3.2.6 加荷历时

根据本章参考文献[7-8]确定有限元计算加荷历时,如表3.3所示。

新老路堤的加荷历时 表3.3

老路堤	施工(d)	预压(d)	新路堤	施工(d)	预压(d)
第一级(0.5m)	30		第一级(1.0m)	30	
第二级(0.5m)	30		第二级(1.0m)	30	
第三级(0.5m)	30		第三级(1.0m)	30	
第四级(0.5m)	30				60
第五级(0.5m)	30		第四级(1.0m)	30	
第六级(0.5m)	30	360	车辆荷载		5 475
第七级(0.5m)	30				
第八级(0.5m)	30				
车辆荷载		5 475			

3.3 计算结果分析

3.3.1 软土地基附加应力分析

软土地基在老路堤荷载作用下,主固结基本完成,沉降趋于稳定。新路堤直接和老路堤拼宽后,软土地基中将产生附加应力和超孔隙水压力,从而引发软土地基土体的再次固结沉降。

图3.2给出了加宽完工后相对于加宽前软土地基中的附加应力分布等值线图。从图中可看出,竖向附加应力最大值位于新路堤断面形心垂线位置下地表处,随深度增加迅速衰减,影响深度在25m以内。因此,该位置为软土地基处理的重点区域;对水平附加应力的考察发现,在加宽路堤荷载作用下,分别在老路堤和新路堤下地表产生了两个方向相反的水平附加应力区,其影响深度较浅,在15m左右。另外,在加宽路堤荷载作用的地方,刚好是老路堤附加剪应力集中区,加上加宽荷

载本身是一个窄顶梯形,这样的荷载形式也将产生较大的附加剪应力集中区,见图 3.2c),所以剪应力将对新老路堤的变形产生重要影响。在主固结和次固结阶段,由于堤脚下剪应力引起不断的侧向变形,使路堤沉降增大[9]。同时,加宽荷载作用下,在新老路堤下方软土地基中均有超孔压产生,并在老路坡脚下方产生了一个高孔压区。

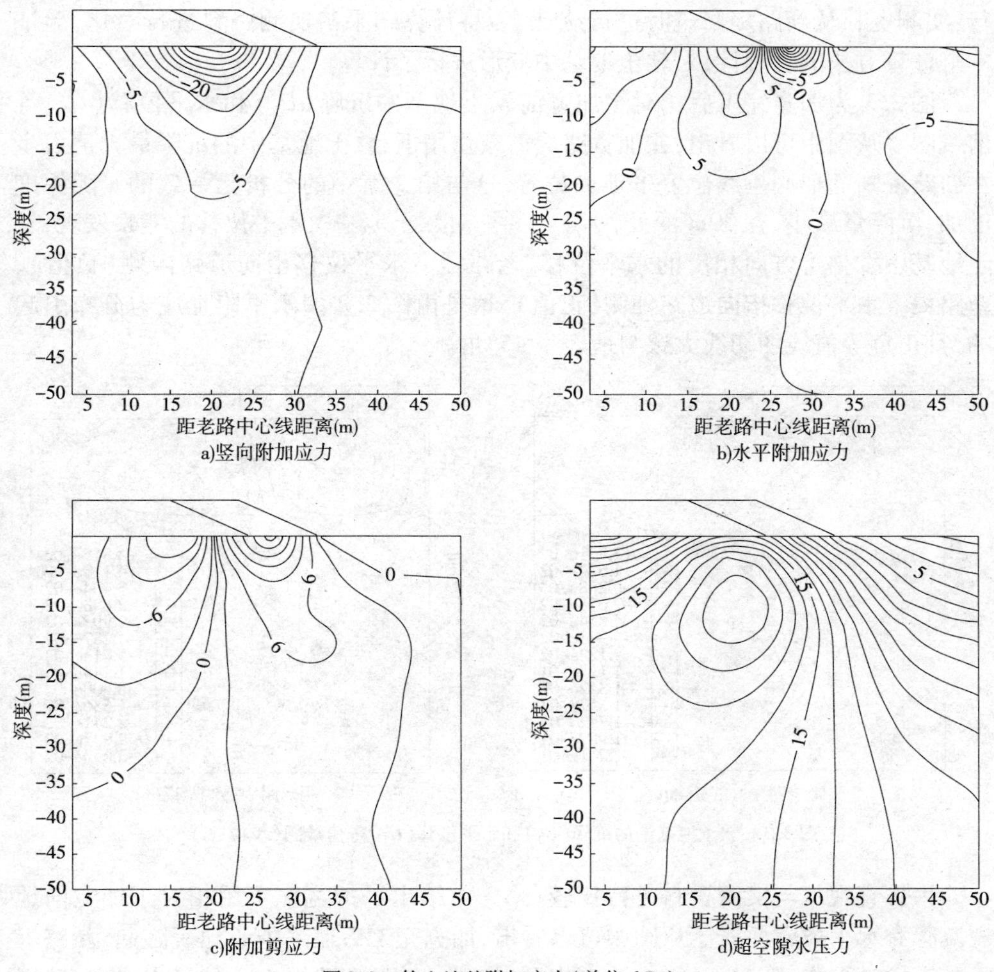

图 3.2 软土地基附加应力(单位:kPa)

比较图 3.2 和图 2.8 看出,在加宽路堤荷载作用下,竖向附加应力和超孔压分布不尽相同。有限元计算出的竖向附加应力最大值出现在新路堤断面形心垂线位置地表,高孔压区出现在该位置以下一定深度处;而在第 2 章基于 Biot 固结介质瞬时荷载作用下的计算结果恰好相反。出现的原因为,有限元计算出的是加宽路堤完工后的结果，允许软土地基土体固结，且地表为排水边界，瞬时荷载产生的超孔压迅速衰减，使高孔压区向地表以下移动；同时，超孔压的消散使软土地基中有效应力增加，因此，在地表出现了竖向附加应力最大值。

3.3.2 软土地基变形

加宽工程中，沉降观测大多通过在软土地基中埋设水平横剖管、测斜管等进行，实测资料从新路堤修筑时进行统计，为将计算结果与实测资料进行对比，验证本书计算方法的合理性，对软土地基中变形进行了计算。

图 3.3 为加宽完工后相对于加宽前软土地基中沉降（U_2）和水平位移（U_1）等值线图。从图中可以看出，在加宽路堤荷载作用下，软土地基中的沉降最大值发生在新路堤断面形心垂线位置下地表位置，这与第 2 章中的分析是一致的。随深度增加，沉降量减小，在 30m 深处，小于 1cm。对软土地基中水平位移的考察发现，软土地基中发生了方向相反的水平位移，老路堤下水平位移指向道路内侧（负值），新路堤下水平位移指向道路外侧（正值），这是由图 3.2 中水平附加应力分布引起的，且正负等值线的切线大致与地表呈 45°角。

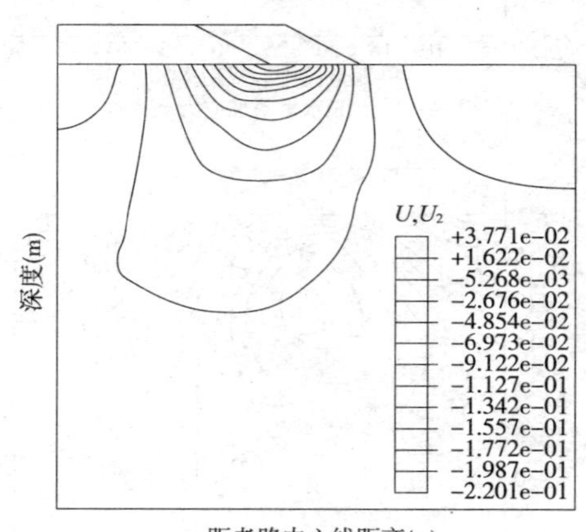

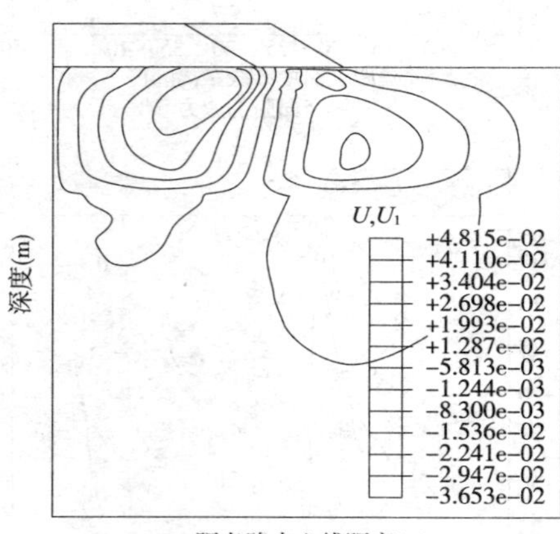

图 3.3 软土地基中的沉降（U_2）和水平位移（U_1）等值线图（单位：m）

为更直观地与实测资料进行比较，图 3.4 给出了加宽完工后相对于加宽前地表沉降和水平位移曲线。从图中可以看出，加宽完工后道路中心地表隆起，新路堤下地表发生沉降；随时间增加，地表均发生沉降，并呈现路堤中心处最小、加宽路堤断面形心垂线位置处最大的分布形式，变化规律和实测资料一致[10]，本章参考文献[11,12]也得出了同样的结论，从而表明本书的计算是合理的。同时，在加宽路堤 1 年内，软土地基沉降量占总沉降的一半以上，随时间增加，软土地基固结速度变慢。

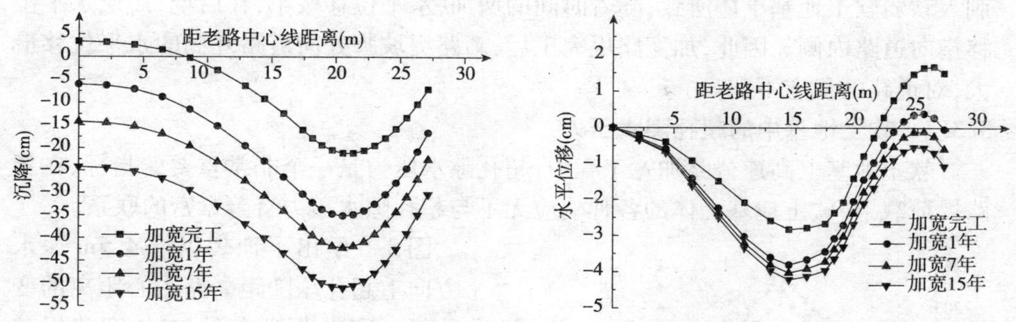

图 3.4　地表沉降和水平位移

对水平位移考察发现，加宽初期，老路堤下地表水平位移指向道路内侧（负值），新路堤下水平位移指向道路外侧（正值），这和从图 3.3 中得出的结论是一致的。同时，随时间增加，指向道路内侧的水平位移增加，指向道路外侧的水平位移减小，地表发生向道路内侧的水平位移。这是因为，加宽初期，加宽路堤在荷载作用下，软土地基内产生的超孔压来不及消散，使得新路堤两侧软土地基土体有向两侧移动的趋势；随着时间的增加，超孔压消散，加宽路堤渐渐刺入软土地基，从而使向道路外侧的水平位移减小，向内侧的水平位移增加。

高速公路加宽工程中，软土地基中的水平位移变化反映了道路的稳定性，图 3.5 绘出了老路堤坡脚（a 断面）和新路堤坡脚（b 断面）两个断面在加宽后相对于施工前软土地基中水平位移随深度变化曲线。

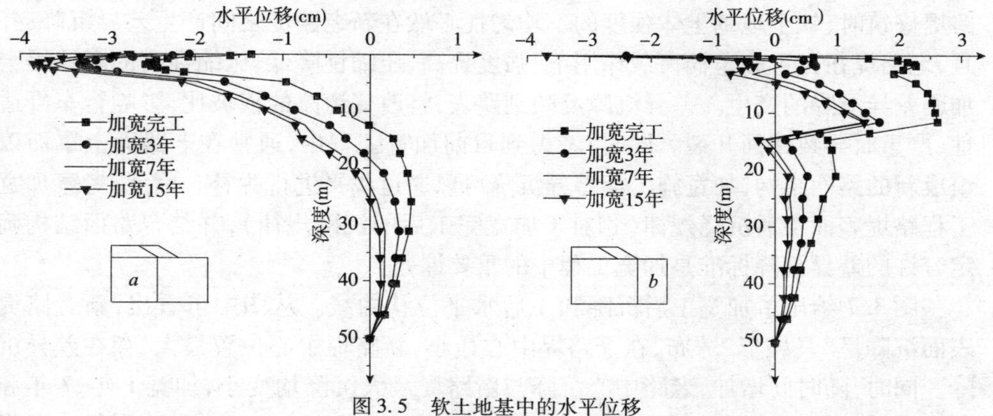

图 3.5　软土地基中的水平位移

对于 a 断面，软土地基浅层发生了向道路内侧的水平位移，深层发生了向道路外侧的水平位移，且随着时间的增加，浅层水平位移增加，深层水平位移减小，方向转换点增加。对于 b 断面，软土地基土体水平位移基本指向道路外侧，这是新路堤刺入软弱软土地基土体所致；随着时间的增加，水平位移减小，在后期，浅层水平位移指向道路内侧。因此，加宽路堤完工后，新路堤坡脚处向道路外侧的水平位移最大，对道路的稳定不利。

3.3.3 软土地基中的超孔隙水压力

软土地基上高速公路加宽工程中，超孔隙水压力是一个非常重要的指标，在新路堤荷载下，软土地基土体的各种响应无不与超孔隙水压力有着紧密的联系。

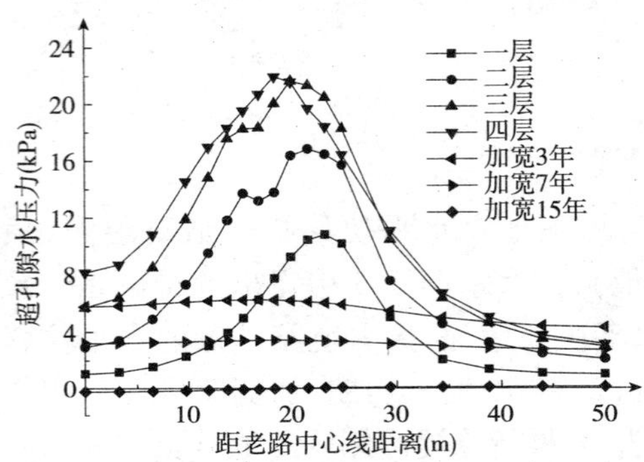

图 3.6 软土地基中超孔压随新路堤施工变化曲线

图 3.6 绘出了地表以下 4.5m 深水平方向上超孔压随距老路中心距离的变化曲线。图中曲线表明，在加宽路堤荷载作用下，软土地基中新老路堤结合部下方出现了高孔压区，加宽后 3 年和 7 年，高孔压区基本消失，加宽后 15 年，超孔压完全消散；同时，随新路堤施工，超孔压逐渐变大，但由于计算水平面靠近砂垫层，排水畅通，增加量并不很明显；由于第四层施工前，有一个预压期，第四层施工后的超孔压比第三层施工后略有增加。

3.3.4 路堤表面变形

由计算可知，加宽前老路已经稳定，其下软土地基土体固结完成，随距老路中心线距离增加，土体强度降低[13]，这就是应力路径导致的土体各向异性。因此，新路堤修筑时，软土地基土体强度的不均匀性必然在新老路堤之间产生差异沉降；并且，老路堤在自重和车辆荷载作用下，强度提高，压缩性降低，压缩性高的新路堤会加剧差异沉降的产生。差异沉降反映到路表，将改变道路的横坡比，影响行车舒适性，严重时导致路面开裂。同时，考虑到目前加宽工程中，通常在老路面上罩面以组成新的路面结构，加宽施工期差异沉降可以通过找平进行弥补。因此，考察加宽工程路堤表面工后沉降规律（相对于加宽完工后的沉降规律），并结合路面结构确定容许的差异沉降标准是加宽工程中的重要课题。

图 3.7 给出了加宽工后沉降和工后水平位移曲线。从图中可看出，新老路堤表面沉降呈“马鞍形”分布，在老路堤中心最小，新路堤中心位置最大，存在差异沉降。同时，随时间增加，老路中心沉降与新路堤最大沉降均变小，加宽 1 年、7 年和 15 年三个时间点老路中心沉降分别为 9.4cm、17.6cm 和 27.7cm，新路堤最大沉降分别为 14.7cm、22.1cm 和 31.4cm。

从图 3.7b）中给出的水平位移可以看出，新老路堤结合部两侧水平位移方向相反，老路堤发生了向道路外侧的水平位移，新路堤发生了向道路内侧的水平位移。这是由于新路堤断面形心垂线位置下软土地基产生了最大的沉降,新路堤填土向下移动进行填充所致。同时,随着时间的增加,向外侧的水平位移减小,向内侧的水平位移增加,转折点位置向内移动。

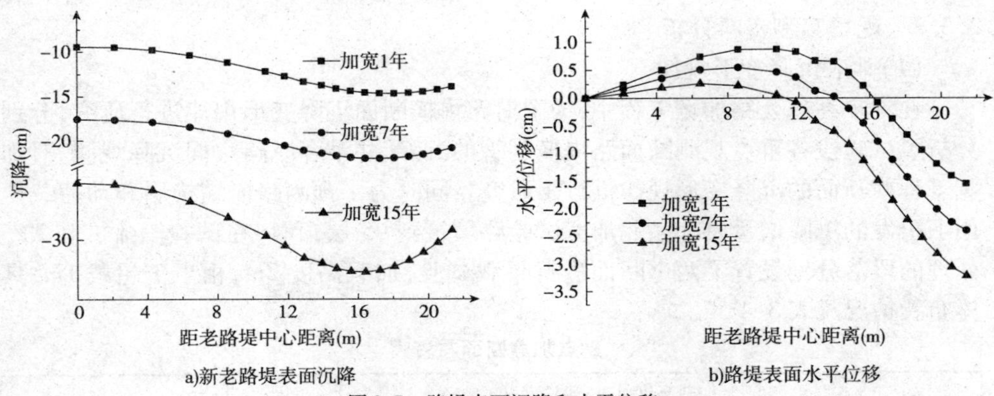

a)新老路堤表面沉降　　b)路堤表面水平位移

图 3.7　路堤表面沉降和水平位移

由于加宽施工过程中,老路一直承担交通荷载。因此,加宽施工对老路的影响应控制在一定范围之内,从而,加宽施工期,老路的沉降也应作为考察的一个重要指标。图 3.8 给出了加宽施工期老路堤表面沉降。从图中可知,在加宽荷载作用下,老路沉降呈中心小、路肩处大的反“弯沉盆”形分布,道路中心与路肩差异沉降达 12.35cm,坡差改变量为 12.35cm/13m = 0.95% ,这样必然会导致老路面产生结构性破坏,影响其路用性能。因此,新老路软土地基处理,也应以限制施工期老路差异沉降作为评判处治方式成功与否的一个标准。

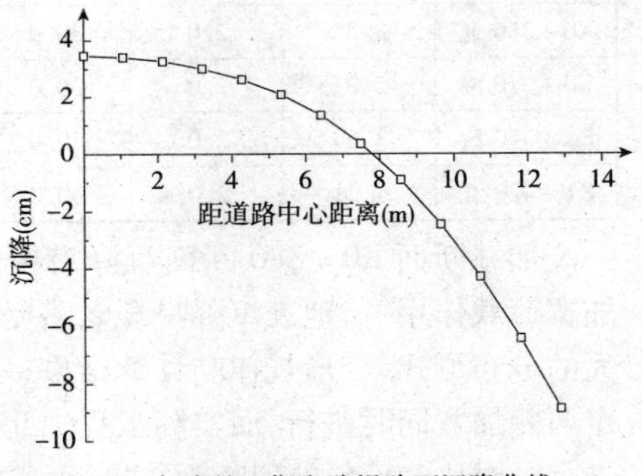

图 3.8　加宽施工期老路堤路面沉降曲线

对于公路工程而言,横坡比是一个非常重要的工程指标。从前文分析可知,加宽工程软土地基处治方式的成败可以从能否限制加宽施工期老路差异沉降和加宽工后新路差异沉降去评判。因此,应着重考察这两个横坡比变化量。同时,如果能限制加宽施工期老路堤差异沉降,再考虑加宽施工期软土地基沉降基本完成 50% ~75%[7],从而就可以很好地保证老路部分路面结构不出现结构性破坏。然后,若再能控制加宽部分路面不出现破坏,加宽工程中的差异沉降控制问题就能较好地得以解决。因此,下面着重考察加宽施工期老路横坡比改变量(道路中心与老路肩之间差异沉降)和加宽工后新路横坡比改变量(新路肩与最大沉降点之间的差异沉降)。

对加宽工后新路堤横坡比改变量考察后发现，随软土地基固结沉降，新路堤横坡比改变量逐渐增加，在加宽完工后最小，为0.23%；工后7年，为0.29%；工后15年最大，为0.35%。

3.3.5 现场实测资料分析

（1）地表沉降变形规律

在沪宁高速公路加宽工程中，为了对路堤横断面沉降变形规律进行研究，分别分析了试验段各重点观测断面路堤横剖管的沉降，并结合原路表面沉降观测，对加宽工程横断面的沉降变形规律进行了研究。同时为了预测路面结构层和动荷载作用下引发的沉降增量，在南、北加宽试验路填筑到95层顶时，在试验段疏桩和EPS处理的段落分别设置了两个断面进行超载试验，加载高度2m，相当于超载1m，具体布置情况见表3.4[10]。

重点加载断面布置[10]　　表3.4

加载断面	路堤高度（m）	加载高度（m）	加载长度（m）	处理方法	间距（m）	垫层类型
K0 +380 北	3.25	2.0	30.0	控沉疏桩无桩帽	2.5	40cm 厚碎石 + 钢筋网
K0 +710 南	2.93	2.0	30.0	控沉疏桩有桩帽	2.5	40cm 厚碎石 + 灰土
K1 +340 南	3.60	2.0	30.0	EPS	—	—
K1 +420 北	4.24	2.0	30.0	EPS	—	—

加载断面K0 +380断面沉降沿横向分布曲线见图3.9。从图中可以看出，在加宽荷载作用下，地表沉降呈现老路堤中心处最小、加宽路堤断面形心垂线位置最大的分布形式，变形规律与计算结果一致（图3.4）。需要说明的是，数值模拟时假定两侧加宽同时进行，而实际工程中北侧先加宽，所以仅对北侧的测试结果与计算进行了对比。EPS处理断面横断面沉降变形规律也与此基本一致。图3.10给出了杭甬高速公路加宽工程地表横断面沉降变化规律。由图可知，变形规律与图3.4一致。从以上资料与本书理论分析结果对比分析看出，二者具有良好的一致性，表明了本书理论计算结果的合理性。

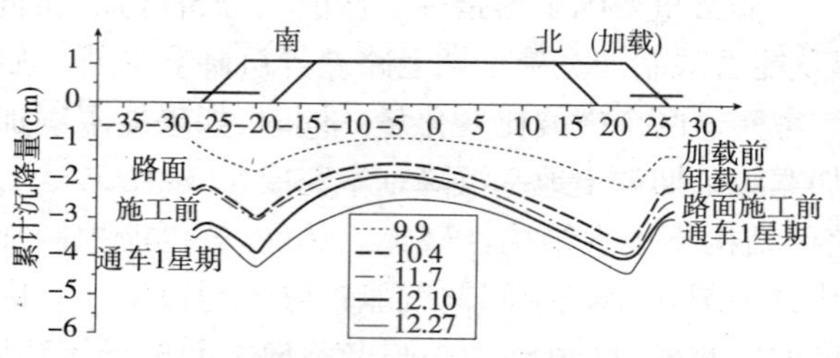

图3.9　K0 +380断面地表横断面沉降变化规律（控沉疏桩）

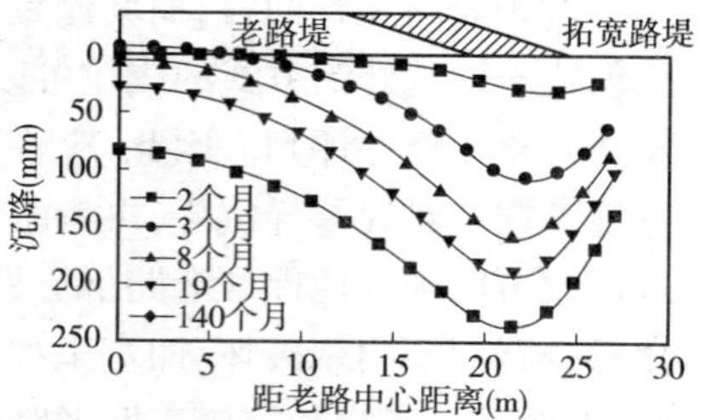

图3.10　杭甬高速公路加宽工程地表横断面沉降变化规律

(2)新老路堤横坡变化率分析

为了对新老路基的横坡比变化情况进行分析,在试验段共设置了16个观测断面,每个断面南北侧在新加宽路段分别设置了4个点,从而可以比较准确地分析新加宽路基的横坡比变化规律。各个断面不同位置两点间的横坡比变化关系见表3.5。

相邻两点横坡表(%) 表3.5

距中心距离(m) / 桩号	北加宽路段			老路	中央分隔带		老路	南加宽路段		
	-20.4	-17.1	-15.25	-13	-1.5	1.5	13	15.25	17.1	20.4
K0+115	0.83	3.30	0.76	1.33			1.72	1.41	1.95	0.86
K0+130	1.02	3.79	0.94	1.86			1.71	2.13	2.55	0.97
K0+380	1.55	4.00	0.74	1.51			2.10	1.68	2.32	0.92
K0+635	0.99	2.61	1.77	1.52			1.65	1.84	2.25	0.92
K0+648	1.25	3.10	1.43	1.55			1.77	2.09	2.19	1.24
K0+710	1.68	4.83	2.31	1.93			1.77	1.64	2.09	1.02
K1+195	1.01	2.86	2.84	2.17			1.90	2.32	2.68	1.22
K1+340	1.37	3.07	2.20	1.58			2.01	2.43	2.31	0.87
K1+379	1.40	2.91	1.89	1.29			1.84	2.07	2.41	1.02
K1+423	1.19	3.06	2.14	1.51			2.59	2.43	1.68	0.61
K1+429	1.37	3.09	2.24	2.08			2.32	2.36	1.76	-0.02
K1+500	1.35	3.46	2.39	1.52			1.86	2.14	2.87	1.33
K1+506	1.03	2.69	2.44	1.46			2.07	2.36	3.44	1.27
K1+550	1.88	3.77	2.23	1.93			1.97	2.24	2.63	1.20
K1+690	0.70	2.82	2.68	1.49			2.16	1.81	2.38	1.33
K1+702	1.22	3.05	2.10	1.45			2.23	1.96	2.75	1.63
平均值	1.24	3.28	1.94	1.64			2.06	2.39	1.02	1.24

由于实际工程中,南北两侧路堤高度不同、软土地基地质条件不同,从而导致两侧实测的道路横坡比不同,但从表3.5仍可以看出,在加宽路堤中心位置(距道路中心距离±17.1m)处的横坡比最大,表明加宽中心位置与相邻点间差异沉降最大,这和图3.7中的理论分析结果是一致的。

从前面对沉降变形和横坡比的实测值与计算结果对比分析可知,理论分析和实测结果规律是一致的,从而表明本书理论分析的合理性,进而可以进行下文的分析。

3.4 路堤加宽变形特性的影响因素分析

路堤加宽性状的影响因素很多,主要有加宽路堤几何参数(宽度和高度)、加宽路堤填料性质(刚度和重度)、软土地基性质(深度和刚度)及老路固结程度等。为进一步阐述各因素对加宽荷载施加时新老路堤之间变形特性的影响,下面对其进行分析。分析时对单因素逐个考虑,其他参数同前,并保持不变。分析集中在新老路堤表面位移、施工期老路堤横坡比、加宽工后新路堤横坡比、地表位移和新老路堤坡脚水平位移等这些反映变形特征的重要指标上。计算中,考虑施工期路堤沉降可以通过铺筑路面时进行调整,新老路堤表面沉降为加宽工后沉降(相对于加宽完工时的沉降),软土地基变形为加宽完工时相对于加宽前的变形;施工期老路堤横坡比和加宽工后新路堤横坡比(为方便,下文称为老路堤和新路堤横坡比)均为最大值。

3.4.1 加宽路堤几何参数的影响分析

其主要包括加宽路堤宽度和高度的影响。

(1)加宽路堤宽度的影响分析

计算中考虑四车道高速公路(半幅宽 13m)两侧分别加宽 4.5m、8.25m 和 12.5m 三种情况,其他参数同前。

图 3.11 为不同加宽宽度时的计算结果。从图 3.11a)可看出,新老路堤表面沉降呈“马鞍形”分布,在老路堤中心位置最小,新路堤中心位置最大,这和前文的分析是一致的。随着加宽路堤宽度的增加,老路堤中心沉降增大,分别为 19.7cm、27.7cm 和 34.7cm,新路堤最大沉降也增大,分别为 21.0cm、31.4cm 和 42.6cm。同时,从图 3.11b)可看出,随着加宽宽度的增加,老路堤和新路堤横坡比均变大,老路堤横坡比分别为 0.62%、0.82% 和 0.92%,新路堤横坡比分别为 0.22%、0.32% 和 0.59%。

图 3.11c)表明,随着加宽宽度的增加,加宽完工时地表老路中心隆起量和沉降最大值均增加,隆起量分别为 1.5cm、3.4cm 和 5.7cm,最大沉降值分别为 14.4cm、21.4cm 和 26.5cm。这是因为,加宽宽度增加,软土地基承受的荷载增大,从而使得远离新路堤的地表隆起量及其下沉量增加。

从图 3.11d)可看出,随着加宽宽度的增加,新路堤下软土地基承受荷载增加,从而使其下方土体向两侧的水平位移增加,表现为 a 断面和 b 断面在浅层的水平位移增大,因此,加宽宽度越大,对软土地基的稳定性越不利。

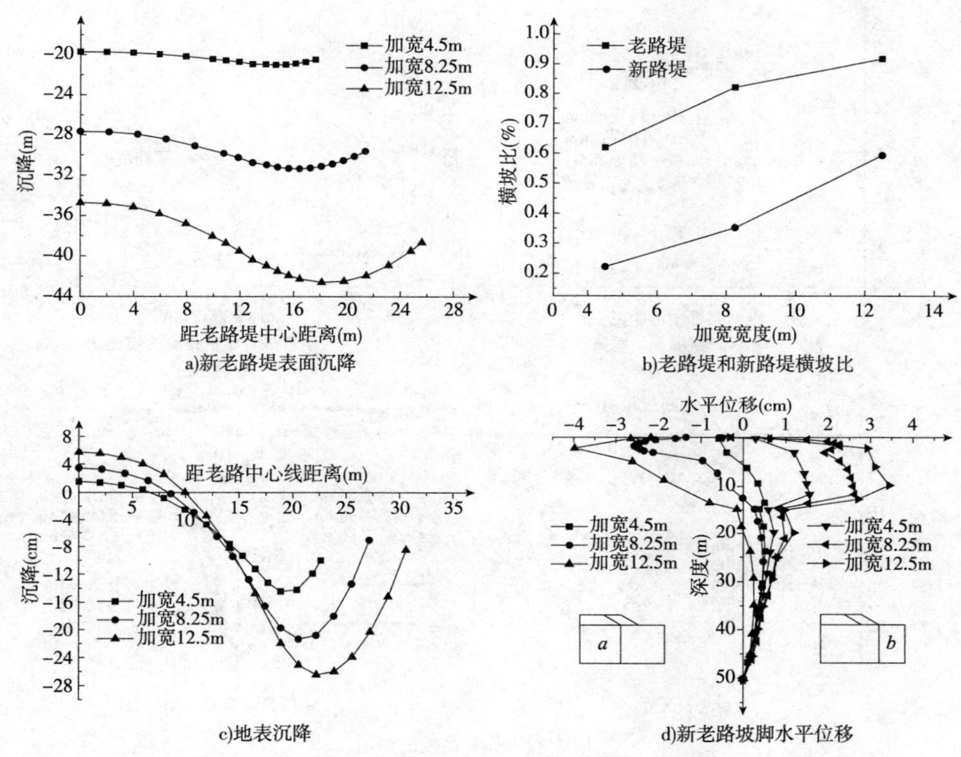

图 3.11 加宽路堤宽度的影响

(2)加宽路堤高度的影响分析

同一条高速公路,不同路段路堤高度可能不同,有必要分析加宽路堤高度的影响。计算中分别考虑了路堤高度(包括路面等代荷载)为 3m、4m 和 5m 三种情况,其他参数同前。

从图 3.12 可看出,随着路堤高度的增加,新老路堤表面工后沉降增大。路堤高度分别为 3m、4m 和 5m 时,老路堤中心沉降为 17.4cm、27.7cm 和 34.8cm,新路堤最大沉降为 21.8cm、31.4cm 和 38.6cm。这是软土地基土体承受的荷载增加所致。同时,随加宽高度增加,老路堤横坡比变大,分别为 0.62%、0.82% 和 0.86%;新路堤横坡比变小,分别为 0.35%、0.34% 和 0.28%,并且,老路堤横坡比对加宽高度的变化较为敏感,这是因为,加宽高度增加,加宽路堤刺入软土地基程度增加,对老路堤的拖拉作用使结合部老路堤的沉降增加,从而增大了老路堤的横坡比;对于新路堤,其下软土地基土体向外侧的推挤,使得路堤填土向下移动进行填充,使得新路堤表面出现了差异沉降,并且,路堤高度越大,差异沉降越小。

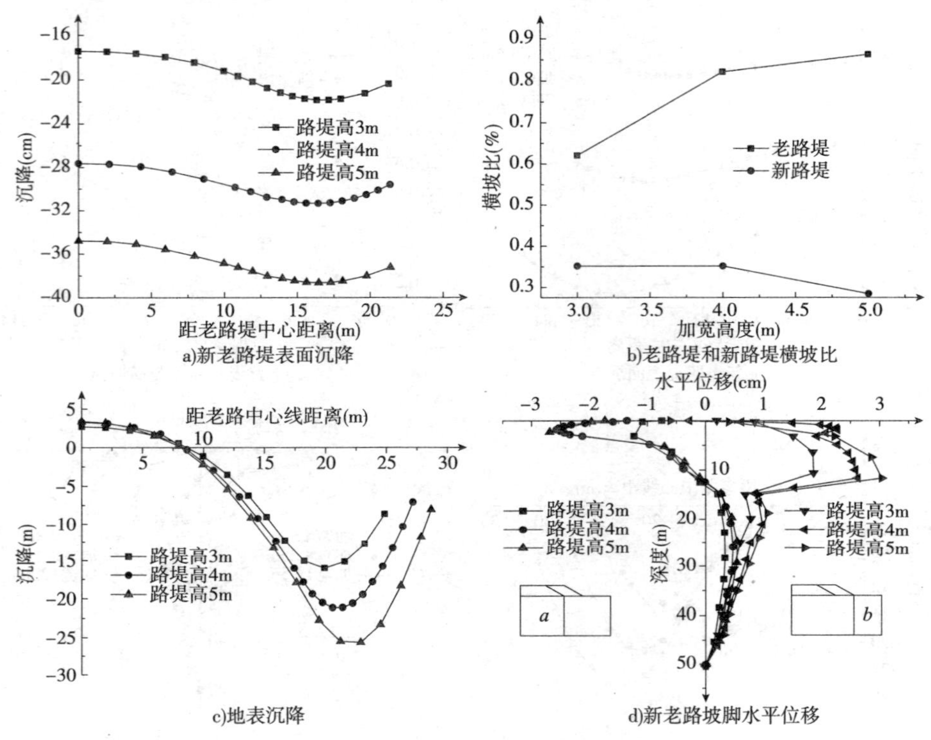

图 3.12　加宽高度的影响

对地表沉降的考察表明，路堤高度增加，地表老路中心隆起量略有增加，但变化不大，分别为2.7cm、3.3cm和3.4cm。而新路堤最大沉降变化较大，随路堤高度增加，分别为16.0cm、21.1cm和25.6cm；并且最大值出现的位置随路堤高度增加向外侧略有推移。图3.12d)中给出的软土地基内水平位移的变化规律表明，随着加宽路堤高度的增加，a、b断面水平位移变大，并且a断面水平位移变化没有b断面水平位移变化明显。

3.4.2　加宽路堤填料性质的影响分析

其主要包括加宽路堤填料刚度和重度的影响。

(1)加宽路堤刚度的影响分析

Duncan－Chang模型中，K值的物理意义为围压$\sigma_3 = 100\text{kPa}$时的初始模量E_i，K值越高，土体的工程性质越好[14]，并且变形特性对K值的变化较为敏感[15-19]。因此，变化K值以反映材料刚度具有可行性。为考察加宽路堤刚度对路堤加宽变形特性的影响，这里分析了三种路堤刚度，将初始计算中的填料刚度记为K，另外两种刚度分别为$2K$和$3K$。不同加宽路堤刚度下的计算结果如图3.13所示。

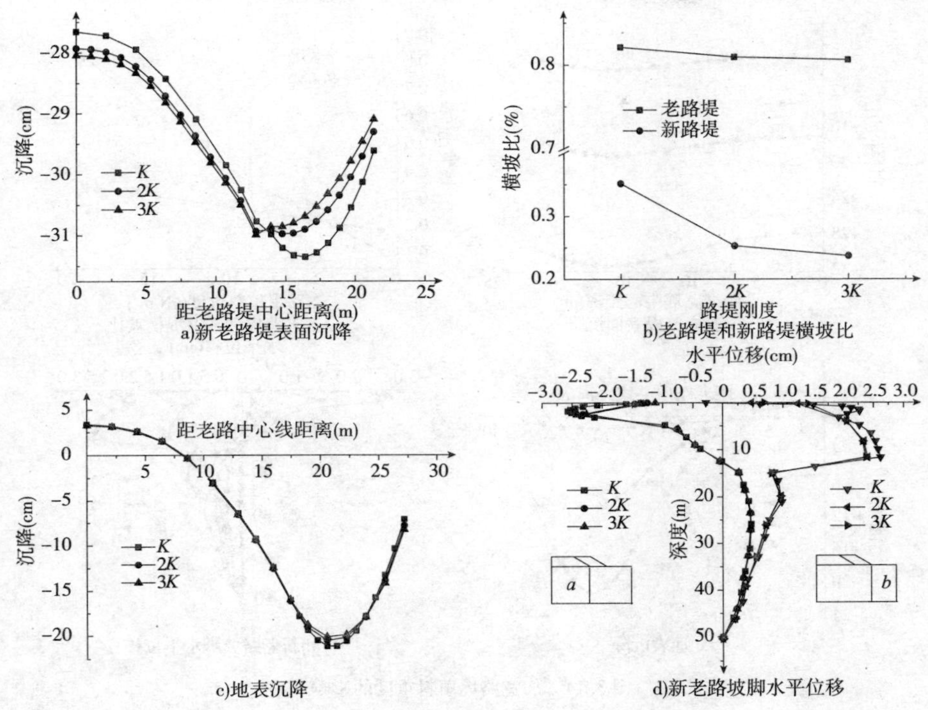

图 3.13　加宽路堤刚度的影响

从图 3.13b)可看出，随着加宽路堤刚度的增加，老路堤中心沉降略有增加，分别为 27.7cm、27.9cm 和 28.1cm；新路堤最大沉降减小，分别为 31.4cm、31.0cm 和 30.9cm，表明加宽路堤刚度增加，其扩散荷载的能力增强，从而使老路堤中心沉降增加，新路堤最大沉降减小，路堤表面沉降趋于平缓。同时，老路堤和新路堤横坡比表明，随加宽路堤刚度增加，老路堤横坡比略有减小，分别为 0.82%、0.81% 和 0.80%，而新路堤横坡比明显减小，分别为 0.35%、0.25% 和 0.24%，表明新路堤横坡比对加宽路堤刚度的变化较为敏感。

从图 3.13c)可知，加宽路堤刚度变化对地表沉降影响较小。随刚度增加，老路中心处沉降略有减小，分别为 3.4cm、3.3cm 和 3.2cm，新路堤最大沉降减小，分别为 21.1cm、20.5cm 和 20.1cm。另外，随着加宽路堤刚度的增加，a、b 断面水平位移均有所减小。

(2)加宽路堤填料重度的影响分析

分别考察 $\gamma_1 = 1\text{kN/m}^3$、$\gamma_2 = 10\text{kN/m}^3$ 和 $\gamma_3 = 19\text{kN/m}^3$ 三种加宽路堤填料重度下，加宽路堤的变形性状，以模拟 EPS、粉煤灰和一般填土路堤填料。图 3.14 给出了计算结果。

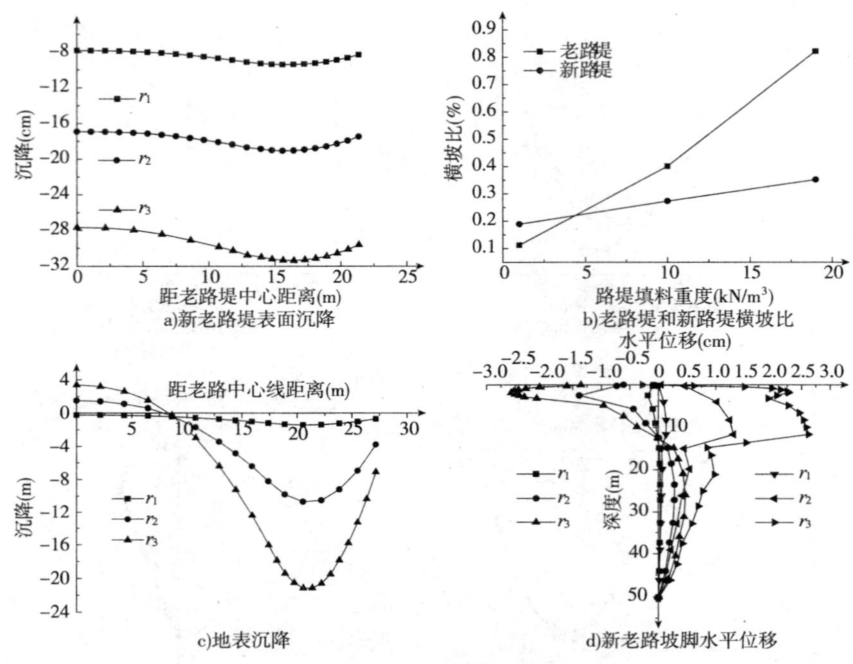

图 3.14　加宽路堤填料重度的影响

由图可知，随着加宽路堤填料重度的增加，老路堤中心沉降和新路堤最大沉降均增加，分别为 7.8cm、16.9cm 和 27.7cm，9.4cm、19.1cm 和 31.4cm。老路堤和新路堤横坡比也随着加宽路堤填料重度的增加而变大，三种重度下，老路堤横坡比分别为 0.11%、0.40% 和 0.82%，新路堤横坡比分别为 0.19%、0.27% 和 0.35%，表明老路堤横坡比对加宽路堤重度变化更为敏感。另外，从计算中发现，$\gamma_1 = 1\text{kN/m}^3$时，老路堤横坡比最大值仅为 0.11%，新路堤横坡比为 0.19%，表明使用轻质路堤填料不但可以降低新路堤横坡比，还可以大大降低对老路的影响，这对于加宽施工期仍开放交通的老路是异常重要的。

图 3.14c）中地表沉降也表明，随着加宽路堤重度的增加，地表沉降/隆起量显著增加，老路中心地表隆起量分别为 -0.2cm（沉降）、1.5cm 和 3.4cm，新路堤最大沉降分别为 1.4cm、10.7cm 和 21.1cm，且差异沉降变大，分别为 1.2cm、12.2cm 和 24.5cm。同时，a、b 断面水平位移也随加宽路堤重度的增加迅速增大，表明加宽路堤重度增加，道路的稳定性降低。

从上述分析可知，采用轻质路堤填料（如 EPS）可以显著减小路堤表面工后沉降并使其趋于平缓，降低老路堤和新路堤横坡比以提高道路的使用性能，减小新老路堤坡脚水平位移以增强道路稳定性，降低对施工期老路的影响以保证交通正常运行等。这是因为,使用轻质路堤填料可以减小软土地基承受的荷载,并降低对软土地基的扰动。因此,在加宽工程中采用轻质路堤填料是一种合理的选择[20-22]。

3.4.3　软土地基性质的影响分析

其主要包括软土地基深度和刚度的影响。

(1)软土地基深度的影响分析

计算中根据土层分布情况,分别考虑了软土地基深度为 11.2m、24.6m 和 50m 三种情况。考虑到软土地基深度不同,进行 a、b 断面水平位移分布规律的比较意义不大,对此不进行研究。计算结果如图 3.15 所示。

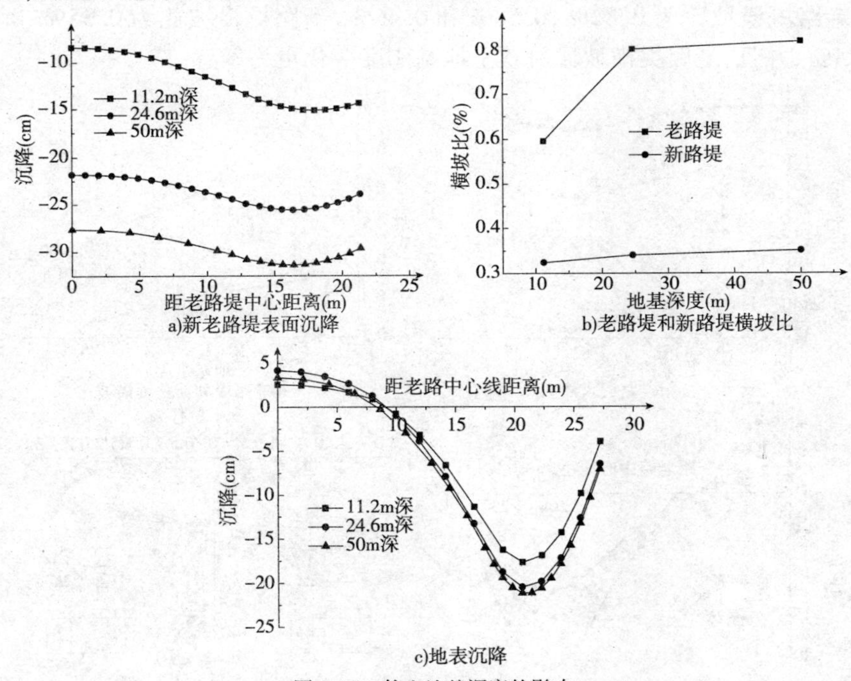

图 3.15　软土地基深度的影响

随软土地基深度增加,新老路堤表面沉降增大,软土地基深度为 11.2m、24.6m 和 50m 时,老路堤中心沉降分别为 8.4cm、21.8cm 和 27.7cm,新路堤最大沉降为 15.1cm、25.6cm 和 31.4cm。老路堤和新路堤横坡比均随软土地基深度增加而变大,老路堤横坡比分别为 0.60%、0.80% 和 0.82%,新路堤横坡比分别为 0.32%、0.34% 和 0.35%。可见,软土地基深度增加,对老路堤横坡比影响较大,而对新路堤横坡比影响较小。

地表沉降表明,软土地基深度增加,老路中心地表隆起量变大,分别为 2.6cm、3.8cm 和 4.2cm;新路堤最大沉降增加,分别为 17.7cm、20.5cm 和 21.2cm,最大值发生的位置基本不变，位于距老路中心线 20.6m 处。

（2）软土地基刚度的影响分析

同前文分析一样，仅变化 Duncan－Chang 模型参数中的 K 值，以模拟软土地基刚度的变化。为便于分析，将初始计算中的软土地基刚度为 K，分别将其放大到 1.5K 和 2K 进行计算。

图 3.16 为不同软土地基刚度的计算结果。路堤表面沉降随软土地基刚度的增加而减小，随刚度的增加，老路堤中心沉降分别为 27.7cm、18.3cm 和 13.5cm，新路堤最大沉降分别为 31.4cm、20.7cm 和 15.4cm。老路堤和新路堤横坡比也迅速减小，老路堤横坡比为 0.82%、0.58% 和 0.46%，新路堤横坡比为 0.35%、0.31% 和 0.24%，并且，老路堤横坡比对软土地基刚度变化更为敏感。

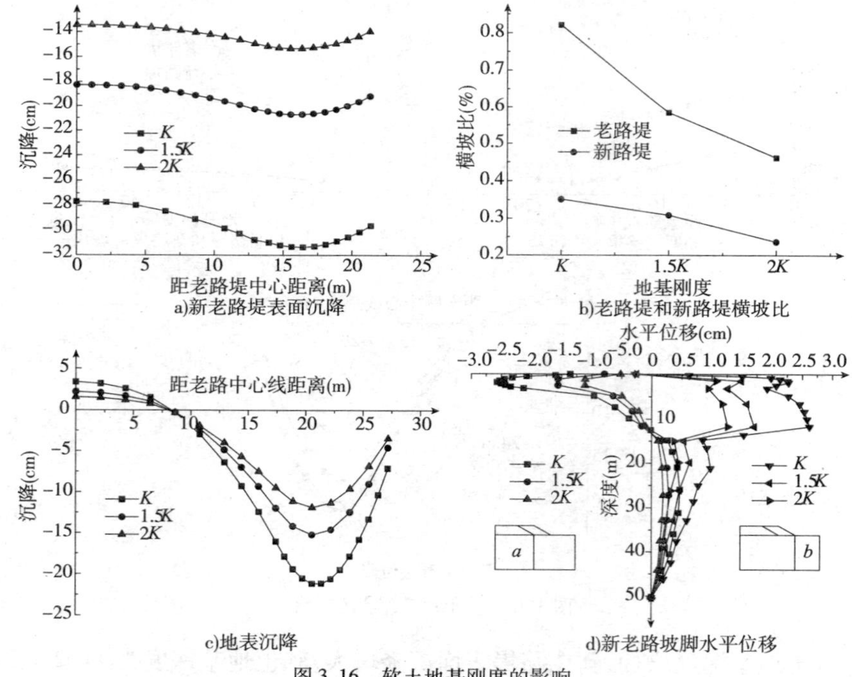

图 3.16 软土地基刚度的影响

地表沉降表明，软土地基刚度增加，老路中心隆起量和新路堤最大沉降均减小，隆起量分别为 3.4cm、2.2cm 和 1.6cm，最大沉降分别为 20.6cm、15.2cm 和 11.8cm。对 a、b 断面水平位移考察后发现，随软土地基刚度增加，软土地基内水平位移减小，从而表明，软土地基土体工程性质较好时，路堤稳定性增强。

因此，综合不同软土地基刚度下路堤加宽变形性状分析可知，对软土地基进行处理，提高其刚度，可以有效降低路堤沉降，减小新老路堤差异沉降，增强路堤稳定性。

3.4.4　老路下软土地基固结程度的影响分析

加宽工程中，老路稳定状况对路堤加宽性状的影响非常大。当老路稳定时，加宽路堤下软土地基横向变形较小，可以根据一维方法进行近似计算。但当老路本身存在固结沉降时，新路堤荷载下必然使老路堤下软土地基土体承担的荷载增加，进而引起其进一步的沉降变形，此时，新老路堤相互作用十分复杂。因此，有必要分析老路下软土地基不同固结程度路堤加宽的变形特性。

分析中假定软土地基最终固结度为 U（为 100%），分别分析了老路下软土地基固结度为 0.6U、0.8U 和 U 时的路堤加宽变形特性。

图 3.17 给出了老路软土地基不同固结度的计算结果。从图中可知，固结度为 0.6U 时，老路堤中心沉降为 40.8cm，大于新路堤边缘处沉降 39.1cm，路堤表面变形有近似"弯沉盆"特点。当固结度增加为 0.8U 和 U 时，老路堤中心沉降分别为 32.9cm 和 27.7cm，小于新路堤边缘处沉降 33.7cm 和 29.6cm，路堤表面沉降呈现老路堤中心最小，新路堤中心位置最大的"马鞍形"分布。从而可见，老路下软土地基固结状态对加宽工程路堤表面沉降特性影响较大，其固结程度较低时，路堤工后沉降具有"弯沉盆"特点，呈现新建工程路堤工后沉降的特性；固结程度高时，路堤工后沉降与新建工程差别很大，为"马鞍形"分布。

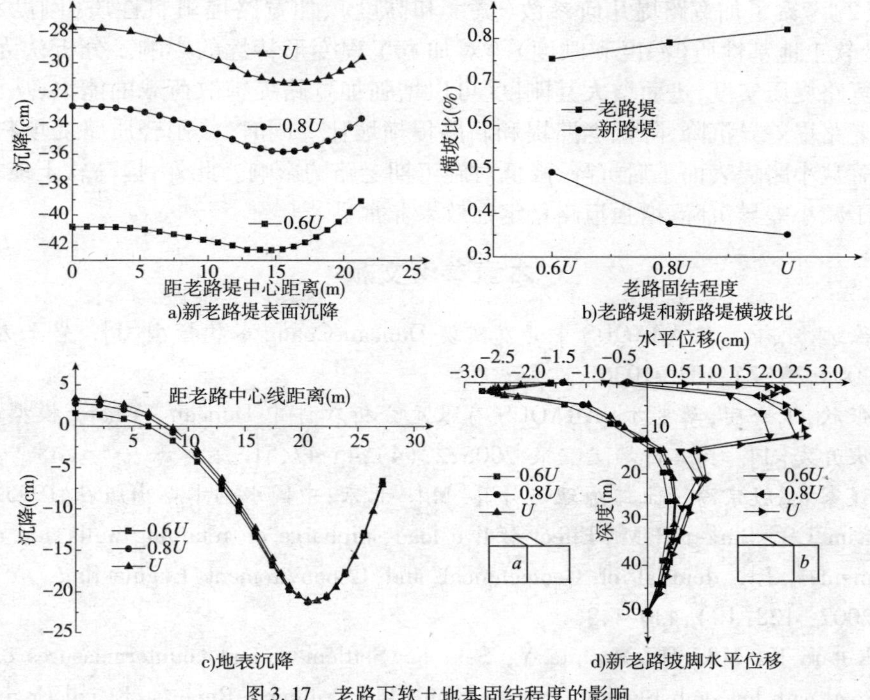

图 3.17　老路下软土地基固结程度的影响

老路下软土地基固结程度对老路堤和新路堤横坡比也有较大影响。随固结度增加,老路堤横坡比缓慢增大,新路堤横坡比迅速减小,表明新路堤横坡比对其下软土地基固结程度较敏感。

随老路下软土地基固结程度增加,地表隆起量增加,但新路堤下软土地基最大沉降差别不大。对 a、b 断面的水平位移考察发现,老路下软土地基固结度对 a 断面水平位移影响很小,对 b 断面水平位移影响较大,固结度增加,向道路外侧的水平位移变大。

3.5 本章小节

本章采用有限元软件 ABAQUS 对加宽路堤性状进行了分析,主要有以下结论:

(1)得出了加宽路堤荷载作用下软土地基附加应力和超孔隙水压力分布,并着重考察了加宽路堤荷载作用下新老路堤沉降规律。分析发现,新老路堤表面沉降呈“马鞍形”分布,在老路堤中心最小,新路堤中心位置最大,与实测资料一致。同时,加宽施工期老路堤表面沉降呈老路堤中心最小、老路肩处最大的反“弯沉盆”分布。

(2)考察了加宽路堤几何参数(宽度和高度)、加宽路堤填料性质(刚度和重度)及软土地基性质(深度和刚度)等对加宽工程变形特性的影响。分析认为,提高加宽路堤压实度,进而增大其刚度,可以增强加宽路堤扩散荷载的能力,从而减小新老路堤差异沉降,降低老路堤和新路堤横坡比。同时,采用轻质路堤填料,可以显著减小路堤表面工后沉降,降低对施工期老路的影响。此外,提高软土地基刚度对于减小差异沉降、增强道路稳定性效果非常显著。

本章参考文献

[1] 徐远杰,等. 在 ABAQUS 中开发实现 Duncan-Chang 本构模型[J]. 岩土力学,2004,25(7):1032-1036.

[2] 张欣,丁秀丽,李术才. ABAQUS 有限元分析软件中 Duncan – Chang 模型的二次开发[J]. 长江科学院院报,2005,22(4):45-47,51.

[3] 钱家欢,殷宗泽. 土工原理与计算[M]. 北京:中国水利水电出版社,1995.

[4] Kim J S, Barker R M. Effect of live load surcharge on retaining walls and abutments [J]. Journal of Geotechnical and Geoenviroment Engineering, ASCE, 2002, 128(10):439-448.

[5] Kutara K, Miki H, Mashita Y, Seki K. Settlement and countermeasures of the road with low embankment on soft ground[J]. Technical Reports of Civil Engineer-

ing, JSCE, 1980,22(8):12-16.

[6] Han J, Gabr M A. Numerical Analysis of Geosynthetic – Reinforced and Pile – Supported Earth Platforms over Soft Soil [J]. Journal of geotechnical and geoenvironmental engineering, ASCE, 2002, 128(5):44-53.

[7] 江苏省沪宁高速公路扩建工程指挥部,江苏省交通基础技术工程研究中心. 沪宁高速公路路基拓宽综合处治技术研究成果总结报告[R]. 2004.

[8] 江苏省沪宁高速公路扩建工程指挥部,江苏省交通基础技术工程研究中心. 沪宁高速公路老路工后沉降成果与分析报告[R]. 2004.

[9] 周镜. 谈谈路基工程中天然软土地基沉降预测中的某些问题[J]. 路基工程, 2001,(5):1-8,75.

[10] 江苏省沪宁高速公路扩建工程指挥部,江苏省交通基础技术工程研究中心. 沪宁高速公路扩建工程软土地基沉降控制标准与处理技术研究[R]. 2005.

[11] A. G. I. Hjortnæs – Pedersen, H. Broers. The behaviour of soft subsoil during construction of an embankment and itswidening. Proc. Centrifuge 94 [C]. Balkema, Rotterdam, 1994: 567-574.

[12] 贯宁,陈仁朋,等. 杭甬高速公路拓宽工程理论分析及监测[J]. 岩土工程学报,2004,26(6):756-760.

[13] Sharma J S, Bolton M D. Finite Element Analysis of Centrifuge Tests on Reinforced Embankments on Soft Clay [J]. Geotextiles and Geomembranes, 1996, 19(1):1-17.

[14] 王志亮,殷宗泽,李永池. 邓肯 – 张模型有限元分析路堤沉降实用方法[J]. 岩土力学,2005,26(7):1085-1089.

[15] 何昌荣,杨桂芳. 邓肯 – 张模型参数变化对计算结果的影响[J]. 岩土工程学报,2002,24(2):170-174.

[16] 陈斌,吉林,张旭晖. 邓肯模型参数敏感性分析[J]. 华北水利水电学报,2002, 23(4):10-13.

[17] 陈斌,周力军,张旭晖. 对邓肯模型参数敏感性的讨论[J]. 中国港湾建设, 2003,4:30-33.

[18] 孔德志,朱俊高. 邓肯 – 张模型几种改进方法的比较[J]. 岩土力学,2004,25(6):971-974.

[19] 尹蓉蓉,朱合华. 邓肯 – 张模型参数敏感性分析[J]. 地下空间,2004,24(4): 434-437.

[20] Beinbrech G, Hillmann R. EPS in road construction – current situation inGermany [J]. Geotextiles and Geomembranes, 1997(15): 39-57.

[21] Thompsett D J, Walker A. Design and construction of expanded polystyrene embankments Practical design methods and used in the United Kingdom [J]. Construction and Building Materials, 1995, 9(6): 403-411.

[22] Duškov M, Koehorst B A H. Monitoring and response analysis of highway light - weight structures with EPS geofoam [C]. In: Delmas, Gourc, Girard, eds. Seventh International Conference on Geosynthetics. 2002:165-168.

第4章　高速公路加宽工程加筋路堤的性状分析

新建工程中,路堤加筋可以限制横向扩展和软土地基水平位移[1-3]。加宽工程中加筋路堤的性状已有相关研究[4-6],但对软土地基上加宽工程加筋路堤性状的研究并不多[4],有必要对其进行进一步的分析。

本章根据软土地基上高速公路加宽工程加筋路堤的离心模型试验,对加宽工程路堤加筋处治技术进行了研究。考虑模型试验的局限性,采用有限元方法对离心模型试验进行了数值模拟。模拟分析与试验结果具有良好的一致性。接着,采用建立的数值模型进一步分析了加筋路堤筋材模量对变形的影响、筋材应变、筋材铺设位置、嵌入长度等,并与现场测试结果进行了对比分析。

4.1　加宽工程加筋路堤离心模型试验

4.1.1　离心模型试验

本次试验在南京水利科学院400gt大型土工离心机上进行,该机最大有效转动半径5.5m,最大离心加速度200g,模型比尺为1∶62.5。实际老路堤宽13m,高4.0m,边坡比1∶1.5,位于9.6m厚的软土地基上。加宽路堤宽12.5m,高度和坡比与老路堤相同,模型各部分尺寸以及位移、孔压传感器和应变片测量单元布置如图4.1所示。

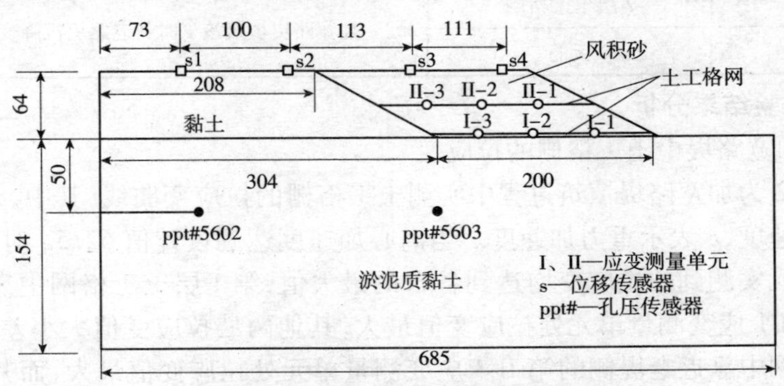

图4.1　离心模型试验详图(尺寸单位:mm)

模型地基为淤泥质黏土料,制备方法为固结法,即将过筛的风干土料加水配制成泥浆,逐级加载固结,最后制备成所要求的密度和强度的试样,最大固结荷载为140kPa。老路堤填料为黏土料,制备方法为控制密度的分层击实法。为避免填筑时对预拉伸土工格网上布置的应变片测量单元带来明显的冲击扰动,新路堤填料为风积砂,模型制备时,采用等落高单孔漏斗法制作,落高控制在1.0m,制备出的砂试样的干密度为1.70g/cm^3,相应的相对密度D_r=0.62。各填料物理性质指标如表4.1所示。

填料物理性质指标 表4.1

填料名称	比重 G	液限 w_L(%)	塑限 w_P(%)	塑性指数 I_P(%)	最优含水率 w_{op}(%)	最大干密度 ρ_{dmax}(g/cm^3)	最小干密度 ρ_{dmin}(g/cm^3)
软黏土	2.72	58.6	25.5	33.1	—	—	—
黏土	2.72	30.6	15.5	15.1	13.5	1.895	—
风积砂	2.70	—	—	—	—	1.80	1.55

为考察土工格栅对加宽工程的影响,设计了2组离心模型试验,如表4.2所示。模型GA2th和GA3th模拟老路堤填筑时分6级升速至模型设计加速度62.5g,即10g、20g、30g、40g、50g和62.5g,每级停留5min,这一加载程序相当于4m原型堤身分6级填筑,每级停留时间为14d;模拟加宽路堤填筑时直接升速至模型设计加速度62.5g,停留6.5min,前一组模型加宽路堤中埋设两层土工格栅,一层紧贴地基表面,一层位于加宽路堤中部位置。试验选取8mm×8mm拉伸土工格网来模拟原型土工格栅,其抗拉强度T_m=1.0kN/m,初始拉伸模量E_m=7.0kN/m,每层格栅分别粘贴三个应变片,土工格栅和应变片布置如图4.1所示。离心模型试验详细内容见本章参考文献[4]。

离心模型试验设计 表4.2

试验代码	加筋类型	考察内容
GA2th	2层土工格网	加宽路堤填筑竣工时新老路堤沉降变形特性
GA3th	无筋	

4.1.2 试验结果分析

(1)加宽路堤中土工格栅的拉应变

图4.2为加宽路堤填筑过程中实测土工格栅的拉应变曲线,其中,a为离心模型试验加速度,g表示重力加速度。当离心加速度达到设计值62.5g时,大部分应变测量单元实测到的拉应变均达到各自的最大值,第I层土工格网中靠近新堤坡脚处的第I-1应变测量单元处拉应变值最大,其他两处拉应变值大小差不多;第II层土工格网中靠近老堤侧的第II-3应变测量单元处拉应变值最大,而其他两处拉应变值相对较小,并且在停机过程中不断调整而松弛,测值最后趋于零。同时,第I层土工格网拉应变比第II层的大,从而表明,土工格网铺设在软土地基和路堤之间

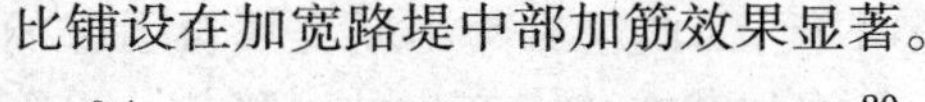
比铺设在加宽路堤中部加筋效果显著。

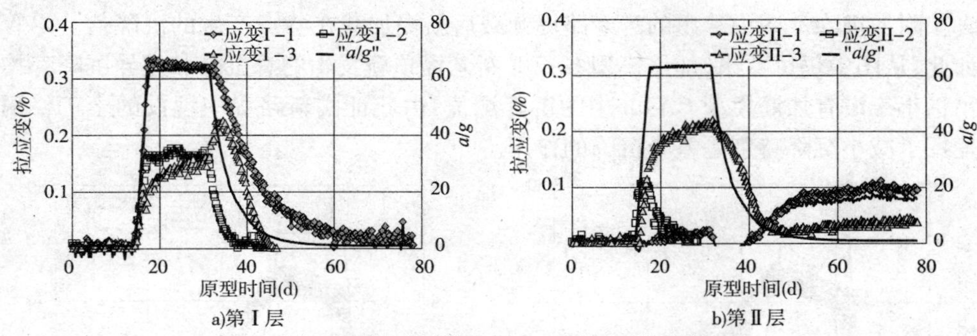

a)第Ⅰ层　　b)第Ⅱ层

图 4.2　第Ⅰ层和第Ⅱ层土工格栅实测拉应变

第Ⅰ-1 和第Ⅱ-3 应变测量单元处拉伸应变值最大这一分布，表明两侧点连线为加宽路堤中剪切受力最大区域，连线右上侧相对左下侧存在滑动剪切趋势，而土工格网的铺设有助于防止可能出现的剪切滑动，调整堤身荷载的传递方向和范围。

(2)软土地基中的超孔隙水压力

图 4.3 给出了试验加载过程中模型软土地基中孔隙水压力的发展变化。由图可知，在加筋模型 GA2th 软土地基中测量到的孔隙水压力比没有加筋模型 GA3th 中测得的值小。在模型 GA2th 中，ppt#5602 和 ppt#5603 两测点的最大测值为52.2 kPa 和 60.4kPa，在模型 GA3th 中则为 55.5kPa 和 63.7kPa。假定孔隙水压力系数相同，总孔隙水压力测值小，则超静孔隙水压力反应小，说明加宽路堤荷载在测点处产生的大主应力增量 $\Delta\sigma_1$ 小，也就间接表明在加宽路堤中埋设的土工格网发挥了调整荷载扩散应力的作用。

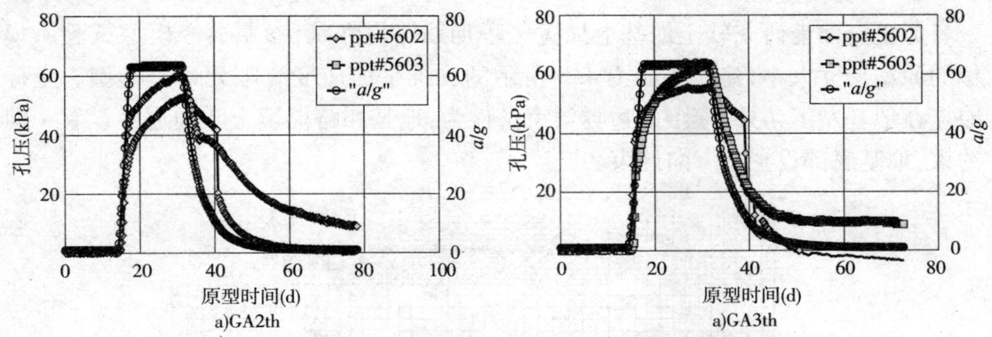

a)GA2th　　a)GA3th

图 4.3　加宽路堤填筑时模型 GA2th 和 GA3th 软土地基中孔压变化曲线

(3)新老路堤沉降变形

图 4.4 为试验加载过程中模型堤顶沉降的发展变化图。需要说明的是，由于老路堤填筑后中间有一个停机过程(相当于老路堤卸载)，然后再模拟新堤填筑，

该试验程序给沉降数据的整理分析带来诸多不便,因此很难给出新堤填筑引起的真正附加沉降。图中给出的为老路堤卸载后新堤加载在各点产生的沉降值。尽管如此,从图中仍可看出,加筋模型 GA2th 新老堤顶新发生的总沉降和差异沉降都均稍稍小于没有加筋模型 GA3th 中的沉降测值,由此证实新路堤中埋设的土工格网发挥了减小沉降特别是差异沉降的作用。

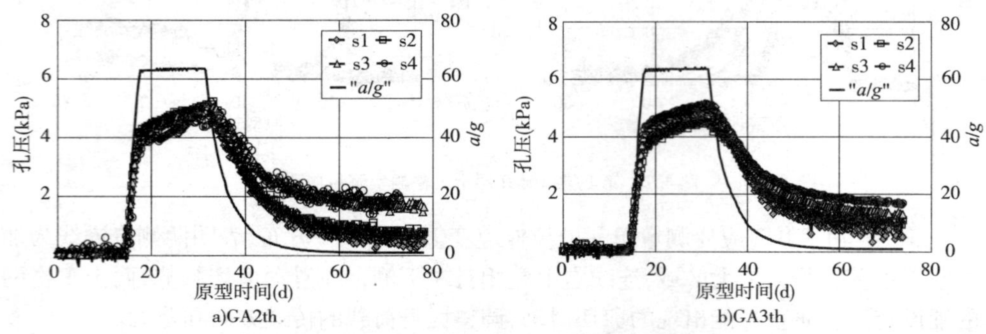

图 4.4 模型 GA2th 和 GA3th 实测堤顶沉降曲线

4.2 加宽工程加筋路堤离心模型试验的有限元分析

由于离心模型试验价格较昂贵,且试验时不可能对所关心的问题进行全面研究,所以根据试验所模拟的问题原型,采用有限元方法对问题进行补充分析是一种合理和经济的方法。

4.2.1 几何模型

为更全面地研究软土地基上加宽工程加筋路堤性状,参照离心模型试验所模拟的原型尺寸大小,建立了如图 4.5 所示的二维平面应变有限元计算模型。坐标原点在地基左下角处,模型的边界约束条件为:地基和路堤填土竖向边界设置 x 向约束,地基底部设置 x、y 向约束。

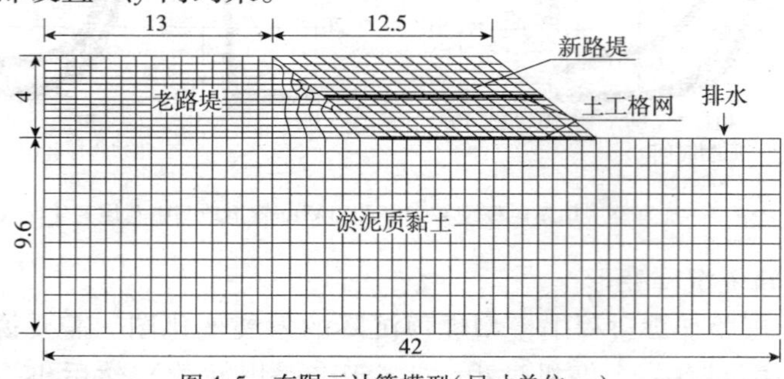

图 4.5 有限元计算模型(尺寸单位:m)

已有研究表明，土与格栅相对位移极小，故不引入接触单元而假设为完全黏结关系[7]。有限元模拟中，采用 ABAQUS 的 Embedded Element 方法将格栅单元嵌入到填土单元中。土工格栅采用 T2D2 平面三节点杆单元模拟，并使用 ABAQUS 的关键词 No Compression 使其只能承受拉应力，而不能受压。软土地基土体采用平面应变减缩积分孔压/应力耦合单元模拟，路堤采用平面应变减缩积分单元模拟[8]。

4.2.2　材料参数

有限元分析时，软土地基和新老路堤填土采用 Duncan - Chang 模型，参数由离心模型试验材料根据相关试验得到，计算参数如表 4.3 所示。土工格栅泊松比为 0.18，应变 5% 时的等效弹性模量为 5.95GPa，等效面积为 $1.2\times10^{-4}m^2$。

有限元分析中的土层参数　　表 4.3

材料	γ ($kN\cdot m^{-3}$)	φ_d (°)	c (kPa)	R_f	K	n	G	F	D	k_x,k_y (10^{-7}cm/s)
老路堤	19.0	28.0	30.0	0.80	150	0.40	0.35	0.01	1.0	—
新路堤(砂)	18.0	34.0	0.0	0.60	280	0.80	0.24	0.002	2.7	—
软土地基	19.0	31.4	28.0	0.65	80	0.46	0.16	0.03	3.32	4.3

4.2.3　离心模型试验的数值模拟结果

（1）新路堤中土工格栅的拉应变

图 4.6 为计算得到的停机前土工格栅拉应变随距新路堤左边界距离的变化曲线。从图 4.2 和图 4.6 中可看出，计算和实测的土工格栅拉应变量值基本相当，计算结果稍大于实测值，这是因为计算中假定土工格栅和新路堤土体之间完全黏结，而试验时二者界面会产生一定的相对位移，并且第 I 层土工格栅拉应变比第 II 层的大，表明土工格栅铺设在软土地基和路堤之间比铺设在新路堤中部加筋效果显著，和实测结果结论一致。

（2）新老路堤变形

图 4.7 为加宽后新老路堤表面附加沉降（相对于加宽前）。从图中可看出，加筋使得新老路堤间的沉降变缓，并减小了二者的差异沉降，表明新路堤加筋可以减小新老路堤之间的差异沉降，和实测结果结论一致。

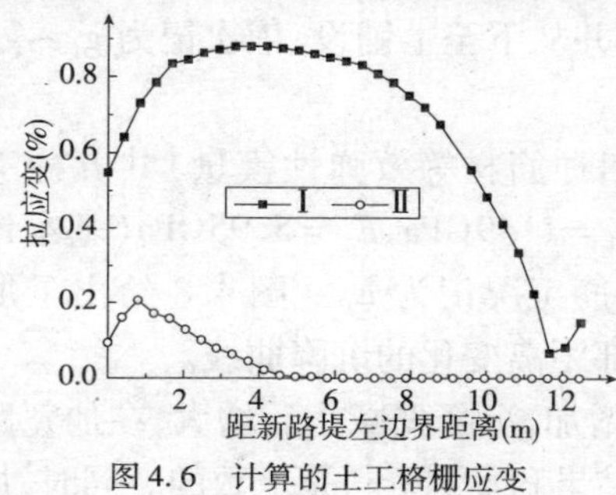

图 4.6　计算的土工格栅应变

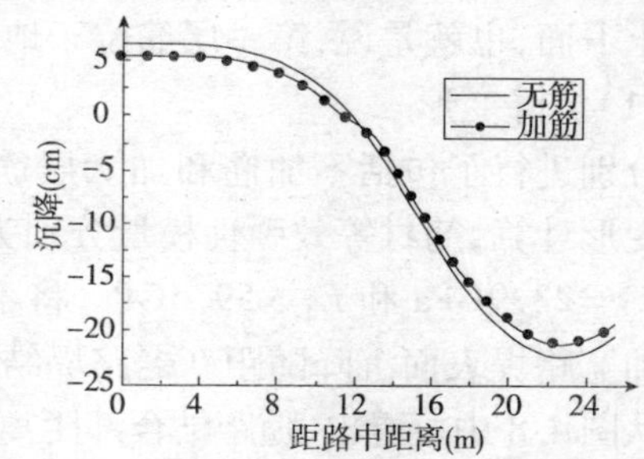

图4.7　加宽在新路堤表面产生的附加沉降

(3)软土地基中的超孔隙水压力

表4.4列出了ppt#5602和ppt#5603两点最大超孔隙水压力的计算和实测值。从表中看出,加筋路堤软土地基中超孔压计算结果比没有加筋时小,和实测规律一致。间接表明在新堤中埋设的土工格网发挥了调整荷载、扩散应力的作用。同时,从表中还可看出,各点实测值均比计算结果小。这是因为孔隙水压力传感器是在软土层固结完成后埋设到位的,难免在这一埋设过程中传感器探头携带空气泡进入探头周围土体。气泡的存在还将导致实测到的孔隙水压力值小于真实值,从而低估了实际产生的孔隙水压力值和超静孔隙水压力值。同时,密闭气泡的存在也导致实测超孔隙水压力值反应滞后,例如在离心加速度达到设计值62.5g后,孔隙水压力值本应即刻达到最大值,然而,气泡的存在使孔隙水压力最大值的出现推迟了约5min,而原型则要推迟约2周时间,从图4.3中可以看出这一点。因此,这次孔隙水压力测量值仅具有参考价值。

实测和计算的最大超孔隙水压力值(kPa) 表4.4

代码 / 位置	GA2th		GA3th	
	实测	计算	实测	计算
ppt#5602	21.0	65.2	24.3	70.62
ppt#5603	29.2	56.1	32.5	58.07

另外,实测超孔隙水压力ppt#5602比ppt#5603小,而计算结果恰好相反。这是因为有限元模拟时没有考虑离心机停机的卸载过程。因此,新路堤填筑时软土地基中的超孔压仅消散一小部分,而离心模型试验中老路堤卸载后软土地基中超孔压基本消散完毕。当老路堤下软土地基中超孔压基本消散完毕后进行新路堤填筑时,会在新路堤下软土地基中产生一个高超孔压区[8],从而使新路堤下的ppt#5603超孔隙水压力比老路堤下的ppt#5602大。

4.2.4 加宽工程加筋效果的进一步分析

在加宽路堤中布置六层筋,每层筋铺设在将加宽路堤按老路堤施工分层的每一层土下面,也就是说,第一层筋位于地表,并从下至上铺设,依次记为$g_1 \sim g_6$。

(1)沉降变形

分别进行了包括不加筋和加六层筋(四种筋材等效弹性模量)共五种工况的沉降变形计算,筋材等效弹性模量分别为$E_1 = 1.49$GPa、$E_2 = 5.95$GPa(基本计算模型)、$E_3 = 23.9$GPa和$E_4 = 59.5$GPa,将不加筋工况记为E_0。图4.8给出了加宽完工后加宽路堤表面沉降随距新老路堤结合部距离变化的沉降曲线。

从图4.8中可看出,随距结合部距离的增加,沉降先减小后增大,在加宽路堤断面形心垂线位置达最大值,这和第3章中的结果和实测资料是一致的。同时,加筋后最大值左侧的沉降变化不大，右侧的沉降略有增加，表明加筋虽然不能有效减小沉降，但可以使其趋于均匀，减小差异沉降。这是因为加筋提高了新老路堤的整体性，且筋材左侧嵌入老路堤，而右侧处于自由状态，从而导致沉降略向右侧倾斜。同时，随筋材模量增加，右侧沉降增量变大，表现为加宽路堤横坡比的减小。没有加筋和四种筋材模量时横坡比分别为 0.445%、0.432%、0.430%、0.425% 和 0.409%，表明加筋可以减小差异沉降，且筋材模量越高，效果越明显。

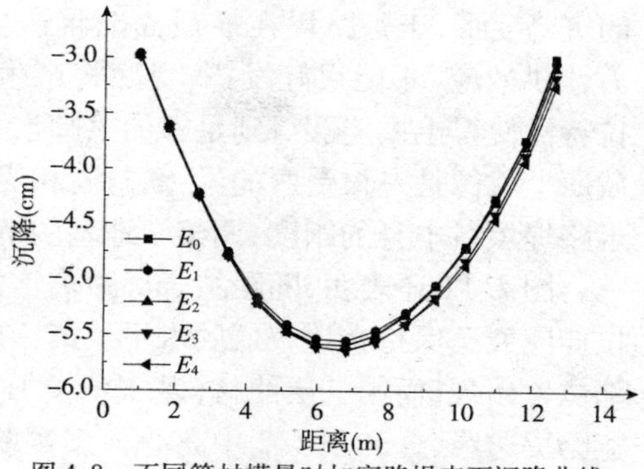

图 4.8　不同筋材模量时加宽路堤表面沉降曲线

(2) 水平位移

图 4.9 给出了加宽完工后加宽路堤底部水平位移随距结合部距离变化的曲线。从图中可看出，加筋减小了左右两侧的水平位移，限制了加宽路堤横向扩展，并且筋材模量越高，加筋效果越明显。

图 4.10 给出了加宽完工后新老路坡脚水平位移随深度变化的曲线。从图中可看出，加筋减小了新老路坡脚水平位移，并且筋材模量越高，效果越明显。同时，地表以下 4m 内的土体侧向位移减小较大，加筋效果是明显的，而 4m 以下土体侧向位移改变不大，加筋效果不明显，说明加筋对软土地基侧向位移的影响范围是有限的，只能对浅层地基进行处理。

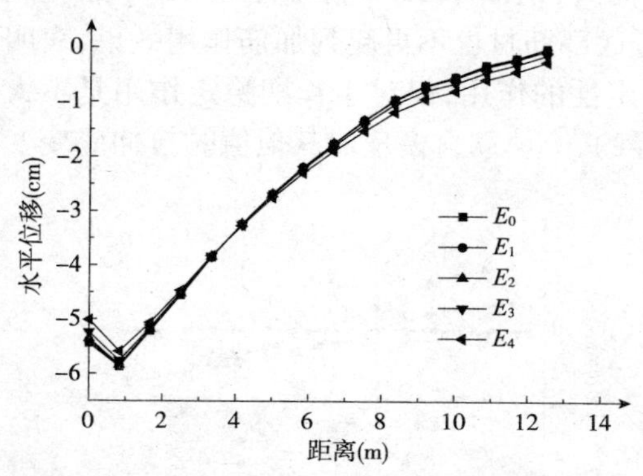

图4.9　不同筋材模量时加宽路堤底部水平位移变化曲线

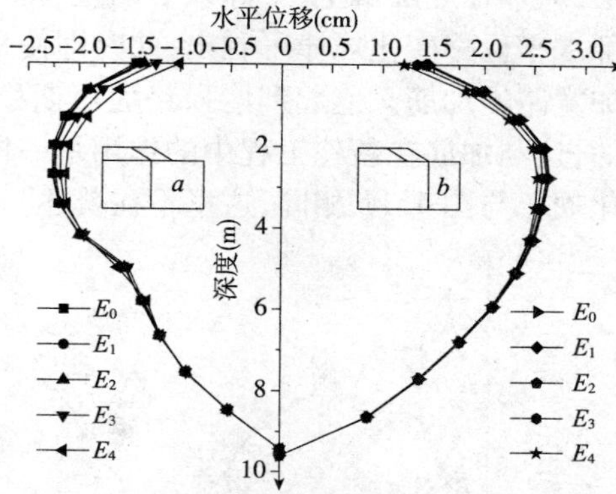

图 4.10　新老路坡脚水平位移

(3) 筋材拉伸应变

图 4.11 给出了模量为 $E_2 = 5.95$GPa 时各层筋材的拉伸应变。从图中可看出，由于地基土在填料竖向荷载长期作用下产生固结变形，地基表层将产生“锅底状”

的沉降变形,于是路堤在横截面上将产生受弯效应,但由于路堤填料不能提供拉力,"拱效应"不能很好发挥,堤底将产生张拉裂缝;在加筋路堤中,筋材良好的受拉特性使得土拱能够得到足够的拱脚水平力,可以形成有效的土拱效应,路堤在横截面上就像是一根受弯的梁,筋材就相当于梁中承担拉力的钢筋,这样就充分利用了路堤填料本身的刚度,调整了地基的沉降变形。

图 4. 11 还表明,随距结合部距离增加,筋材拉伸应变减小,至加宽路堤边缘,拉伸应变已保持在比较低的水平。第一层和第二层筋材最大拉伸应变在接近结合部位置出现,而第三层筋材(基本位于加宽路堤中部位置)最大拉伸应变出现在加宽路堤边缘,这和图 4. 2 中离心模型试验结果是一致的。拉伸应变这一分布规律表明,第一层和第三层筋材最大拉伸应变点连线为加宽路堤中剪切受力最大区域,连线右上侧相对左下侧存在滑动剪切趋势,铺设筋材有助于防止可能出现的剪切滑动、调整堤身荷载的传递方向和范围。

此外,从图 4. 11 中还可看出,随筋材铺设位置上移,加筋效果迅速变差,第四层以上已起不到加筋的作用。这是由各层筋材所处位置水平位移决定的。如图 4. 12 所示,完工后加宽路堤底部发生了向道路内侧的水平位移(负值),但左侧位移大,右侧位移小,从而可使筋材处于"张拉"状态,有利于筋材加筋作用的发挥而加宽路堤中部和顶部水平位移使筋材有由两端向中间"收缩"的趋势,不利于加筋作用的发挥因此,实际加宽工程中,筋材应铺设在路堤中部以下位置。刘汉龙等[9]认为,尽管路堤中部加筋对位移影响不大,但可以有效提高路堤整体稳定性。综合考虑,本书建议加宽工程新路堤加两层筋,一层在底部,一层在中部。如果只加一层,应加在底部偏上、中部以下的地方。同时,从图 4. 12 中加宽工后 15 年路堤底部水平位移变化规律可看出,此时即使是底部筋材也不再起到加筋作用效果,表明加宽路堤加筋只能起到增强路堤短期稳定性的作用,但对于长期稳定作用是不大的,这与加筋在新建工程中的作用是一样的[1-3]。筋材模量取其他值时拉伸应变变化规律与图 4. 11 相同,这里不在赘述。

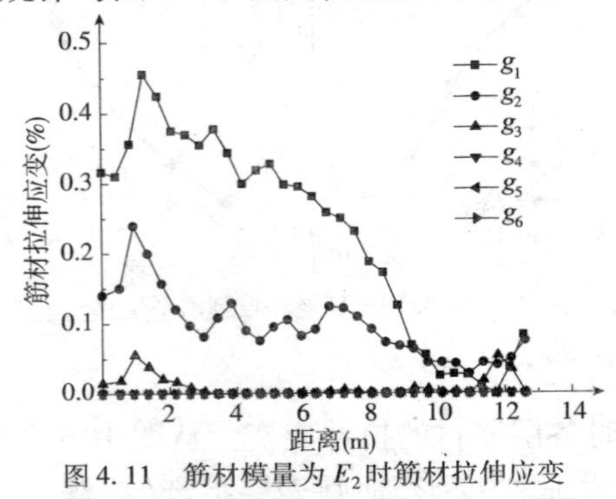

图 4. 11　筋材模量为 E_2 时筋材拉伸应变

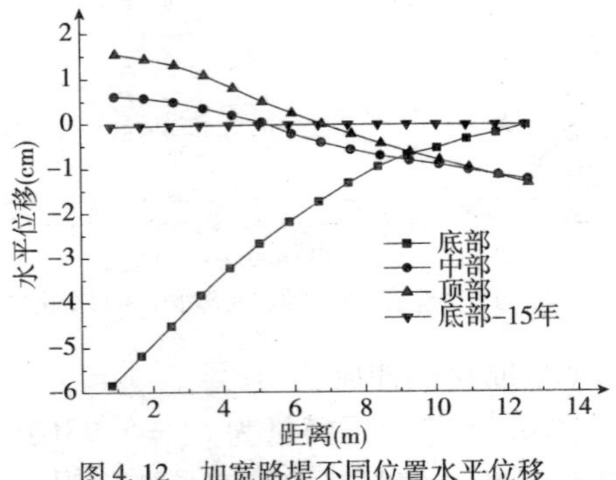

图 4. 12　加宽路堤不同位置水平位移

图 4.13 给出了不同筋材模量时第一层筋材拉伸应变的变化规律。从图中可看出，随着模量的增加，筋材最大拉伸应变出现的位置略向右移，并且模量越大，筋材拉伸应变越平缓。这表明筋材模量的增加，提高了其调整路堤荷载的能力，进而使路堤沉降趋于均匀。

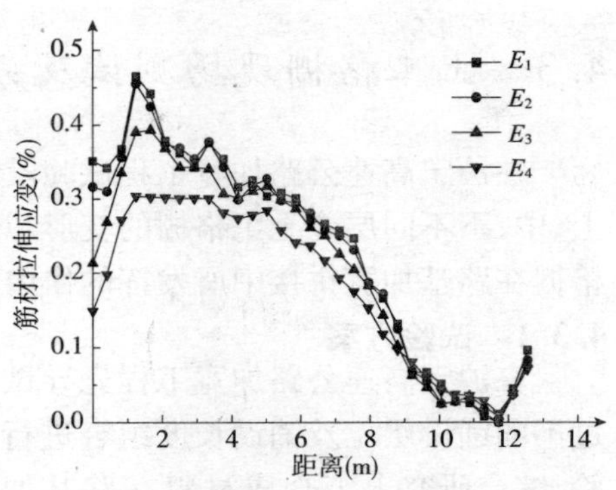

图 4.13　不同筋材模量时第一层筋材拉伸应变

(4)筋材嵌入老路堤长度的分析

从前面的分析可知，加宽路堤中只有其中部以下筋材才能起到加筋效果，因此，下面仅对第一层和第二层筋材嵌入老路堤长度进行分析。

图 4.14 给出了模量为 E_2 = 5.95GPa 时第一层和第二层筋材的拉伸应变变化曲线。坐标原点为新老路堤结合部。由图可知，筋材在老路堤中仍存在拉伸应变，随距结合部距离增加至 3m，拉伸应变迅速减小到零。从而表明，实际工程中，应将筋材嵌入老路堤中，以便更好地发挥加筋作用，但嵌入长度不宜过长(本研究中嵌入长度应在 3m 以内)，以免浪费。

(5)地基刚度对加筋效果的影响分析

图 4.15 给出了 E_2 = 5.95GPa 时三种地基刚度 K_1 = 40、K_2 = 80 和 K_3 = 120 的第一层筋材拉伸应变变化曲线。从图中可看出，随地基刚度的增加，筋材拉伸应变迅速减小，分别为 0.80%、0.46% 和 0.29%，从而表明，地基刚度增加，加筋效果降低。

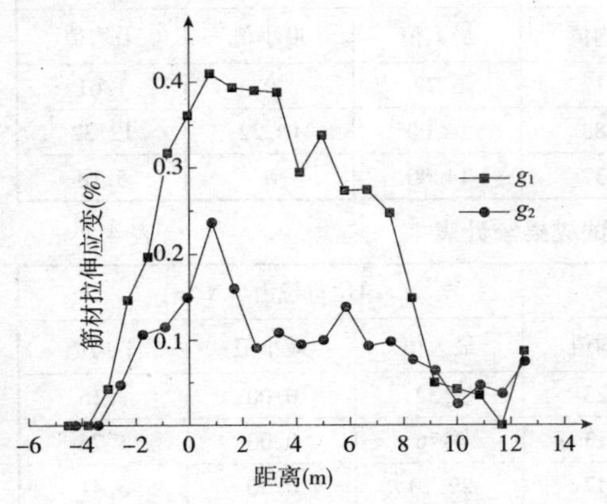

图 4.14　第一层和第二层筋材拉伸应变

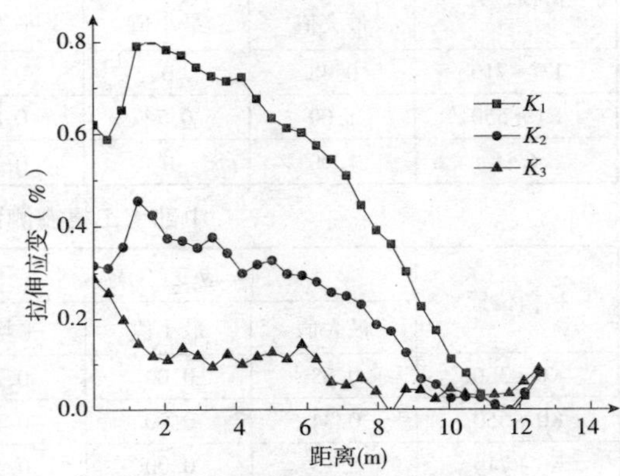

图 4.15　不同地基刚度第一层筋材(g_1)拉伸应变变化曲线

4.3 土工格栅现场测试及分析

在沪宁高速公路加宽工程试验段铺设土工格栅断面上埋设变形传感器来量测上、中、下不同层位土工格栅的变形，并根据其变形测试结果，来研究各个层位土工格栅在路基加宽拼接中所发挥的作用，为路基加宽拼接提供依据[10]。

4.3.1 试验方案

在沪宁高速公路加宽工程先导试验段中进行了土工格栅的应用效果试验，通过不同铺设层位及铺设长度组合进行土工合成材料铺设层位、横向铺设长度的试验，综合研究土工合成材料在路基加宽拼接中的应用效果。具体试验方案如表4.5所示。

土工格栅试验断面 表4.5

代表断面	长度(m)	填筑高度(m)	土工合成材料			格栅应力计
			类型	铺设层数	展布长度(m)	
K0 +380	100	2.8	土工格栅	2	4	2组2层12个
K0 +550	100	3.0	土工格栅	2	6	2组2层12个
K0 +710	200	3.0	土工格栅	4	4	2组4层24个
K1 +550	115	3.7	土工格栅	4	6	2组4层24个

4.3.2 测试结果统计及分析

测试结果如表4.6～表4.8所示。

底部土工格栅测试成果统计表 表4.6

格栅位置	应变(%)			单位宽拉力(kN/m)		
	最大值	最小值	平均值	最大值	最小值	平均值
K0 +710	0.48	0	0.12	6.72	0	1.61
K1 +550	1.00	0.73	0.88	14.00	10.22	12.32
合计	1.00	0	0.37	14.00	0	5.18

中部土工格栅测试成果统计表 表4.7

格栅位置	应变(%)			单位宽拉力(kN/m)		
	最大值	最小值	平均值	最大值	最小值	平均值
K0 +380	0.38	0.00	0.23	5.32	0.00	3.15
K0 +550	0.34	0.00	0.13	4.76	0.00	1.76
K0 +710	2.15	0.00	0.47	29.10	0.00	6.41
K1 +550	2.52	0.00	0.71	31.81	0.00	9.32
合计	2.52	0.00	0.39	31.81	0.00	5.26

上部土工格栅测试成果统计表　　表 4.8

格栅位置	应变(%)			单位宽拉力(kN/m)		
	最大值	最小值	平均值	最大值	最小值	平均值
K0 +380	3.47	0.00	0.90	38.78	0.00	10.67
K0 +550	0.07	0.00	0.02	0.98	0.00	0.25
K0 +710	0.29	0.00	0.11	2.80	0.00	1.52
K1 +550	0.53	0.00	0.13	7.42	0.00	1.69
合计	3.47	0.00	0.24	38.78	0.00	3.04

通过测试结果,可得出以下结论。

(1)布设层位分析

沪宁高速公路加宽工程先导试验段加宽路基的施工从 2003 年 6 月开始,2003 年 12 月完成路基施工开始路面结构层的施工,在试验段通车后,加宽路基已普遍发生 2 ~3cm 沉降量的状态下,各个层位土工格栅应力测试结果均较小,73.3% 的观测点应变小于 0.3%,其中,34.8% 的观测点从开始观测以来始终无变形,远小于土工格栅设计抗拉强度 80kN/m 时对应的应变(约 8%)。但从已有成果仍能看出,底部土工格栅应变平均值为 0.37%,中部土工格栅应变平均值为 0.39%,上部土工格栅应变平均值为 0.24%,表明底部和中部加筋效果接近,都优于上部土工格栅,这和前文分析是一致的。之所以中部土工格栅拉伸应变大于底部土工格栅,分析其原因可能是测试时软土地基沉降量不大,加筋效果没有充分发挥,进而不能明显将底部和中部土工格栅拉伸应力拉开距离所致。

(2)锚固长度分析

土工格栅正常发挥作用时,其中部的应力应大于两侧锚固段的应力,理想状态是从中部受力最大的点到土工格栅两端逐步降低到 0。从试验段的测试成果来看,有近 60% 的测试断面(有明显应力应变发生的测试断面)中,土工格栅在内侧拼接段的测点应力大于或接近于中部的测点应力值,表明土工格栅在内侧拼接段的锚固长度不足,导致土工格栅与路基土体发生一些整体位移,削弱了土工格栅的受力作用。建议加宽工程中土工格栅的锚固长度须进一步提高,保证土工格栅作用的发挥,这和前文的分析结论是一致的。

(3)展布长度

沪宁高速公路加宽工程先导试验段中共布设 72 只传感器来监测在路基加宽拼接中土工格栅应力应变状况,其中 K0 +380 和 K0 +710 断面监测的土工格栅展布长度为 4m,K0 +550 和 K1 +550 断面监测的土工格栅展布长度为 6m。从 2003 年 7 月开始埋设位移传感器开始观测至通车后的观测数据来看,4m 土工格栅中位于加宽路基外测的测点应变均值为0.12%,6m 土工格栅中位于加宽路基外测的测点应变均值为0.17%,表明6m的土工格栅在4m之外的2m仍能提供拉力,同时,结合前文离心模型试验及其有限元分析可知,底层筋材最外侧仍有拉应力,因此,建议加宽工程中土工格栅应在加宽路堤全宽铺设。

本章参考文献

[1] Sharma J S, Bolton M D. Finite Element Analysis of Centrifuge Tests on Reinforced Embankments on Soft Clay [J]. Geotextiles and Geomembranes, 1996, 19 (1):1-17.

[2] J N Mandal, A A Joshi. Centrifuge Modelling of Geosynthetic Reinforced Embankments on Soft Ground [J]. Geotextiles and Geomembranes, 1996, (14): 147-155.

[3] J S Sharma, M D Bolton. Centrifugal and numerical modelling of reinforced embankments on soft clay installed with wick drains [J]. Geotextiles and Geomembranes, 2001, (19): 23-44.

[4] 汪浩.新老路结合部处治技术研究[D].南京:东南大学,2004.

[5] 孙杰.软土地基高速公路拼宽工程变形特性研究[D].南京:河海大学,2005.

[6] 冯战.土工网处理新老路基结合部位差异沉降的技术研究[D].长沙:长沙理工大学,2003.

[7] Han J, Gabr M A. Numerical Analysis of Geosynthetic-Reinforced and Pile-Supported Earth Platforms over Soft Soil [J]. Journal of geotechnical and geoenvironmental engineering, ASCE, 2002, 128(5):44-53.

[8] Hiboitt, Karlsson & Sorensen ABAQUS Analysis User's Manual, Vol. B, Ver 6.2, HKS, USA, 2001.

[9] 曲向进.沈大高速公路改扩建工程技术方案研究[D].大连:大连理工大学,2003.

[10] 刘汉龙,吴维军,高玉峰.土工织物加固堤防非线性有限元分析[J].岩土力学,2003,24(1):79-87.

[11] 江苏省交通科学研究院.沪宁高速公路扩建工程路基拼接设计及施工技术研究总报告[R].2004.

第5章　新老路基拼接的设计与施工

为减小新老路基的差异沉降，协调其变形，提高新老路基的拼接质量至关重要。因此，本章主要从老路基削坡坡度、台阶形式、新老路基拼接形式和拼接处治措施等几个方面对新老路基拼接设计进行分析，同时，论述了路基拼接的施工技术。

5.1　新老路基拼接设计

5.1.1　削坡坡度

我国已有高速公路的边坡削坡坡度大部分选用的是1:1.5，加宽时，为使新旧路基更好地结合，往往先对旧路基的边坡进行削坡处理。我国已加宽高速公路边坡削坡基本上集中在1:0.5、1:0.8、1:1.1三种情况。目前，我国《公路路基设计规范》(JTG D30—2004)尚未对削坡坡度进行规定，但根据削坡的目的，建议采用轻型动力触探(DCP)贯入击数作为削坡的依据。在实际工程中，沿老路边坡从路肩到坡脚选择若干点(建议不少于3个)进行竖直向或垂直于边坡方向的贯入试验，将贯入击数稳定之前且击数偏低的边坡表层区域作为削坡厚度，确定了各测点削坡厚度之后，以全部清除老路边坡松散填料且尽量减少削坡量为原则进行老路削坡，并保证原边坡的直线边坡削坡后仍为直线，但削坡法向厚度不宜小于30cm。

5.1.2　台阶形式

削坡后一定要进行边坡台阶的开挖，目的是增加新老路基之间的接触面积，以保证拼接部位的有效结合。旧路边坡开挖的台阶有四种形式：标准式、内倾式、竖倾式和内挖式。

(1)标准式台阶

标准式台阶就是根据原路或削坡后的边坡坡度确定台阶的宽度和高度，如图5.1所示。其优点是开挖施工更方便，只需确定开挖高度或宽度后即可开挖；缺点是公路沿线边坡的坡比往往是变化的，不能同时要求高度和宽度分别达到某个标准，而台阶的宽度和高度分别有不同的作用。

根据侧重点的不同，在设计时可细分为两类：一类设计方法是控制台阶高度，主要是保证路基结合部的路基质量，例如，开挖深度必须保证能够清除掉原路边坡压实不足的填土;另一类设计方法是控制台阶宽度,主要是考虑土工格栅的锚固长度。

(2)内倾式台阶

内倾式台阶就是在标准式台阶的基础上,在台阶的水平面上设置内倾角,如图5.2所示。其为目前国内加宽常用的方式。

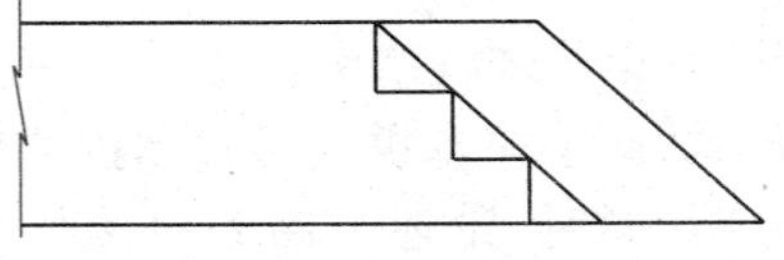
图5.1　标准式台阶

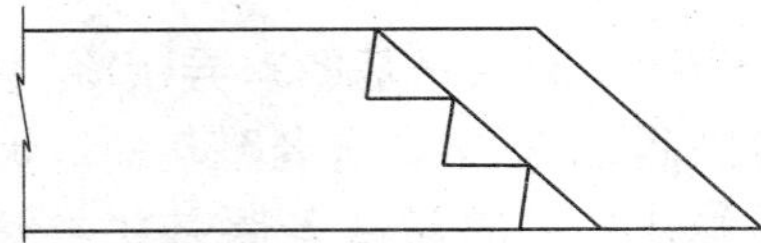
图5.2　内倾式台阶

(3)竖倾式台阶

竖倾式台阶是将台阶向路基中心方向倾斜的开挖方式,如图5.3所示。与标准式台阶相比,竖倾式台阶便于压实下一级台阶面上的填土,主要是台阶内侧角隅部位;缺点是在同等条件下减小了锚固长度,施工难度也有所增加,若台阶面上没有格栅,竖倾式优势较明显。

(4)内挖式台阶

内挖式台阶是开挖的台阶坡度比旧路基边坡更缓,如图5.4所示。这种设计的目的是同时控制台阶的高度和宽度。其优点是可以同时满足拼接部位填土压实质量和格栅锚固长度的要求,缺点是开挖工程量有所增大。

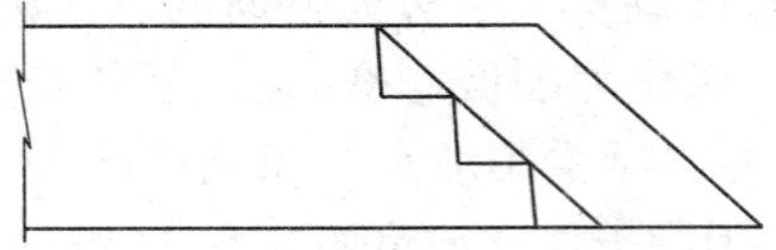
图5.3　竖倾式台阶

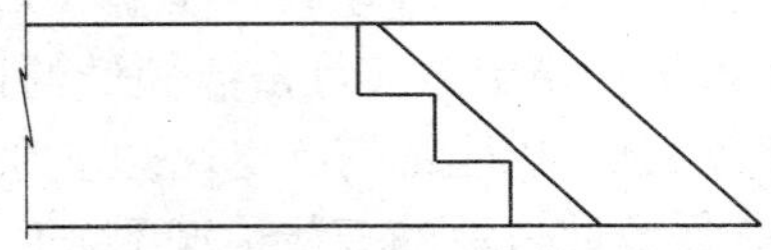
图5.4　内挖式台阶

5.1.3　新老路基的拼接形式

新老路基结合部是加宽和拼接工程的薄弱环节。开挖台阶的目的主要是增加新老路基的接触面,增强新老路基结合面的摩擦阻力和抗剪强度,保证新老路基之间的有效结合和整体性;同时,开挖台阶还可以去除边坡表层的松软土层,为土工格栅的铺设提供必要的锚固长度。

(1)台阶的尺寸

台阶开挖的尺寸(高度和宽度)有一定的限制。我国几条高速公路加宽工程都把台阶高度控制在80cm以内;台阶宽度根据边坡坡度确定,在60~200cm之间。另外,台阶的开挖尺寸与老路边坡的填筑材料、压实度等有关。如沪杭甬高速公路,由于老路的填料为矿渣,压实度不够,所以采用了较大的台阶尺寸。美国普渡大学的 Richard J. Deschamps 等人在对非软土地基上五条加宽道路(其中三条加宽成功,两条失败)进行调查后指出,不合适的台阶开挖会导致加宽工程的失败。美国印第安纳州规范规定边坡坡度大于1∶4的道路加宽台阶宽度应大于3m,台阶高宽比为1∶1。因这样会形成3m 高的竖直断面,有可能影响老路路堤的稳定,Richard J. Deschamps 对其进行了修正,指出台阶的竖直高度不宜超过1.5m。

《公路路基设计规范》(JTG D30—2004)中6.3.4 第2 款对台阶宽度有这样的规定:拓宽原有路堤时,应在原有路基坡面开挖台阶,台阶宽度不应小于1.0m,当加宽拼接宽度小于0.75m 时,可采取超宽填筑或翻挖原有路基等工程措施。例如,郑州至漯河高速公路采用双侧加宽的方式,首先对原路基边坡进行清表,最小清表厚度控制在50cm;然后在老路基边坡上开挖高度1m 的台阶,第一级台阶宽2m,其余台阶宽1.5m,在台阶顶向路中心设置4%的坡度。

考虑土工格栅的锚固长度及施工方便,推荐台阶宽度采用100~200cm,高度随坡度而变,且尽量控制台阶高度,可按20cm 的倍数设计,便于路基分层填筑。

(2)台阶内倾角分析

关于台阶内倾角,国内高速公路加宽工程中大多采用2%~4%,出发点是利用内倾角的嵌锁作用增强新老路基的衔接。但是具体情况要根据工程实际进行选取,如河南安新高速公路加宽工程根据当地条件内倾角选用3%。

沪宁高速公路加宽工程试验段上也设置了台阶面内倾角,但随着施工的进展和对路基拼接的理论分析、认识的深入,认为不应该设置内倾角。其主要原因有:内倾角的存在影响台阶面压实效果;内倾角不利于排水,施工过程中一旦突然降雨,将造成角隅处积水;内倾角起不到增强新老路基拼接效果的作用。新路基的典型破坏形态是路基顶部拉裂和差异沉降,如果拼接路基较窄、边坡较陡,还存在稳定问题,此时的破坏形态为近似圆弧状的滑移线;但无论如何,不会出现新路基沿拼接台阶面的水平滑移,因此,设置内倾角起不到期望的嵌锁作用。

因此,推荐一般情况下采用标准式台阶;不设置土工格栅时,优先考虑竖倾式台阶。

5.1.4 拼接处治措施

近年来,土工格栅在加宽工程中开始应用,前文理论研究表明,其铺设可以提高路基的整体性,改善受力特性,主要体现在降低路基中的拉应力和剪应力、均化差异沉降、约束路基的侧向位移。其加筋、均化应力与变形的作用在国内较多处治不均匀沉降的工程中得到验证。

但是,土工格栅用在路基拼接工程中也存在缺点和不确定因素,从技术的角度来说主要包括:格栅的锚固情况不明确,在路基拼接工程中,仅有1m 左右的台阶面自然锚固和U 形钉锚固,效果如何难以明确;土工格栅的使用增加了施工的难度和环节。因此，土工格栅在铺设时有张紧、绑扎等要求，如果不能较好落实，将影响其效果。

5.1.5 其他

(1)老路边沟的处理

老路边沟应完全挖除，分层压实，压实度逐渐过渡，至原地表的压实度要求不小于90%。

(2)原地表的处理

一般路段拼接路基的原地表在填筑路堤前清除15cm耕植土后向下翻松25cm，掺5%灰土分两层压实，下层压实度不小于90%，上层压实度不小于92%。

对于河塘、废河道等需要抽水清淤的地段，首先要验算老路堤的稳定性，在老路堤稳定的条件下，才可抽水清淤。若经过验算，抽水后老路堤稳定性不足，则要求采用防渗透措施封堵老路堤地下水(如防渗墙等)，确保抽水时老路堤的稳定。淤泥清除干净后，将河塘堤岸挖成宽约1.0m的台阶；如河塘堤岸较陡，则适当缓坡至1:2～1:3，用5%石灰土分层压实，要求压实度在第一层和第二层达到90%，其余回填均应达到92%以上。对于非软土地基深层处理段，如果有条件，可在河塘底部铺设40cm厚碎石土。

对于可能影响老路基稳定的河塘，可以考虑采取不排水清淤的方式，在保证老路基稳定的前提下，应保证清淤回填的质量，回填的材料宜采用透水性材料。

5.2 新老路基拼接施工关键技术

5.2.1 施工准备工作

路基施工前，施工单位应全面熟悉设计文件，在设计交底的基础上，进行现场调查和核对。尤其是调查和走访原高速公路的运营管理单位，搜集有关老路的养护资料，找出有关老路路基存在的问题。同时与有关单位协调有关广告牌、隔离栅、管线拆移等问题，为施工做准备。路基开工前应做好施工测量工作，其内容包括导线、中线、水准点复测，横断面检查与补测，增设水准点等。施工测量的精度应符合《公路勘测规范》(JTG C10—2007)的要求。

施工人员应根据设计文件提供的资料，对取自挖方、借土场、料场的路堤填料进行复查和取样试验。如果设计文件提供的料场填料不足时，应自行勘查寻找。

在进行线外取土场选定工作时，应先进行详细的勘探，应在取土深度内保证土质不发生大的变化。防止在取土场使用过程中发生影响正常使用的土质变化、土石夹层、淤质夹层等现象。

挖方、借土场和料场用作填料的土应进行下列试验项目，其试验方法按《公路土工试验规程》(JTG E40—2007)办理。试验项目主要有液限、塑限、塑性指数、天然稠度和液性指数，颗粒大小分析试验，含水率试验，密度试验，土的击实试验，土的强度试验(CBR 值)，有机质含量试验及易溶盐含量试验等。对特殊土，除进行以上试验外，还应结合对各种土定名的需要，辅以相应的专门鉴别试验，以确定其种类及处治方法。取土场使用前应开挖土场临时排水沟，修建临时便道，按照条式取土法取土；取土坑拟采取一次取土深度不超过 3m、取土范围按设计文件要求来实施。取土坑四周的边坡坡度：黏土、亚黏土不小于 1∶1.5，粉砂土不小于 1∶2。

为满足拼接路堤施工及提高压实度的要求，施工必须配置重型压实机械。每个施工段(不超过 2km 单侧)最少应配置平地机 1 台，路拌机 1 台，重型振动凸轮压路机 1 台(激振力 + 自重≥50t)，重型振动光轮压路机 1 台(激振力 + 自重≥50t)，静力压路机 3 台(自重≥18t)，挖掘机 3 台，推土机 2 台，小型压实机具、洒水车、其他辅助机械和设备等。

此外，应进行临时便道、便桥的准备工作。征地红线外 8m 作为临时征地修建临时便道，便道应保证施工全过程长期使用，高程高于原地表 30 ~ 50cm，土基密实，有简易砂石路面，厚度不小于 10cm。临时便道通过灌溉渠、排水渠时，必须设置临时涵管，确保排灌顺畅不积水。对附近无法绕行的河流，须修建临时便桥，便桥要求确保施工机械和车辆通过时可靠、安全。

5.2.2　场地清理

在填方地段的原地面应进行表面清理，清理深度根据种植土厚度决定，清出的种植土集中堆放。填方地段在清理完地表后，应整平压实到规定要求，才可进行填方作业。

原路堤隔离栅以外的新征地范围，清除表面杂草、树根、种植土，清理深度根据耕植土厚度决定，清出的种植土应集中堆放。填方地段在清理完地表后，应整平压实到规定要求，翻松 20 ~ 30cm，掺石灰 5% 拌和均匀后整平并压实至压实度不小于 90%(重型)。

原路堤隔离栅以内的清表，包括清除表面杂草、树根、边沟拆除，隔离栅支墩拆除，老路堤防护砌石拆除，坡面清理等。老路堤的护坡道、排水沟及隔离带(水沟边缘至原隔离栅)先整平，当排水沟低于地表时，需要将表层挖除，挖除宽度应至少保证压路机的碾压宽度，开挖深度应由施工单位与监理现场制定，开挖深度原则为清除原排水沟下的淤泥质、淤泥质黏土层。开挖后应尽快分层回填至原地表，每层掺灰 5%，压实厚度约 20cm，回填压实度不小于 90%，在开挖回填过程中，应及时做好排水工作，将地下渗水或地表降水及时通过排水或抽水的方式进行清除；当排水沟高于地表时，高出部分的土质应清除至原地面高度，原则上不应作为路基填料。若土方数量较大且土质良好时，可以考虑按照借方填筑的施工工艺进行施工。

老路边坡表土由于植草防护、雨水浸润和冲刷等原因,普遍存在着松散、过湿、压实度不足等现象。需要在开挖每一级台阶前,将台阶开挖范围的边坡防护拆除,并清理表土。拆除的防护片石,集中在线外堆放,以便将来修建新路堤排水沟或隔离栅基础使用。严禁将土(或边坡清表土)和石块混合后作为填料回填新路堤。

老路边坡清理需根据开挖每一级台阶的范围而分级进行,不宜一次性清理整个老路边坡,尤其是高填方地段,以防老路边坡在雨季被冲刷。每一级被清理的老路边坡高度是本级开挖台阶高度的2倍,即从低到高,下一次开挖台阶的边坡位置是本次清理边坡的范围。

5.2.3 浅层软土的处理

(1)河塘清淤

老路堤下软土地基采用排水法处理的路段,或经设计单位计算后认为抽水清淤影响老路堤稳定性的地段,采用纵向围堰将河塘水域隔断,在围堰内用铰刀式吸泥泵清淤。清淤完成后每隔5~8m筑横向围堰,分段抽水并回填素土,要求压实度不小于85%,形成工作平面后进行软土地基处理。围堰尺寸和位置应考虑清淤时的稳定性。抽水不影响老路堤稳定的段落,可采用抽水清淤。通过经济比较,可选用5%灰土、碎石土、砂砾、山皮土分层回填。对于原地表以下回填层,第1层压实度不小于87%,以上的各层压实度不小于90%,直至原地表。如果回填后还需进行软土地基处理的地段(如管桩或水泥搅拌桩等),则需用素土、砂砾或石屑分层回填,压实度不小于85%或达到设计要求。

河塘清淤前必须认真调查分析老路堤的稳定性,确保清淤时老路堤的稳定。施工过程中要密切监视老路堤的稳定变化情况,出现异常情况(如老路堤边坡松动微裂)时必须立即报告监理,并及时采取补救措施。河塘清淤后,对不做管桩或其他软土地基处理的地段,原水面以下的填筑材料可采用透水性材料,如砂砾、碎石土等,分层填筑厚度小于30cm。

(2)地表软土的处理

清表后准备施工之前要认真进行调查,重点调查是否存在泥沼地段、表层经常积水的地段、暗沟暗塘、老路堤边坡或路面出现不均匀沉降的地段、高填方的低洼地段、机械行走时有弹簧土现象的地段等。这些地段经常有窝状的软土存在,是影响路堤稳定的隐患。

软土层深度小于1.5m时,可直接挖除后换填。软土层深度小于3m且下卧层土质良好时,也可采用挖除后换填的方法。选用5%灰土、碎石土、砂砾、山皮土等分层回填至原地表,第1层压实度不小于87%,以上各层压实度不小于90%,回填至原地表。软土层深度大于1.5m,且下卧层土质较软弱,可采用水泥搅拌桩进行处理,最小处理深度按4m控制。

对于土工试验指标不属软土，但压缩沉降较大，超过拼接路堤沉降控制要求的地段，参照以上方法进行处理。

5.2.4 路基施工排水

施工前应做好临时排水设施，可在新路堤边沟外侧开挖临时排水沟，梯形断面不宜小于 60cm×60cm，纵坡不小于 3%，排水沟的出口应通至桥涵进出口处。临时排水沟和灌溉渠不能共用和互通。挖出的废土应堆置在沟与路堑边坡顶一侧，并予以夯实。

在进行路基拼接施工过程中应注意老路面的排水通道。路基拼接前，集中设置排水通道排除旧路面的表面水，防止路面水对老路基开挖台阶的冲刷，同时做好防水设施，阻止自由水对老路基的侵害。对中央分隔带排水、超高段横向排水管要临时引至新路基外的排水沟中。

路基施工中，各施工层表面不应有积水，填方路堤应根据土质情况和气候状况，做成 2%～4% 的排水横坡。挖方路基各层顶面的纵横坡应根据路堑横断面形状、路线纵坡的大小、路堑施工断面长度和施工方法等因素确定。当边坡或路堑内发生地下水渗流时，应根据渗流水的位置及流量大小，采取设置排水沟、集水井、渗沟等设施降低地下水位或将地下水排走。

台阶的开挖应采取分层、分级的方式进行。尽量避免老路基开挖面长时间的暴露，对已开挖的老路基要做好施工组织设计，加快施工程序，同时还要考虑在气候发生变化时及时覆盖。在破坏原路基防护工程后，及时做好老路面排水的疏通工作，特别是在雨季或可能发生大规模降雨的季节。在已破坏的老路基面，用砂浆或小石子混凝土按照原防护排水通道设置临时的引水通道，将路面水有规则地排至路基拼接段以外，避免路基拼接段的自由水漫流。在暴雨季节应安排人员进行值班，防止老路基的水毁。

5.2.5 路基拼接台阶的施工

考虑现场边坡坡率的变化，每级台阶开挖的控制点为台阶的宽度 100～200cm，由底至上。在挖掘机开挖前，用白石灰在老路边坡上沿行车方向画线，以标记本次台阶开挖的位置。台阶的开挖采用挖掘机结合人工的方式进行。挖掘机的挖斗沿着白石灰线往下垂直切，形成粗糙的台阶，然后用人工手提式内燃铲修整，形成尺寸基本准确、垂直平整、无松散土的台阶。

由于是新老路相拼接，原老路边坡的功能将从原来的防护转换为路基承载，经过若干年的通车运营，原老路边坡土势必会在自然侵害的作用下发生变化，部分地段可能会松散。路堤不论是否处于软土地基地段，都应对台阶处的老路填土进行检测，如可用 DCP 贯入仪进行现场快速检测，对于 DCP 贯入击数低于判别值的软弱台阶，应进行换填处理。台阶最上层土和新路堤同时翻松 20cm 掺灰拌和，和新路堤同步整平压实。对压实后的台阶应进行质量验收。

普通路段的台阶开挖应结合路基施工分段落、分级进行。高填方路段，应对老路基进行稳定性验算后再决定台阶开挖的工序。台阶自下而上随填土进度逐层开挖，暴露台阶时间一般不超过3～4d（指完成最后一层填土）；超高段的台阶开挖，为调坡需要，可在96区以下（即路床底面以下部分）逐渐调平，96区起（即路床底面）为水平坡，然后形成超高。

在进行路基填筑时，应加强与原老路台阶结合处的碾压，人工清理台阶结合处的虚土，然后碾压到边。对与老路基的结合部位应作为重点碾压部位进行施工，考虑老路基的稳定性，对与老路基的结合部位不宜采用振动压路机进行强振碾压，宜采用高吨位的静力压路机进行碾压，同时应较普通路段多碾压3～4遍，达到无漏压、无死角，确保碾压均匀。碾压后的结合部位不得有松散、软弹、翻浆及表面不平整现象。如不合格，必须重新处理。重型压路机碾压不到的边角部位，须采用小型振动压路机碾压或用小型振动夯夯压密实。

台阶开挖时若老路堤出现渗水，须及时报告监理，采取处理措施后才可继续施工。

5.2.6 土方路堤的填筑

土方路堤应分层填筑压实，用透水性不良的土填筑路堤时，应控制其含水率在最佳压实含水率±2%之内，并且必须根据设计断面分层压实。采用机械压实时，分层的压实厚度不应超过20cm。路堤填土宽度每侧应宽于填层设计宽度，压实宽度应大于设计宽度50cm以上，最后削坡。若填方分几个作业段施工，两段交接处不在同一时间填筑，则先填地段应按1:1坡度分层留台阶。若两个地段同时填，则应分层相互交叠衔接，其搭接长度不得小于2m。机械作业时，应根据工地地形、路基横断面形状和土方调配图等，合理规定机械运行路线。

路基土的压实最佳含水率及最大干密度以及其他指标应在相应土源使用半个月前，在取土地点取具有代表性的土样进行击实试验确定。击实试验操作方法按《公路工程土工试验规程》（JTG E40—2007）进行。每一种土至少应取一组土样试验。施工中如发现土质有变化，应及时补做全部土工试验。土质路堤的压实度应与新建道路要求相同。

每一压实层均应检验压实度，合格后方可填筑其上一层；否则，应查明原因，采取措施进行补压。检验频率为每1 000m^{2}至少检验2点，不足1 000m^{2}时，至少应检验2点，必须每点都符合规定。必要时可根据需要增加检验点。对于拼接段的路基填筑压实度的控制应作为平时检测工作的一个重点，对新老路拼接内侧1m的压实度检测，建议每50m加测一点，必须点点合格。

路基填土压实宜采用振动压路机碾压时，第一遍应静压，然后先慢后快，由弱振至强振。各种压路机的碾压行驶速度开始时宜用慢速，最大速度不宜超过4km/h；碾压时直线段由两边向中间，小半径曲线段由内侧向外侧，纵向进退式进行；横向接头对振动压路机一般重叠0.4～0.5m，对三轮压路机一般重叠后轮宽的1/2。

对于大型压路机碾压不到的边角和死角处，应使用小型压实设备压实，采取小型压实设备进行碾压时，压实厚度不能超过15cm，宜为10cm左右，压实度应达到相同层次的路基压实度的要求。

5.2.7　结构物回填施工

(1)轻型桥台台背回填

扩建工程中为防止桥梁的差异沉降，原则上采用桩柱式轻型桥台，台背回填提出如下技术要求：若桥梁下部施工和路基施工不能同步时，桥台背后预留路基长度特大桥不小于70m，大中桥不小于50m，小桥桥台必须和路基同步施工；桥台桩基必须提前施工，提前接桩，不浇筑台帽，台前台后和路基同步，填筑到桥台设置底模的高程后，暂停填筑，浇筑台帽，台后留5～10m最后回填，或采用先填筑到台帽底高程，再钻桩、接桩(适用于无联系梁的桥台)。填料压实度和路基分层要求一致，台前和锥坡超宽填筑宽度和路基超宽一致；靠近结构物的范围内，在重型压路机碾压不到的边角，采用小型振动压路机碾压或用小型振动夯分层夯实，压实厚度小于15cm；台背回填的压实度在96区以下应比同层次的路基压实度提高2%，在96区以内应达到同层次路基相同的压实度；桥头路堤底层要清理干净，不允许有松动的土层和杂物，并对底板进行掺灰处理后才能分层回填；完成的新路堤需在挖台阶后再与桥头预留路堤纵向拼接。每层台阶尺寸为40cm(高度)×100cm(宽度)。

(2)桥梁台背回填和老路堤回填的拼接

拆除旧桥拼接部分的耳墙，对老桥搭板下的脱空进行全面检查，当脱空大于5cm、脱空长度大于1/3搭板长度时，须对脱空进行喷浆处理。浆喷机喷C20小石子混凝土，填实脱空部分。

紧靠搭板拼接侧开挖台阶，台阶高度为搭板底面至上路床底面的距离。在上路床底面和顶面分别铺双向土工格栅，格栅长度为原搭板纵向长度加3m。格栅横向铺到新路堤的硬路肩中部，将新老路基的上路床连成整体。

老桥搭板因桥头沉降，使新、老桥搭板高程不一致，原则上以老桥搭板的高程为准，调整新桥搭板高程，高程差由路面结构层调整，特殊情况报监理工程师批准。

(3)通道、箱涵台背回填的拼接

根据工程进度要求，在条件允许时先施工通道(箱涵)，台背回填和路基同步施工，也可采用交叉作业方式，通道(箱涵)施工与路基填筑同时进行，在通道(箱涵)两边预留不小于30m的路基，在通道(箱涵)施工结束后进行台背回填。

靠近台背的范围内，在重型压路机碾压不到的边角，采用小型振动压路机碾压或用小型振动夯分层夯实，压实厚度小于15cm，台背回填的压实度在96区以下应比同层次的路基压实度提高2%，在96区以内应达到同层次路基相同的压实度。暗通（涵顶）填筑40cm土内严禁采用重型压路机的强振碾压。

新老路堤台背回填的拼接按桥梁台背回填的要求施工，同时在和老路堤的拼接施工中，拆除老的涵洞和通道的一字墙，开挖60cm×90cm的台阶和老路拼接，涵洞及暗通道顶部20cm处设一层单向土工格栅，格栅伸入老路堤不少于1.5m，横向和新拼通道、涵洞等长度，纵向两端之间长度为通道、涵洞跨径加10m。

完成新路堤需挖台阶后，再与台背后预留路堤纵向拼接。每层台阶尺寸为40cm（高度）×100cm（宽度）。

（4）涵洞、反开挖涵洞及通道的台背回填

在局部分离、填土高度较小地段的涵洞，净高小于3m的人、机通道，可以采用反开挖方法进行通道施工，以加快路基填筑的速度。反开挖的底部宽度为构筑物宽度加2m，作为构筑物施工的工作宽度。为满足纵向拼接施工的要求，两侧填筑路堤开挖边坡不小于1:1。

构筑物完成后，清理基底，在两侧路堤的开挖面开挖台阶，台阶尺寸为30cm×30cm，8%石灰土，场外拌和均匀，含水率高于最佳含水率1%左右，用小型振动压实机具分层压实，压实厚度小于15cm，压实度不低于同层位路堤的压实度。涵顶填筑40 cm土内严禁采用重型压路机的强振碾压。

当地建材条件允许时，可采用透水性材料回填，如砂砾、石屑、碎石土。在保证基槽安全前提下，基槽的边坡率可适当减小，底部宽度不变。回填材料分层压实，压实厚度小于15cm，压实度不低于同层位路堤的压实度。

（5）施工应注意的问题

构筑物回填应组织专门的作业组，配合路基施工，配足机具，责任到人，与路堤填筑同步进行。回填要加强监理力度，保证检测频率，确保层层合格。回填前，基底要认真清理，不留杂物和软弱土层。底板按规定要求处理，经监理工程师检查验收确认后，方可进行回填作业。台背回填必须保证和路基同样超宽碾压的宽度，特别在暗涵、暗通、台前土坡和两侧锥坡底部较宽处，须用大型压实机具压实。采用小型机具压实时，须严格控制层厚和超宽碾压的宽度，锥坡桥头防护应在削坡之后的坚硬土体上砌筑护坡和锥坡。桥台背后、涵洞两侧与顶部、锥坡与挡土墙等构造物背后的填土均应分层压实，分层检查，检查频率每50m^{2}检验1点，不足50m^{2}至少检验1点，每点都应合格。

5.2.8 粉煤灰路基拼接施工

在进行粉煤灰路基拼接施工中应将原外包土全部清除。考虑扩建工程中不影响原老路基的稳定，粉煤灰路基拼接施工的台阶应分段落、分级进行开挖，每一级台阶的宽度为 100 ~ 200cm。为了防止边坡开挖后粉煤灰路基内部的水分迁移，阻止自由水对路基的侵入，在每一级台阶开挖结束后，立即采用 M15 砂浆进行护壁，砂浆厚度为 2cm。壁砂浆可采用喷浆方式进行施工。护壁砂浆喷浆前，应用人工方式对开挖后的台阶面进行修整，台阶面应达到平整、密实的要求。喷层厚度要均匀，喷层周边与未开挖的老路基边坡应做好封闭处理。

5.2.9　膨胀土路基拼接施工

(1)拼接过程中应采取的加固与防护措施

膨胀土具有胀缩性，吸水后体积增大而产生膨胀，土体失水则体积收缩。膨胀土的胀缩性与土中水分的得失直接相关，且膨胀与收缩两种变形是可逆的。膨胀土大多具有超固结性，天然孔隙比较小，干密度较大，初始结构强度较高。超固结膨胀土路基开挖后，将产生土体超固结应力释放，边坡与路基面出现卸荷膨胀，并易在坡脚形成应力集中区和较大的塑性区，使边坡容易破坏。此外，膨胀土受气候因素影响，极易产生风化作用。路基开挖后，土体在风化作用下，会很快产生裂隙、剥落和泥化等现象，使土体结构破坏，强度降低。

膨胀土路基段的开挖施工应尽量避开雨季，缩短施工周期。路基台阶的开挖不宜将原路基面大规模的暴露。可采用开挖一级填筑一级的方法，逐级开挖，逐级填筑。开挖后的台阶面应采取表面喷浆或铺设防水土工布的方式进行处理，以阻止自由水被非饱和土体吸收。

(2)掺灰膨胀土作为路基填料的施工

所有重黏土取土坑均应做膨胀性试验。强膨胀土不应作为路堤填料，中、弱膨胀土经掺石灰处理改良后，方可作为路堤填料。掺灰量经试验确定，掺灰处理后的总胀缩率不宜超过 0.7，由监理工程师确认。石灰应为三级灰以上，按照现买现用的原则，尽量缩短石灰在工地的存放时间；否则，应妥善保管。

在取土坑附近取土掺生石灰，生石灰掺量为总掺灰量的 40%，可用挖掘机对其翻拌后打堆闷料 48 ~ 72h。待石灰消解，土的塑性指数与含水率降低之后，将拌和料运至路基上摊铺、粗平，达到松铺厚度，摊铺补足剩余的石灰。当含水率接近最佳含水率时，宜用消解石灰。

按路拌法采用强制式稳定土拌和机进行粉碎和拌和，并根据拌和机的性能决定松铺厚度，松铺厚度不得大于拌和机有效拌和深度，并不得大于 30cm。粉碎拌和后的灰土含灰量要均匀，最大土块应小于 5cm，各施工层间不得有素土夹层。

膨胀土施工路段要根据天气情况加以控制。在每层土填筑之前都要对底层土基进行复查，如果被雨水浸蚀或间隔时间较长，表面有松散现象时，要进行洒水复压。如果施工期间遇雨应及时碾压，并加大横披，天晴后要重新翻晒碾压。

碾压时含水率不得低于最佳含水率，可控制在大于最佳含水率 1% 左右。应严格控制纵、横坡度,横坡应大于普通土横坡度1%,碾压后路基表面不得有坑洼现象。路肩外侧要超宽碾压,超宽宽度应大于50cm,碾压遍数比正常碾压遍数多1~2遍。

路堤填筑完成后,应立即采取黏土包边等防护措施。在未做好防护准备之前,不得削坡。削坡的长度根据防护工程的进度加以控制。路堤填筑完成后,如当年不能铺筑路面,应在路堤顶面用黏土做成厚度不小于30cm,横坡不小于3%的封层,封层压实度不小于85%。

拼接台阶底宽100~200cm,每层台阶的顶面以下20cm和同层次新路堤同步翻松、掺灰、碾压,形成整体。路基压实度检验采用灌砂法,检验频率比普通填土路基规定高1倍。

(3)膨胀土直接用作路堤填料的施工

膨胀土掺灰造价高,现场掺匀困难。研究表明,虽然膨胀土不是一种理想的筑路材料,但在特定条件下采取合适处治措施,膨胀土可以不经化学改良直接用作路堤填料。

膨胀土工程特性决定其直接用作路堤填料时,“保湿防渗”是基本原则。实体工程中,膨胀土只用于填芯材料,其基底的处理、上部的覆盖以及边部的封闭设计和施工都是遵循这一原则开展的。

按设计原理和加固材料分类,可将实施物理处治方案分为三大类:一类为非膨胀性黏土或砾石土包边,二是土工格栅或土工隔网边部加筋,三是土工布加固方案。比较技术、经济和施工的难易程度,膨胀土地区路堤的填筑应优先考虑非膨胀性黏土包边方案,当包边土源有困难时,土工格栅加筋包边方案也不失为一种好的处治措施;若路堤填方高度较大,且当地也可以获得非膨胀性土料的路段,也可以采用夹层法进行路堤处理。根据膨胀土填料的性质,甚至可以考虑采用一层非膨胀性土夹两层膨胀土填筑路堤。

5.2.10 粉土路基拼接施工

(1)拼接过程中应采取的加固与防护措施

由于粉土具有低液限(一般小于20%)、低饱和含水率(一般介于20%~30%之间)等特性,所以粉土路基开挖后遇雨极易造成边坡冲刷失稳。

粉土中颗粒之间的连接除了静电引力外,更主要的是毛细水连接。当黏性土由于蒸发、结合水逐渐减少时,扩散层弱结合水变薄,溶液中电解质浓度增强,将产生干燥凝结现象。粉土中黏粒含量少,这种固化的内聚力很弱,干的粉土很疏松,极易破碎。同时,若粉土含水率过大,则毛细水连接力减弱,粉土颗粒之间的摩阻力也不像砂土那样具有镶嵌作用,所以粉土的力学强度较低。粉土路基开挖面暴露时间过长,会造成路基土体的水分迁移,或者吸水过多强度下降,造成原老路基的失稳破坏。

粉土路基段的开挖施工应尽量避开雨季施工，缩短施工周期。路基台阶的开挖不宜将原路基面大规模暴露。可采用开挖一级填筑一级的方法，逐级开挖，逐级填筑。

粉土路堤高度大于2m的地段，台阶开挖前要进行注浆加固。浆液采用水泥粉煤灰浆（粉煤灰为水泥用量的25%），水灰比0.4～0.5，注浆范围垂直坡方向20～80cm，注浆孔布置在垂直坡面方向，孔距和排距为1.2m，原路床底高程以下部分加固，以上部分不加固，加固强度0.3～0.5MPa。

粉土路堤高度小于2m的地段，可直接开挖台阶进行拼接，开挖后的台阶面应及时进行封闭防护，以阻止自由水被粉土路基土体吸收。其主要方式为铺设防水土工布或表面喷浆。

粉土路堤的拼接台阶底宽100～200cm，拼接施工时应在加固土体达到强度后进行，每层台阶顶面以下20cm和同层的新路堤同步翻松、掺灰、拌和、碾压，和新路堤形成整体。

（2）粉土路堤的填筑技术要求

取土坑周边坡比不小于1:2，取土深度一般为3m，开挖时若有渗水及时排出。拼接路基全部掺灰（掺灰量根据试验确定）。填筑施工工艺流程如下：薄层摊铺（控制压实厚度15cm）→整平→压路机微振提水（压实度85%）→测含水率→铺石灰→拌和均匀（犁配合路拌机）→碾压成型→报验。

粉土路堤拼接施工要及时整理临时排水设施，确保老路堤路面排水、横向排水管畅通，不形成地面径流和冲刷；否则，易造成大面积砂层流失。其他施工技术要求可遵照《公路路基施工技术规范》（JTG F10—2006）执行。

5.2.11　土工格栅施工

单向土工格栅在铺设过程时，应将强度高的方向垂直于路堤轴线方向放置。土工格栅的连接应牢固，受力方向连接处的强度不得低于材料设计抗拉强度，且其叠合长度不应小于20cm。土工格栅的铺设不允许有褶皱，应用人工拉紧，必要时可采用插钉等措施固定土工格栅于填土层表面。铺设土工格栅的土层表面应平整，表面严禁有碎石、块石等坚硬凸出物；距土工格栅8cm以内的路基填料，其最大粒径不得大于6cm。土工格栅铺设后应及时填筑填料，以避免其长时间在阳光下直接暴晒。一般情况下，间隔时间不应超过48h。

土工格栅上铺筑石灰土时，要采用场地拌和法进行施工。在取土场选择足够的场地，将土的含水率、灰剂量控制好并粉碎拌和均匀以后，直接运送到施工现场，摊平、碾压。应避免采用路拌法进行施工，以防路拌机将土层下的土工格栅破坏。

填料应分层摊铺、分层碾压，所选填料及其压实度应达到《公路路基施工技术规范》(JTG F10—2006)规定的要求。其上第一层填土摊铺宜采用轻型推土机或前置式装载机。一切车辆、施工机械只允许沿路基的轴线方向行驶。

土工格栅施工质量标准如表 5.1 所示。

土工格栅施工质量标准　　表 5.1

检查项目	质量要求		检查规定	
	要求值或允许偏差	质量要求	检查频率	检查方法
下承层平整度或拱度	8mm	符合设计及规范要求	4 处/200 m	3m 直尺测量
格栅长度(mm)	≥设计值	符合设计要求	抽查 2%	皮尺测量
搭接宽度(mm)	≥200mm(横向), ≥150mm(纵向)	符合设计及规范要求	抽查 2%	皮尺测量
外观要求	土工格栅的表面不允许有褶皱,土工格栅的插钉固定牢靠			目测

5.2.12　拼接路基渗水的处理

在路基拼接施工过程中,新老路基拼接开挖台阶处有可能有水渗出,特别是在雨后,这种现象更加明显。拼接处宽度为 30～40cm 的新路基长期被水浸湿,压实效果不好,施工难度较大。按照渗水问题的严重程度提出如下处治措施。

(1)渗水现象较多的软弱段落

对于渗水现象较多的软弱段落可采用“疏”的方式。在新老路基拼接处设置纵向渗沟,渗沟底高程在路床顶以下 140cm,建议渗沟尺寸为宽60cm×深 30～60cm,在渗沟底设置一层 5cm 厚的 M5 水泥砂浆抹平层,以防止渗沟水下漏,渗沟纵坡不小于 0.3%,渗沟材料可采用最大粒径 5cm 的不筛分碎石,人工进行夯实,同时横向设置 ϕ11mm 的 PVC 排水管,将渗沟内的水排除到路基外,防止渗水浸泡路基。横向排水管约每 50m 设置一道,水管口用渗水土工布包裹,同时对台阶立面进行喷浆处理,既固结表面,又能起到一定的立面止水并将渗水引入渗沟的作用,如图 5.5 所示。

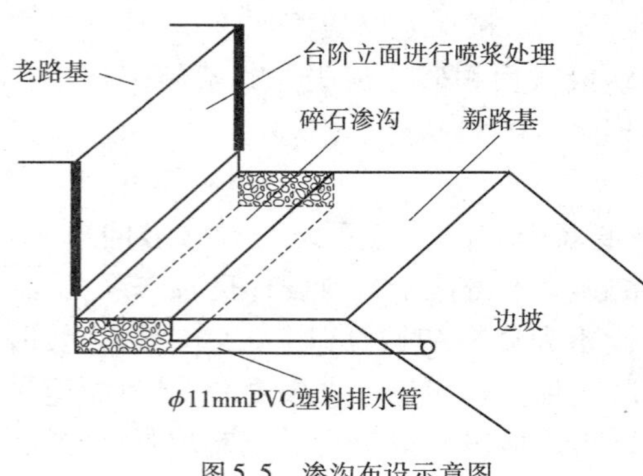

图 5.5　渗沟布设示意图

(2)渗水不多或微量渗水的段落

对于渗水不多或微量渗水的段落可采用“堵、疏相结合”的方式,即对台阶表面进行喷浆处理,喷浆厚度为 1.5cm,分三次喷浆,每次喷浆厚度为 0.5cm,并铺设排水席垫及时将渗水排出路基,防止路基被水浸泡而降低土基承载力。

(3)被水浸泡的新路基

对于已经被水浸泡的新路基部分,应进行局部换填处理。用优质场拌灰土替换软弱土并快速进行整平压实,碾压要一次成型,避免因施工周期过长而造成路基再次被水浸泡。对于台阶部位的水浸老路基,除局部进行换填处理外,建议施工时台阶上面层翻松 20cm,掺灰拌和,与同层次新路基一次碾压成型。对处治后的台阶应进行质量验收。

(4)老路排水管的处治

在路基拼接施工过程中,应系统开展对老路原有排水管的调查工作,对于目前能正常排水的排水管接长至新路基边缘,对于已局部堵塞的排水管应进行疏通并接长,对于已严重堵塞无法恢复的排水管应进行封闭处理,防止路基中水的漫流、聚积和下渗。

5.3　本章小结

路基拼接的设计与施工是高速公路加宽工程的重要环节,若处理不当,将导致新老路基衔接不良,严重的会出现沿结合部的纵向裂缝。本章针对新老路基拼接设计和施工进行了阐述,但在实体工程中,因工程各异,应采取更具针对性的措施。

本章参考文献

[1] 江苏省沪宁高速公路扩建工程指挥部,江苏省交通基础技术工程研究中心. 沪宁高速公路路基拓宽综合处治技术研究成果总结报告[R]. 2004.

[2] 江苏省交通科学研究院. 沪宁高速公路扩建工程路基拼接设计及施工技术研究总报告[R]. 2004.

[3] 郑健龙,杨和平. 公路膨胀土工程[M]. 北京:人民交通出版社,2009.

[4] 中华人民共和国行业标准. JTG F10—2006　公路路基施工技术规范[S]. 北京:人民交通出版社,2006.

第6章　加宽工程软土地基处理技术研究

高速公路加宽工程中的软土地基处理,应将减小新老路基的差异沉降作为设计原则,是加宽的关键技术之一。目前,软土地基处理方法很多,但对于加宽工程而言,由于工期紧、施工场地狭窄,同时还要维持既有道路交通正常运营等原因,软土地基处理较新建工程具有更高的要求。目前,在加宽工程中最常用的软土地基处理方法主要有控沉疏桩复合地基、粉喷桩复合地基、塑料排水板法等方法,不同的方法处治效果不同。已有加宽工程地基处理方法中,控沉疏桩复合地基应用较少,并且,已有成果更多是对单一方法的分析[1-3],对多种地基处理方法效果的系统分析研究较少[4],也没有充分考虑加宽工程特殊的变形特性对软土地基处治技术的要求。可以预见,随着我国经济的快速发展,需加宽扩建的高速公路将越来越多,合理选择地基处理方法对于加宽工程质量至关重要。为此,本章首先对控沉疏桩复合地基性状进行了研究,分析了填土高度、筋材模量、桩体模量和固结时间对沉降、土拱效应、拉膜效应等的影响,并考察了垫层刚度、桩帽大小和桩间距对沉降的影响,探讨了复合地基中筋材的铺设位置,与实测资料进行了对比分析。其次,分别对老路软土地基未处理、塑料排水板处理和粉喷桩处理时,新路堤下软土地基不同处理方式下加宽工程变形特性进行了分析,得出许多有益的结论,用于指导加宽工程软土地基处理方法的选择。

6.1　控沉疏桩复合地基力学性状分析

控沉疏桩复合地基采用的桩主要是钻孔桩、预制桩和混凝土管桩等刚性桩。与常规的桩基础相比,取消了桩顶承台或筏板,而以桩托板、桩帽代替。桩托板顶面与软土地基顶面少量的沉降差,促使路堤填料中形成土拱效应。同时,将其与土工格栅联合使用,通过格栅变形的提拉作用,将路堤荷载的大部分转移到桩托板上,从而减小了桩间土上部的压力,既节约了工程造价,又保证了路堤顶面不出现差异沉降,桩(桩帽)、地基土体、填料和土工格栅的相互作用如图6.1所示。这里,W_1为填土自重,τ为填土和桩帽间的摩擦力,p_b为土工格栅承担荷载,γ为路堤填土重度，H 为路堤高度，T 为筋材拉力，σ_c 和 σ_s 分别为桩帽和桩间土压力。与其他处理方式相比，控沉疏桩复合地基具有施工方便、工期短、侧向变形和工后沉降小等优点[5]，更能适应加宽工程的要求，在加宽工程中的应用如图 6.2 所示。

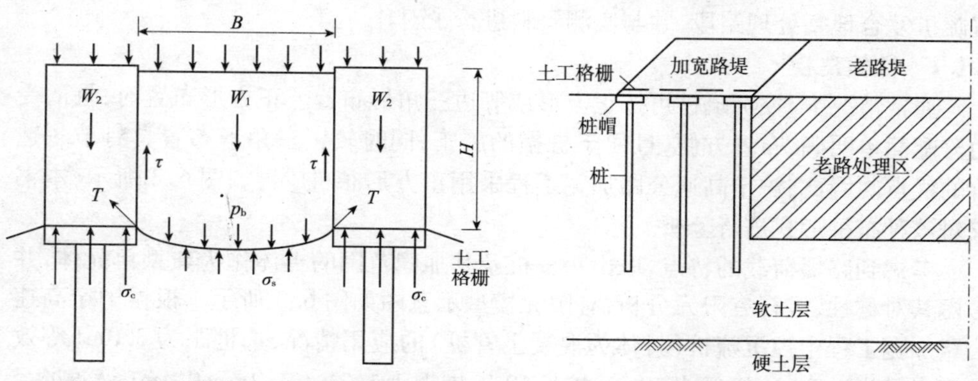

图 6.1　控沉疏桩复合地基荷载传递机理

图 6.2　控沉疏桩复合地基示意图

控沉疏桩复合地基的受力和变形机理较为复杂，涉及路堤填料、格栅(垫层)、桩帽、桩和地基土体之间的相互作用问题。前人研究大都集中在某一个方面，如 Jones、Hewlett、Low 和陈云敏[6-9]等的研究集中在桩帽上部的土拱部分，饶为国等[10-11]的研究集中在格栅的变形和拉力上，刘吉福[12]的研究集中在桩土应力比分析上。

沈伟等[13]考虑桩、地基土体和垫层的协同作用，假定桩土界面摩阻力与相对位移为理想弹塑性关系，分析了复合地基的受力机理，但分析中未考虑格栅的作用和地基土体自重，并假定桩间土沉降相同。Han 等[5]采用轴对称快速拉格朗日方法，分析了桩、地基土体、格栅和路堤受力系统中格栅拉力、桩土应力比和路堤沉降，但 Han 的分析并未考虑桩帽的作用，以及地基土体排水固结对桩和格栅受力的影响。贾宁[14]研究了桩打穿以及未打穿情况下，复合地基孔压产生、消散规律以及沉降规律，但对复合地基的作用机理分析过于简单。陈仁朋等[15]建立了考虑土—桩—路堤变形和应力协调的平衡方程，分析了三者协调工作时路堤、桩、土的荷载传递规律，但忽略水平加筋体的兜提作用、桩帽底部土体的承载力。J. G. Collin 等[16]给出了一个在软土地基上用于快速修筑路堤的疏桩复合地基实例，重点介绍了设计方法、质量控制检测及整体性能。P. J. Naughton and G. T. Kempton[17]搜集并比较了预估路堤土工效应的解析解和数值解，认为不同的方法筋材拉力变化很大。Reinaldo Vega-Meyer and Yong Shao[18]用数值方法分析了整个系统的沉降特点，并与实测资料进行了对比。

由于控沉疏桩间距大于 6 倍桩径，可以仅选单桩进行分析。本节将单桩范围及上部路堤等效为圆柱体，路堤荷载瞬时施加，考虑软土固结，分析路堤高度、筋材模量、桩体模量对路堤顶和桩顶最大沉降、桩顶面处桩与桩间土差异沉降、土拱效应、筋材上部和下部竖向应力、拉膜效应等的影响，并考察了垫层刚度、下卧层刚度、桩间距、筋材位置等因素的影响。最后，分析了沪宁高速公路加宽工程中的控沉疏桩复合地基处理路段，并与实测资料进行了对比。

6.1.1 数值建模

通常情况下，控沉疏桩可按正方形或等边三角形布置。正方形布置时，桩的受力分配简单明确，布置方便，且便于桩帽的施工，同时较正三角形布置具有节省造价的优点。因此，沪宁高速公路加宽工程采用正方形布桩[19]，如图6.3所示，本书仅对该种布桩形式进行分析。

考虑到路堤荷载的特点，取出一根桩及其加固范围的土体作为典型单元体，并考虑其对称性，进行有限元分析，有限元模型示意图如图6.3所示。根据沪宁高速公路加宽工程中控沉疏桩（桩体为混凝土管桩）的应用情况，选桩距为3.0m（等效处理半径为1.7m），桩径为40cm，桩长12m，桩帽为1.2m×1.2m×0.4m（等效半径为0.67m），路堤高度为3.0m，垫层厚度为0.4m，一层筋材布置在垫层中部，车辆荷载和第3章的处理方式相同，等效为10kPa静载。软土层厚度为10m，下卧层厚度为5m，桩端进入下卧层2m，下卧层以下为基岩，不发生变形。分析时，对某个参数考察时，其他参数不变。

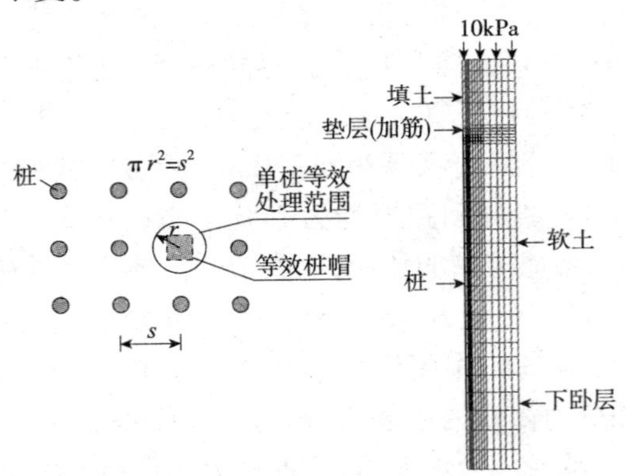

图6.3 桩体布置及有限元模型

本分析中，控沉疏桩复合地基系统共包括六种材料：路堤填土、垫层、软黏土、下卧层土、桩和土工格栅。对于路堤填土、垫层、软黏土和下卧层土选择Duncan-Chang双曲线模型描述，桩[20]和土工格栅考虑为线弹性材料。圆柱体外侧受水平约束，底部为水平和垂直约束，取桩帽顶面为地下水面，并设为固结排水面。由于分析中考虑软土排水固结，地基土体使用有效应力指标，分析中所有材料参数如表6.1所示。

典型情况下的材料参数　　表 6.1

材料	γ (kN·m^{-3})	φ_d (°)	c (kPa)	R_f	K	n	G	F	D	k_x (10^{-7}cm/s)	k_y (10^{-7}cm/s)
路堤填土	19.0	28.0	30.0	0.80	150	0.40	0.35	0.01	1.00	1.40	5.46
软黏土	18.5	25.0	19.8	0.56	32	0.71	0.16	0.03	3.36	6.20	8.01
下卧层土	19.3	25.9	47.0	0.64	100	0.24	0.21	0.01	2.60	20.0	21.33
垫层	18.0	34.0	0.0	0.60	280	0.80	0.24	0.002	2.70	透水	透水
桩[20]	E_p = 8.45GPa, μ = 0.167, γ = 25.0kN/m										
土工格栅	应变 5% 时的等效弹性模量为 E_g = 5.95GPa，等效面积为 1.2×10^{-4}m^2, μ = 0.18										

6.1.2 结果分析

(1)最大沉降

沉降为控沉疏桩复合地基中的一个重要考察指标。图 6.4 给出了固结完成后路堤顶面和桩顶面最大沉降随路堤高度的变化曲线。从图中可以看出，随路堤高度增加，路堤顶面和桩顶面最大沉降增大，并且路堤顶面最大沉降比桩顶面的大，这是因为路堤顶面最大沉降包括软土地基沉降、路堤土体在自重荷载和超载作用下的压缩变形。同时，路堤高度越大，二者差值越大。这是由于路堤高度增加，将产生较大的自身压缩变形所致。

为考察筋材对最大沉降的影响，图 6.5 给出了固结结束后不同筋材模量时路堤顶面和桩顶面最大沉降变化曲线。从图中可以看出，筋材模量增加，路堤顶面和桩顶面最大沉降减小，但筋材模量的影响有限。

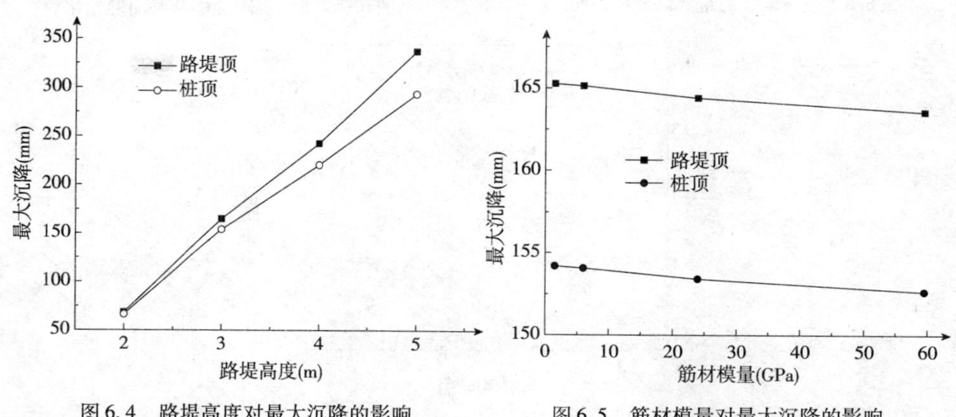

图 6.4 路堤高度对最大沉降的影响

图 6.5 筋材模量对最大沉降的影响

同时,桩体弹性模量对路堤顶面和桩顶面最大沉降有较为显著的影响,如图6.6所示。桩弹性模量增加能减小最大沉降,并且当达到某一值(本研究中为1 000MPa)时,对最大沉降的影响减小。

另外,对路堤顶面和桩顶面最大沉降随软土固结时间的变化也进行了研究,结果如图6.7所示。随着软土的固结,最大沉降增加,并且逐步趋于恒定。

(2)差异沉降

在软土固结过程中,由于孔隙水的排出,沉降逐渐变大,而桩体也在上部荷载的作用下产生沉降,但沉降量较小,必然在桩顶面和同一水平面上的桩间土体之间产生差异沉降,它也是评价复合地基加固路基效果的重要参数。

如图6.8所示,固结完成后,随路堤高度增加,桩顶面差异沉降变大;而路堤表面的差异沉降随其高度增加减小,直至趋于零。路堤表面差异沉降的减小是桩—土间差异沉降在路堤土中产生的土拱效应所致。根据Terzaghi的观点,当路堤达到一定高度时,路堤表面以下土体中存在一个没有差异沉降的“等沉面”[15]。

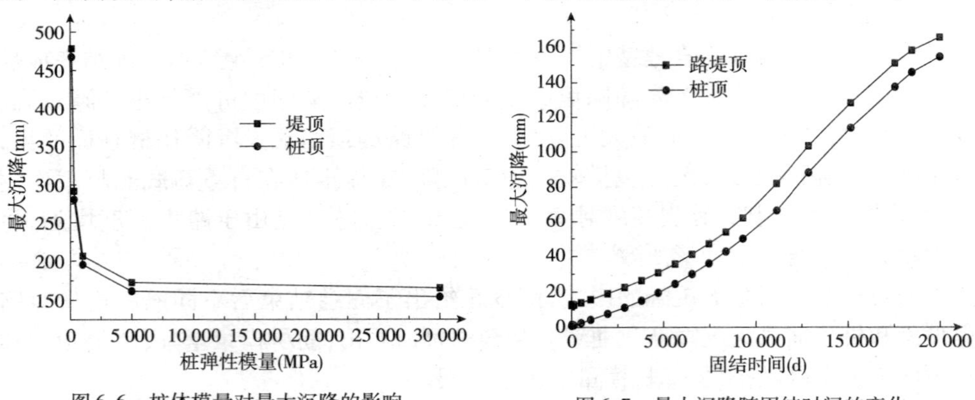

图6.6　桩体模量对最大沉降的影响

图6.7　最大沉降随固结时间的变化

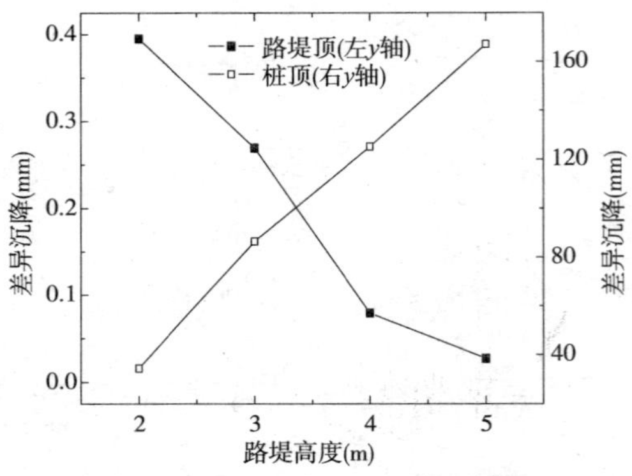

图6.8　路堤高度对差异沉降的影响

图 6.9 给出了固结完成后桩顶面差异沉降随筋材模量的变化曲线。筋材模量增加,拉膜效应增加,传递到桩上的荷载增加,减小了桩间土体承受的荷载,使差异沉降减小,并且筋材模量较小时的变化对差异沉降影响较大。由于路堤顶面差异沉降较小,图中没有对其进行研究。

如图 6.10 所示,固结完成后的桩顶面和路堤顶面差异沉降随桩体模量增大而增加,这是由于桩体模量和土体模量差别所致,并且二者模量差别越大,差异沉降越大。在不进行地基处理的情况下,桩体模量与土体模量相同,则没有差异沉降产生。同时,当桩体模量达到某一值(本研究中为 1 000MPa)时,差异沉降变化不大。

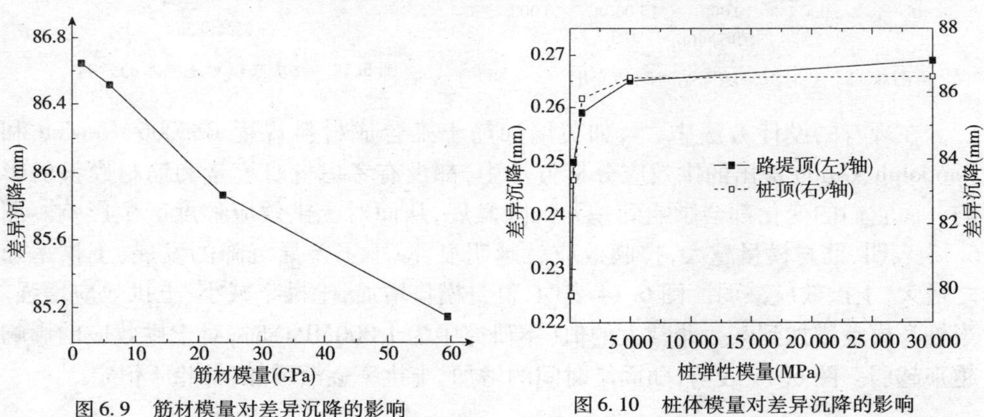

图 6.9　筋材模量对差异沉降的影响　　图 6.10　桩体模量对差异沉降的影响

图 6.11 给出了桩顶面差异沉降随软土固结时间的变化曲线。从图中可以看出,随着时间的增加,桩顶面差异沉降变大,并且在固结后期,趋于恒定值。这是因为,随固结时间增加,桩间土体沉降趋于稳定,致使与桩体之间的差异沉降趋于恒定。

(3)路堤中的土拱效应

控沉疏桩复合地基中,路堤土拱效应程度的大小可以用土拱率 ρ 来表示,ρ 定义为作用在桩间土顶处土工格栅顶面的平均应力 p_b 和上部荷载(包括填土自重 γH 和路面荷载 q_0)的比值。ρ 越小,土拱效应程度越大。ρ 为:

$$\rho = \frac{p_b}{\gamma H + q_0} \tag{6.1}$$

图 6.12 给出了软土固结后的土拱率随路堤高度的变化曲线。从图中可以看出,随着路堤高度的增加,土拱率降低。路堤较低时,不管加筋与否,差异沉降产生的剪应力 τ(图 6.1),不足以产生土拱效应而减小作用在桩间土或筋材上的力。随着填土高度的增加,剪应力越来越大,拱效应程度越来越强,直至形成比较稳定的应力拱。同时,当路堤达一定高度时,土拱率基本恒定。另外,加筋时,土拱率增加,土拱效应降低,差异沉降减小。

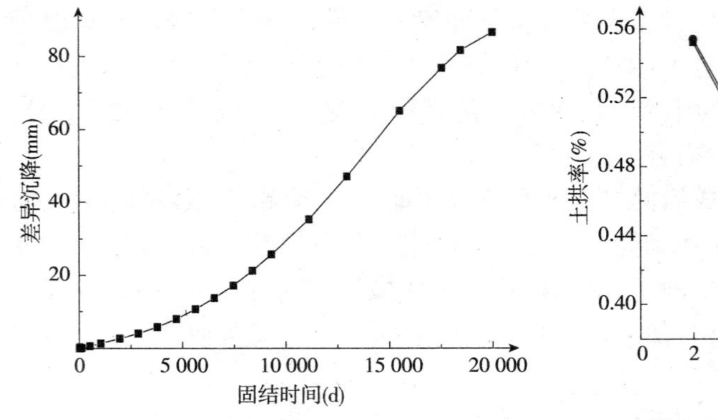

图 6.11　差异沉降随固结时间的变化

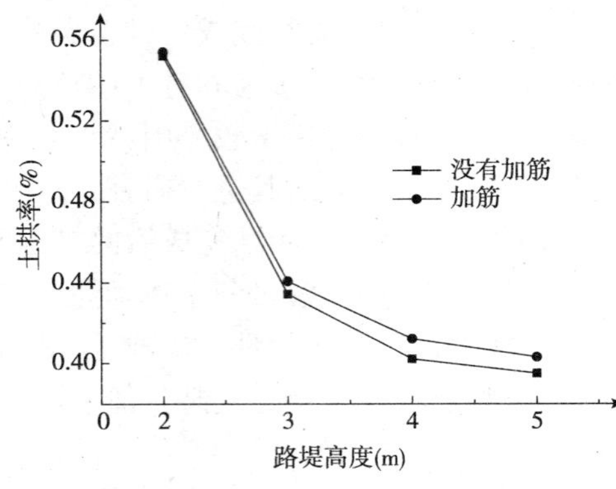

图 6.12　路堤高度对土拱率的影响

在现有的设计方法中[21]，如英国加筋土工合成材料规程 BS8006、Hewlett 和 Randolph、Guido 提出的拱效应分析方法中，都没有考虑桩身模量和筋材模量的影响。而它们的变化都会影响到差异沉降发展，从而对土拱效应程度产生影响。图 6.13 表明，筋材模量越大，拉膜效应就越明显，减小了差异沉降的发展，土拱率随之增大，土拱效应减弱。图 6.14 表明，桩身模量增加，土拱率减小，土拱效应增强。当桩身模量增加到某一非常大的值（本研究中为 1 000MPa）时，对土拱效应的影响越来越弱。图 6.15 表明，随固结时间的增加，土拱率逐渐增加，并趋于恒定。

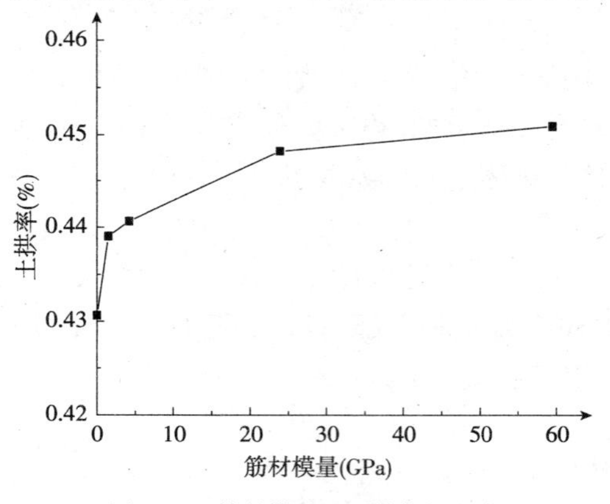

图 6.13　筋材模量对土拱率的影响

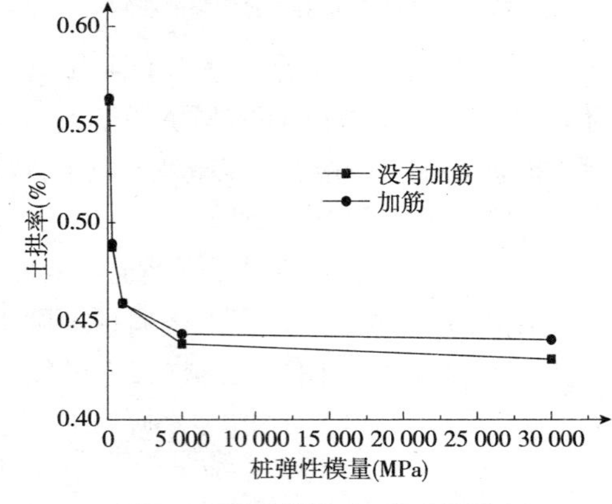

图 6.14　桩体模量对土拱率的影响

(4)筋材上部和下部的竖向应力

由于加筋，软土固结完成后筋材上部和下部的竖向应力分布不同，如图 6.16 所示。筋材上部的应力主要由土拱效应引起，而下部竖向应力是由土拱效应和筋材提拉作用的竖向分量共同引起的。比较发现，在桩帽范围内，筋材上部的竖向应力小于没有加筋时应力的情况下，从而减小了土体屈服和桩体刺入垫层的可能性；

而筋材下部竖向应力的增加，使荷载转移到桩帽上，减小了作用在桩间土体的竖向压力，从而减小了路堤顶面的差异沉降。

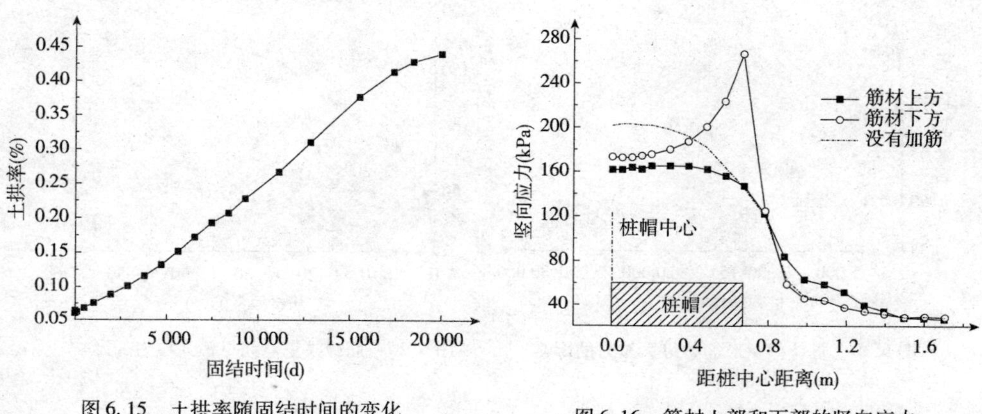

图 6.15　土拱率随固结时间的变化

图 6.16　筋材上部和下部的竖向应力

(5)拉膜效应

与常规分析中的假设不同，筋材中的应变是不均匀的，桩帽上的筋材拉应力较小，最大拉力发生在桩帽边缘(图 6.17)，且轴向拉力大于环向拉力。筋材中的最大拉力往往决定了其规格的选用，而最大拉力受到诸多因素的影响。图 6.18 ~ 图 6.20 分别为软土固结完成后筋材内最大拉力与路堤高度、筋材模量、桩身模量的关系曲线。随着路堤高度的增加，差异沉降充分发展，最大拉力随之变大。而桩身模量的提高加剧了差异沉降变形，也增加了最大拉力。筋材模量较大时，就算较小的差异沉降也能在筋材内引起一定的拉力，从而减小了作用在软土表面的荷载。同时，随着软土的固结，差异沉降变大，进而增加了筋材内的最大拉力，如图 6.21 所示。

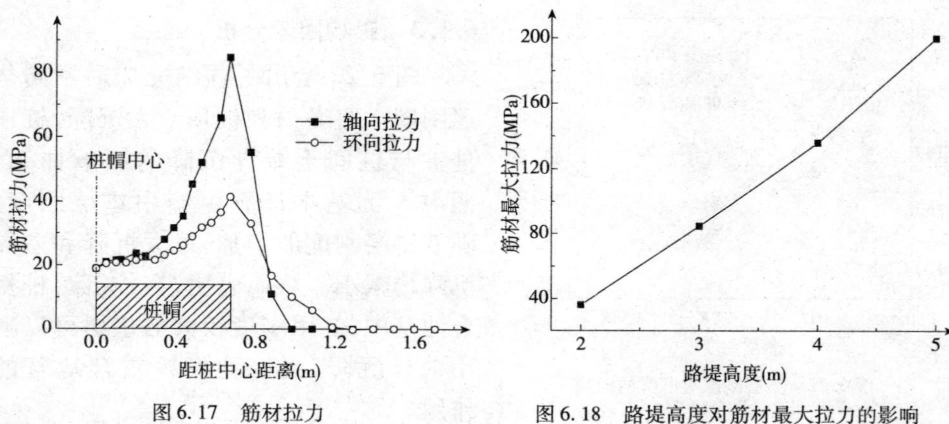

图 6.17　筋材拉力

图 6.18　路堤高度对筋材最大拉力的影响

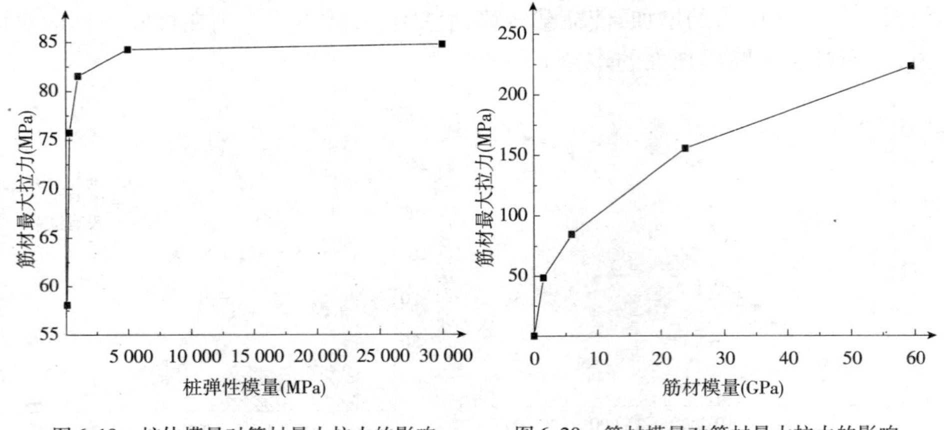

图 6.19　桩体模量对筋材最大拉力的影响

图 6.20　筋材模量对筋材最大拉力的影响

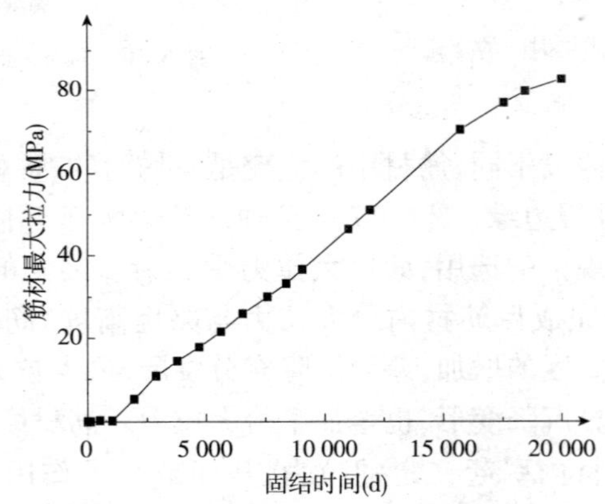

图 6.21　筋材最大拉力随固结时间的变化曲线

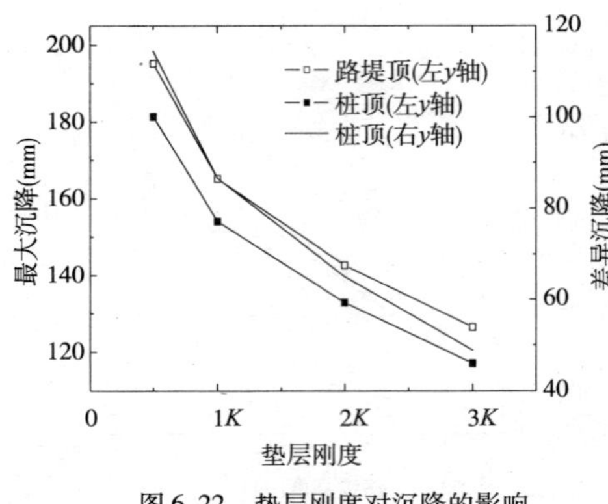

图 6.22　垫层刚度对沉降的影响

6.1.3　影响因素分析

图 6.22 给出了固结完成后不同垫层刚度对路堤顶和桩顶最大沉降、桩顶处桩与桩间土差异沉降的影响曲线。图中 K 为基本计算模型中垫层刚度。随着垫层刚度的增加，最大沉降和差异沉降均减小。从而表明，在控沉疏桩复合地基中，使用刚度较大的垫层可以减小差异沉降，更好地发挥复合地基的作用。

图 6.23 为固结完成后下卧层刚度变化对路堤顶和桩顶最大沉降、桩顶处桩与桩间土差异沉降的影响曲线。随下卧层刚度增加,路堤顶和桩顶最大沉降迅速减小。因此,在控沉疏桩复合地基中,桩体应尽量打入承载能力较强的土层,从而将上部荷载更好地向下传递,减小沉降。同时,下卧层刚度对桩顶面处桩与桩间土差异沉降变化影响不大。

理论上讲,桩帽大小和桩间距大小的影响均属于桩帽面积与单桩等效处理面积之比的影响。为考察这两个因素的影响是否相同,计算选用两个系列算例。桩帽大小影响系列取单桩等效处理半径为 1.7m,桩帽半径分别取 0.34m、0.54m 和 0.67m 共三个算例。桩间距大小影响系列取桩帽半径为 0.67m,由桩帽面积与单桩等效处理面积之比与桩帽大小影响系列相同,确定单桩等效处理半径分别为 3.4m、2.1m 和 1.7m。两个算例其他参数同基本算例。图 6.24 为固结结束后,桩帽等效半径与单桩等效处理半径之比对路堤顶和桩顶最大沉降、桩顶处桩与桩间土差异沉降的影响。随着比值的增加,路堤顶和桩顶最大沉降、桩顶差异沉降均减小。但增加桩帽尺寸与减小桩间距对沉降的影响程度不同,桩间距对沉降的影响比桩帽大小对沉降的影响显著。

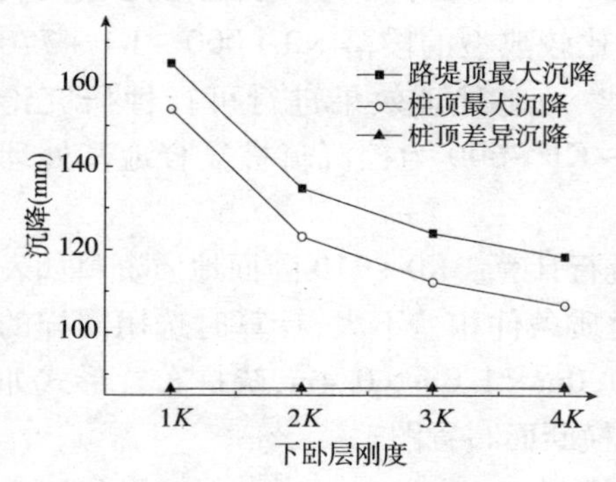

图 6.23　下卧层刚度对沉降的影响

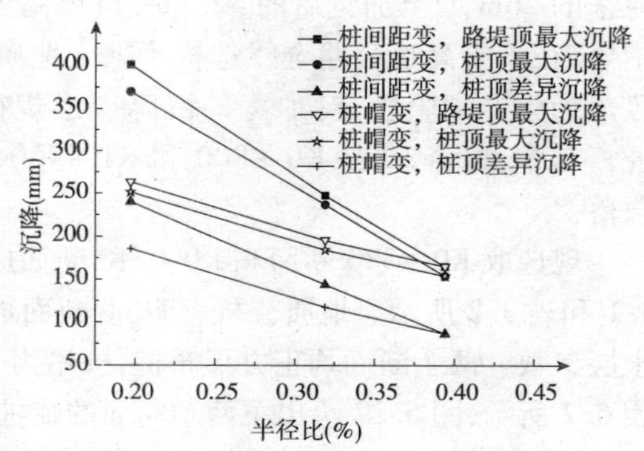

图 6.24　桩帽等效半径与桩等效处理半径比值对沉降的影响

控沉疏桩复合地基中加入筋材,可以产生拉膜效应,更好地将荷载传递到桩体上,减小桩顶处桩与桩间土体的差异沉降,从而在对差异沉降相同的要求下,加筋可以减小桩的使用量(图 6.25[5]),节约工程造价。

图 6.26 给出了离桩帽不同高度处的筋材拉力,第一层筋材位于桩帽顶部,各层间隔 10cm。随筋材位置的升高,桩帽范围内筋材拉力增加,桩间土体筋材拉力减小,并且第一层筋材最大拉力比其他各层筋材大得多,出现在桩帽边缘。因此,实际工程中,筋材应尽量靠近桩帽布置。

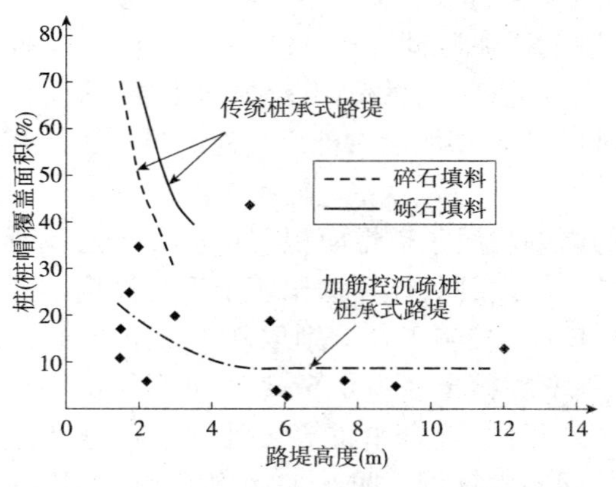

图 6.25　加筋与不加筋情况下桩帽面积与单桩处理面积之比[5]

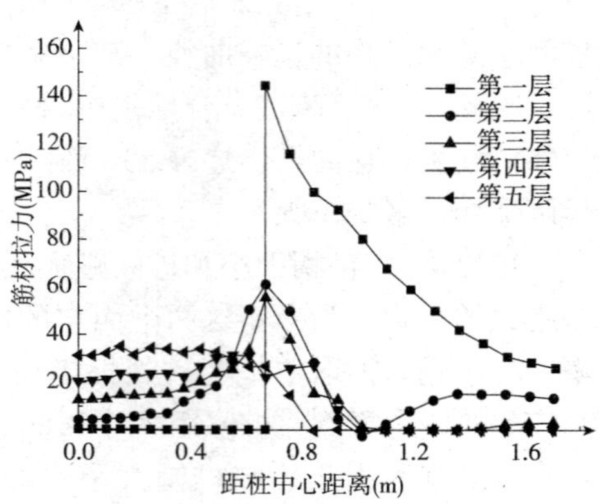

图 6.26　不同位置筋材拉力

6.1.4　实例分析

沪宁高速公路采用两面同时加宽，老路堤两边各加宽 8.25m，路堤顶面宽由原来的 26m 增至加宽后的 42.5m，路堤高度不变。为对全线软土地基处理提供指导，在沪宁高速公路全线选择了软土地质比较典型的段落 K0 + 000 ~ K1 + 770 段落为先导试验段，对加宽的沉降变形规律、地基处理效果进行可行性研究论证。其中，K0 + 300 ~ K0 + 800 和 K1 + 450 ~ K1 + 600 为控沉疏桩复合地基处理段落。

现选取 K0 + 380 断面和 K0 + 710 断面进行计算。K0 + 710 断面地质资料如表 3.1 和表 3.2 所示。地质分析表明，两断面地质条件相差不大，计算时选用同样的土层参数。两个断面均正方形布桩，桩帽为 1.0m × 1.0m × 0.4m，疏桩布置形式如表 6.2 所示，图 6.27 给出了两个断面的疏桩横断面布置图。

不同疏桩布置形式　　表 6.2

观测断面		堤高(m)	桩径(m)	间距(m)	桩长(m)	桩帽	垫层
K0 + 380	南	2.82	0.4	2.5	33	无	40cm 厚碎石 + 钢筋网
K0 + 710	北	3.86	0.4	2.5	33	有	40cm 厚碎石 + 60cm 厚 8% 灰土

根据表 6.3 施工历程，对两个断面的沉降进行计算，计算结果如表 6.4 所示。从表中可看出，加宽施工期间和工后 1.3 年累计沉降量实测值比计算结果大，而根据实测沉降和沉降速率推算的加宽工后 15 年累计沉降量比计算结果小。这是因为，本书计算模型为单桩模型，只有地基表面可以排水，而实际工程中加宽部分宽度较小，加宽荷载作用下地基中超孔隙水压力可以向两侧消散，固结速度较快，所

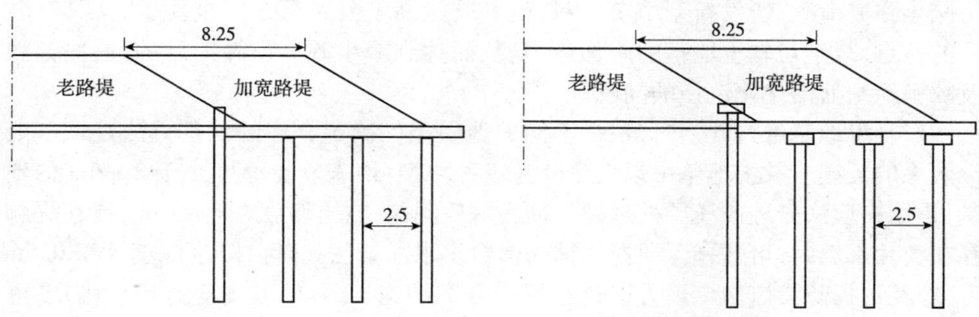

图 6.27　K0 + 380(左)和 K0 + 710 疏桩横断面图(尺寸单位:m)

以在沉降初期实测结果比计算结果大;同时,计算中未考虑实际工程中软土孔隙比、渗透系数等随应力变化而减小,所以计算结果为后期沉降大于实测值。

加载断面 K0 + 380 施工历程[19]　　表 6.3

起讫时间	施工进程	起讫时间	施工进程	起讫时间	施工进程
6.6 ~ 7.16	管桩施工	9.9 ~ 10.4	加载 2.0m	11.7 ~ 12.10	路面施工并通车
7.16 ~ 9.9	施工至 95 顶	10.4 ~ 11.7	卸载		

两个断面沉降实测结果[22]与计算结果　　表 6.4

断面	施工期沉降增量(cm)		工后 1.3 年累计沉降量(cm)		工后 15 年累计沉降量(cm)	
	实测	计算	实测	计算	推算	计算
K0 + 380	4.91	4.24	10.67	8.33	11.68	15.47
K0 + 710	5.35	2.69	7.34	5.69	8.59	13.65

对两个断面的沉降量比较可看出,有桩帽段落的总沉降量要小于没有桩帽的段落,如 K0 + 380 断面在工后 1.3 年平均每米高路堤的沉降量为 3.79cm,而 K0 + 710 断面平均每米高路堤的沉降量为 1.91cm,从其他时间点的沉降也能得出同样的结论。这说明采用带桩帽疏桩具有较好的分担荷载的效果,能有效减小工后沉降。这和前文的分析是一致的。

6.2　加宽工程软土地基处理方法选择研究

要保证软土地基路段的加宽工程质量,减小新老路基的差异沉降,其中软土地基处治是最为关键的措施。围绕减小新老路基差异沉降这个中心,可以从两个方面着手考虑:一是提高地基承载力,从加固软土地基入手,提高软土地基刚度,来减小差异沉降的发生,其核心是要找到经济上和技术上都可行的地基处治方法。二是减小路堤荷载,研发新型填筑材料,使其既能满足公路行车安全要求,又具有轻质的特点,减小对软土地基的附加应力,从而达到减小差异沉降的目的,这些都涉及软土地基处治优化选择的问题。

对软土地基进行处治时,根据不同的地质条件确定合理的处理方法是地基处治效果的关键。软土地基可以大致分为三种类型:地表软土厚度小于 2 ~6m 的地基,采用换填法处理或浅层处理即可彻底解决问题;软土厚度在 6 ~10m,或在堤脚存在大片水塘时,可选择深层搅拌桩或塑料排水固结法处理。降水深度大于 0.5m 者,应在选择防渗流措施后方能进行后续方案的施工,具体方案应比选后确定,可选用预应力疏桩或深层搅拌桩复合地基处理;软土厚度大于 8 ~10m 时,首选控沉疏桩、CFG 桩或轻质填料等方案进行比选后确定。不同的处理方法具有各自的局限性,并且新老路软土地基不同处理方法组合路堤变形不同。

由于浅层软土地基(软土厚度小于 2 ~6m)处治相对简单,而深厚软土地基(软土厚度大于 8 ~10m)受各处治方法的限制,目前方法不是很多。前文已对控沉疏桩复合地基方法作用机理等进行了分析,因此,仅对第二种软土地基上进行加宽工程时的情况进行研究,一些结论可为工程设计软土地基处治方法优选作参考。涉及的软土地基处理方法有塑料排水板固结法和粉喷桩法,同时,还考察了采用轻质路堤填料、但不进行软土地基处理时的情况。

6.2.1 模型简化分析

(1)塑料排水板有限元计算简化

塑料排水板有限元计算简化可分为两步:先把排水板等效为砂井;再把砂井等效为砂墙。

塑料排水板的作用原理和设计计算方法与普通砂井排水法相同,在计算时,将塑料排水板换算成相当直径的砂井。换算直径 D_e 按下式计算[23]:

$$D_e = \alpha \frac{2(b+\delta)}{\pi} \tag{6.2}$$

式中:b——塑料板的宽度;

δ——塑料板的厚度;

α——换算系数,可通过试验得到。

从目前的许多现场试验资料看,施工长度 10m 左右,挠度在 10% 以下的排水板,α 值在 0.6 ~0.9;对标准型即宽 $b = 100$mm,$\delta = 3 \sim 4$mm 的塑料排水板,取 $\alpha = 0.75$,这样 $D_e = 50$mm。

砂井地基实际上是典型的三维固结问题,严格地讲,应该用三维有限元进行计算,但是由于三维有限元分析本身的工作量巨大,若再加上密集的砂井,会使计算变得更加复杂。目前,有限元计算中对砂井的处理主要有两种方法,一种是将三维的砂井系统根据处理前后地基平均固结度相等或同一深度处的平均孔压保持不变的原则，等效为砂墙，进而按照平面应变问题处理，这种等效方法只要调整渗透系数即可，对砂墙的间距可根据网格划分的需要任意取值[24-28]。但是该方法仍然较为复杂，不易在工程中推广应用。Jin-Chun Chai 等[29-32]等根据固结度等效的原则，得出与砂井等效的竖向渗透系数，将用砂井加固的地基简化成渗透系数较大的天然层状地基进行计算。等效均质地基竖向渗透系数 k_v' 为：

$$k_v' = \left(1 + 2.67\frac{l^2}{D_e{}^2\mu}\frac{k_h}{k_v}\right)k_v, \mu = \ln\frac{n}{s} + \frac{k_h}{k_s}\ln(s) - \frac{3}{4} + \pi\frac{2l^2 k_h}{3q_w} \tag{6.3}$$

$$n = D_e/d_w$$

$$s = d_s/d_w$$

式中：　l——排水板长度；

D_e——单井影响直径，如果排水板正方形布置，$D_e/2 = 0.564S_P$，如果三角形布置，$D_e/2 = 0.564S_P$；

S_P——排水板间距[33]；

k_h、k_v、k_s——分别为土体水平渗透系数、竖向渗透系数和涂抹区水平渗透系数；

d_w——井径；

d_s——涂抹区直径；

q_w——塑料排水板或砂井通水能力。

对于多层土地基，可以根据上述方法分别得出砂井深度内每层土的等效渗透系数。若地基表面透水，底面不透水，砂井打设深度为 l，各层土水平向渗透系数、竖向渗透系数分别为 k_{hn}、k_{vn}，则各层等效竖向渗透系数分别为：

$$k_v' = \left(1 + 2.67\frac{l^2}{D_e{}^2\mu}\frac{k_{hn}}{k_{vn}}\right)k_{vn} \tag{6.4}$$

式中，其他参数同式(6.3)。

对于砂井未完全打穿该层土情况，其排水路径长度取为砂井长度，即该层土(砂井加固深度内)等效渗透系数如式(6.4)所示，砂井深度以下土体仍采用原来的渗透系数。

经过如此简化，砂井加固区土体等效为无砂井的天然层状地基，可用得出的等效渗透系数进行平面或三维有限元分析。本节采用该方法进行排水板地基的相关计算。

(2)桩复合地基有限元计算简化

桩复合地基沉降计算研究是复合地基理论中一项非常重要的研究内容。近年来，对桩复合地基变形性状进行了大量的研究[34-36]，常采用有限元法。

桩复合地基采用三维模型进行分析时，要考虑土单元，桩单元，以及路堤单元等,若计算长度取加固段长 100m,则计算单元至少超过 5 ~ 10 万个,若单元为 4 节点,则数组至少为 20 ~ 40 万个。这个计算量是非常大的,在一般的 PC 机中很难实现,同时由于数组巨大,容易导致数组的畸形和计算的不收敛。因此,在计算中,通常简化为平面应变模型进行计算,计算数组也可以大大减小。

在简化计算中,一般保持桩身直径和桩间距保持不变,通过对桩身强度和渗透系数等参数的折减来达到预期目标。如果在平面数值模拟计算中不进行参数的折减,则桩体沿里程号方向将形成一条条强度很高、渗透性很小的墙体。这样模拟出来的结果与实测结果将会有很大的差异。邓永锋[37]假定等效桩体均匀受压,土体、桩和等效桩体在竖向具有相同的压缩应变,得到平面简化时等效桩体模量为:

$$E_c = \left(1 - \frac{D}{d}\right)E_s + \frac{D}{d}E_p \tag{6.5}$$

式中:D——桩径;

d——桩间距;

E_s——土体变形模量;

E_p——桩的弹性模量;

E_c——等效桩体的模量。

渗透系数为:

$$k_{pz}^{cal} = \left(1 - \frac{1}{2d}\right)k_{sz}, k_{px}^{cal} = \left(1 - \frac{1}{2d}\right)k_{sx} \tag{6.6}$$

式中:k_{pz}^{cal}、k_{px}^{cal}——分别为等效桩体的竖向和水平渗透系数;

k_{sz}、k_{sx}——分别为土体的竖向和水平渗透系数。

6.2.2 计算工况及参数

计算选取的断面地质参数同第 3 章,对于软土地基取第 1 ~4 层土层进行计算,第 4 层下为基岩,不发生变形和透水,其他模型参数同第 3 章。根据沪宁高速公路不同深度软土地基的处治方法和各种处治方法的局限性,对软土地基分别选取如表 6.5 所示方案进行对比分析。计算模型如图 6.28 所示。图 6.29 给出了 DP 工况时的计算模型示意图。

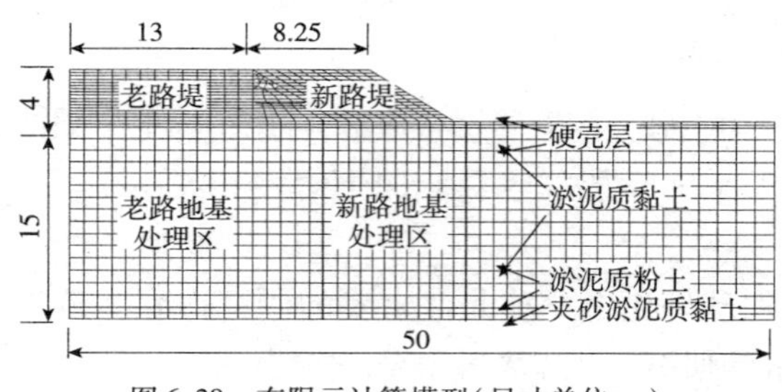

图 6.28 有限元计算模型(尺寸单位:m)

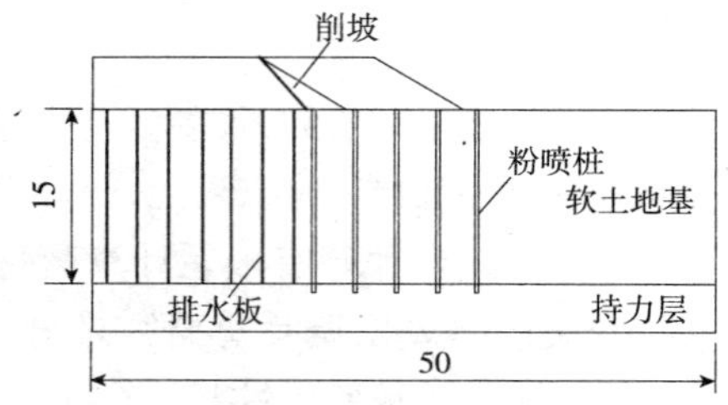

图 6.29 DP 工况计算模型示意图(尺寸单位:m)

计 算 工 况　　表 6.5

老路处治方法	新路处治方法	代码	老路处治方法	新路处治方法	代码	老路处治方法	新路处治方法	代码
未处治	未处治	UU	塑料排水板	未处治	DU	粉喷桩	未处治	PU
	塑料排水板	UD		塑料排水板	DD		塑料排水板	PD
	粉喷桩	UP		粉喷桩	DP		粉喷桩	PP
	EPS 填料	UE		EPS 填料	DE		EPS 填料	PE

注:P(pile)-桩;D(drain)-排水;E(EPS)-轻质路堤填料。

塑料排水板三角形布置,间距 1.5m,在软土地基中打设深度 15m,其他参数按本章参考文献[18-30]取值,如表 6.6 所示。根据式(6.3)和式(6.4)可得软土地基排水板打设深度范围内各土层等效竖向渗透系数放大系数,其值分别为 7.366、18.934、18.445 和 19.169。

塑料排水板有关参数　　表 6.6

d_w(mm)	S_P(m)	D_e(m)	l(m)	n	s	k_h/k_s	q_w($m^3 \cdot a^{-1}$)
70	1.5	1.575	15	22.5	6	5	100

粉喷桩正方形布置,间距 1.3m,桩径 0.5m,桩长 11.2m,根据前文的简化原则,折减后的桩体模量为 70MPa,渗透系数 $k_x = k_y = 2.5 \times 10^{-7}$ cm/s;泊松比为 0.25,重度为 25.0kN/m^3。EPS 轻质填料弹性模量 E 为 3.5MPa,泊松比 μ 为 0.1,重度 γ 为 0.2kN/m^3,渗透系数 $k_x = k_y = 4.2 \times 10^{-4}$cm/s。

6.2.3 结果分析

(1)新老路基工后沉降变形

由计算可知,加宽前老路已经稳定,其下软土地基土体固结完成,随距老路中心线距离增加,土体强度降低。因此,新路堤修筑时,软土地基土体强度的不均匀性必然在新老路堤之间产生差异沉降,并且,老路堤在自重和多年车辆荷载作用下,强度提高,压缩性降低,压缩性高的新路堤会加剧差异沉降的产生。差异沉降反映到路表,将改变道路的横坡比,影响行车舒适性。

图 6.30 给出了老路软土地基塑料排水板处理时的新老路基加宽工后沉降(加宽后 15 年相对于加宽完成后的沉降)曲线,图中 L 为距道路中心距离,S 为沉降量。从图中可看出,新老路堤表面工后沉降基本呈“马鞍形”分布,在老路堤中心最小,新路堤中心位置最大。这一变形规律与现场观测资料一致(图 6.31),贾宁[14] 和 A G. I. Hjortnæs-Pedersen[38] 也得出了同样的结论,表明了本文数值计算的正确性。现行《公路路基设计规范》(JTG D30—2004)对新建的不同等级公路一般路段、桥头、通

道处的工后沉降进行了规定，所指位置为沉降量最大的道路中心处，而对于加宽工程，由图6.31可知，沉降最大点基本在新路堤中心位置，因此，在进行加宽工程地基处理设计时，应以此点作为工后沉降控制点。同时，新路采用复合地基和轻质路堤时工后沉降量较小，而不处理时工后沉降最大。其他工况的工后沉降规律与之类似。

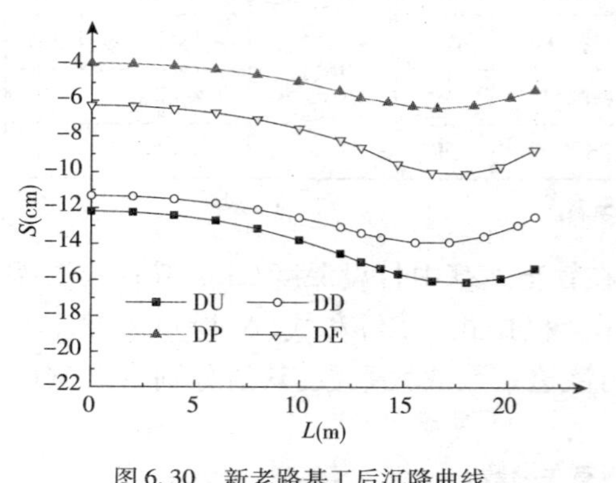

图6.30　新老路基工后沉降曲线

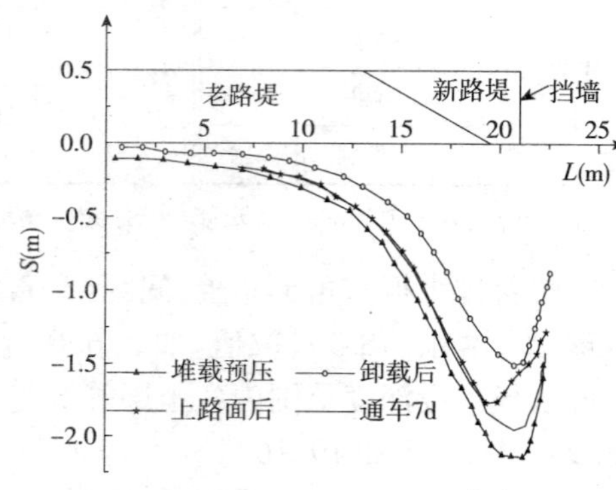

图6.31　实测沉降变化规律[22]

图6.32给出了不同地基处理时新老路基加宽工后坡差(最大差异沉降与道路半幅宽度的比值)的变化曲线。从图中可看出，除了老路和新路软土地基都不处理时坡差较大，为0.32%外，其他情况下新老路基坡差变化不大，基本在0.1%～0.25%之间。从而表明，新老路基工后沉降坡差对地基处理方式不敏感，不是选择地基处理方式的主要控制因素，并且相同新路处理方式下，老路软土地基不处理和排水处理时新老路基坡差基本一致，这是因为排水固结只是加快了软土固结速度，并没有改变软土地基内的应力分布，对沉降量影响不大。

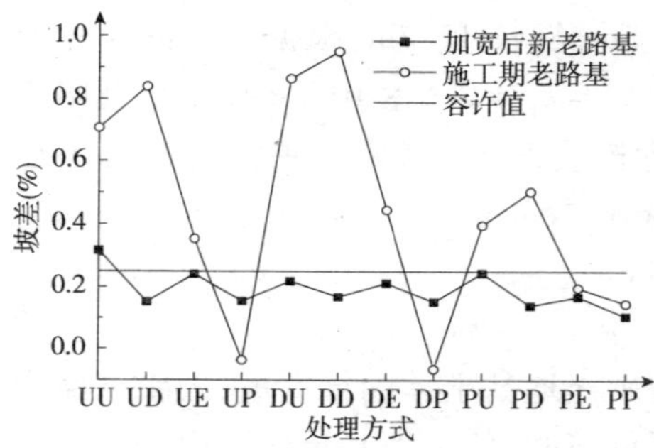

图6.32　不同处理方式时的道路坡差

(2)施工期老路基沉降变形

目前，我国的加宽工程中，很多老路一直承担交通荷载，因此，除了控制新老路基工后沉降外，还应考察不同地基处理方式对加宽施工期老路的影响。图6.33给出了老路软土地基不处理时加宽施工期老路堤表面沉降曲线，图6.34为位移矢量图，其他工况变形规律一致。从图6.33的沉降曲线和图6.34的位移矢量方向可知，除新路采用复合地基外，在加宽荷载作用下，老路沉降呈中心小、路肩处大的反“弯沉盆”形分布。这是由于固结使得老路软土地基强度提高，沉降趋于稳定，而新路软土地基在加宽荷载作用下沉降较大,对老路产生拖曳作用所致。而新路采用复合地基时,软土地基强度大大提高,加宽荷载作用下地基沉降减小,甚至小于加宽荷载导致的老路沉降,施工期老路表面沉降呈“弯沉盆”形分布。

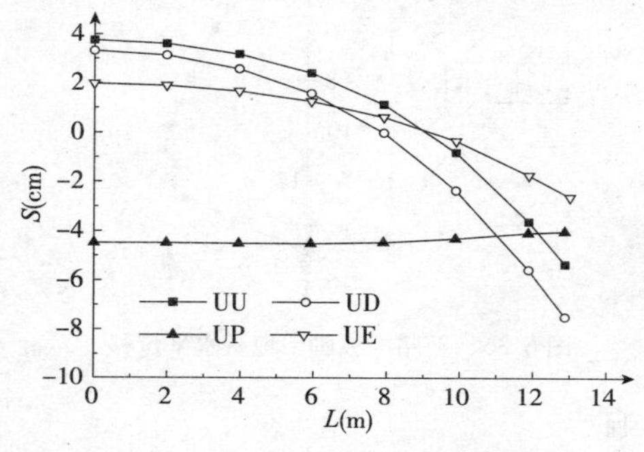

图 6.33 加宽施工期老路表面沉降

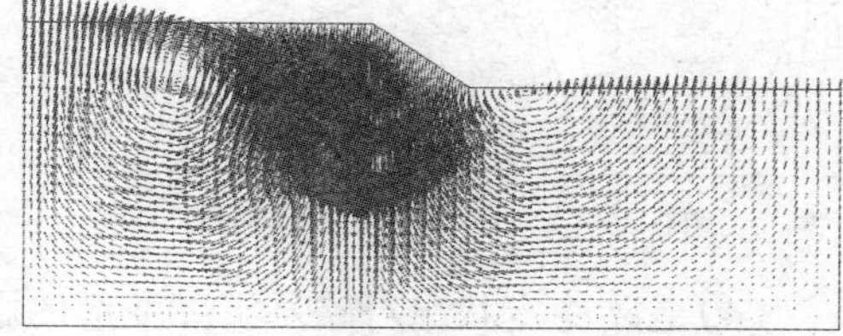

图 6.34 加宽施工期沉降矢量图

图 6.33 表明,新路不同处理方式对施工期老路表面沉降影响很大,采用复合地基或轻质路堤对老路的扰动最小,采用排水固结法处治对老路扰动最大。此时,老路路基差异沉降(老路路肩与道路中心之间)达 10.92cm,坡差(老路路基差异沉降与道路半幅宽度的比值)为 10.92cm/13m = 0.84%,远远超过加宽工程施工期老路所允许的最大坡差 0.25%[41],必然导致老路路面的开裂,这是加宽工程中常见的病害之一[42]。

为进一步考察新老路软土地基不同处理方式对老路的影响,图 6.32 给出了各种工况下施工期老路坡差变化曲线。从图中可知,无论老路软土地基如何处治,新路不处治或排水固结处理,加宽施工将对老路带来很大扰动。其中,新路软土地基排水固结处理对老路的扰动最大,而新路采用复合地基对老路的扰动最小,轻质路堤次之。因此,价格低廉、施工速度较快、在新建道路中广泛使用的排水固结法在加宽工程新路软土地基处治中应慎用。

(3)水平位移

图 6.35 为 UU 时地基内水平位移等势线图。从图中可知,加宽荷载的作用在新路基下软土地基内产生两个方向相反的水平位移集中区。老路软土地基向道路中心流动,新路软土地基浅层因新路堤的刺入向道路中心流动,深层向道路外侧流动,图 6.36 中新路基左(L)、右(R)坡脚下各深度处的水平位移也显示了这一规律。若能限制软土地基的横向流动,将会大大降低新路堤荷载对老路的影响[43]。同时,根据软土地基内水平位移集中区埋深情况,新路堤右侧坡脚的隔离墙应有足够深度,而左侧隔离墙可以较浅。对于特定工程,隔离墙深度根据计算确定。

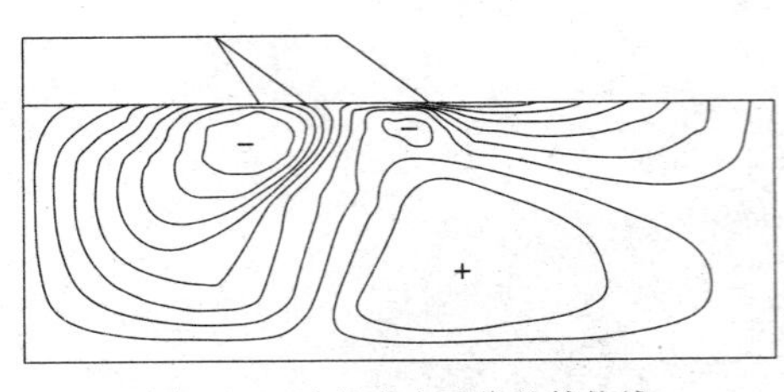

图 6.35　地基内水平位移等势线

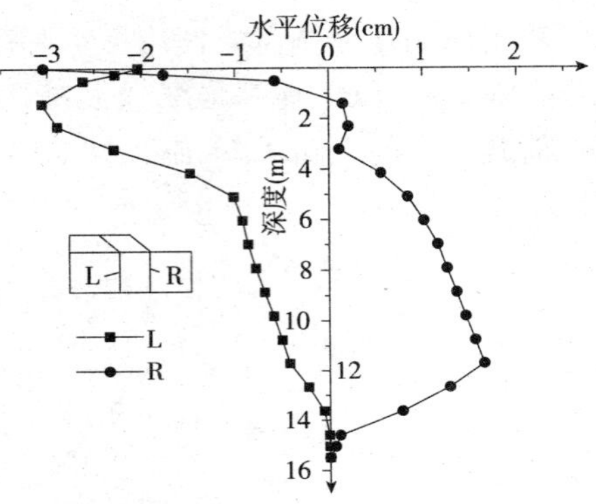

图 6.36　新路堤坡脚下地基水平位移

(4)老路稳定状况对路基沉降变形的影响

图 6.37 给出了 DD 工况时新老路基工后沉降曲线，其中，1.0U 表示完全固结，0.8U 表示固结度为 80%，其他类推。从图中可看出，随老路固结度完成，工后沉降变小，并且老路固结度大于 70% 时，其固结状态对新老路基工后沉降影响降低。

图 6.38 为老路不同固结状态时加宽后新老路坡差(0.4% 坡差线以下曲线)和施工期老路坡差(0.4% 坡差线以上曲线)，由于 DP 工况时施工期老路坡差变化很小，不予考虑，也表明新路采用复合地基时老路施工期沉降变形受其固结状况的影响较小。从图中可看出，同一固结度下施工期老路坡差从大到小均依次为 DD→DU→DE，表明老路稳定状况对不同地基处理方式时的施工期老路坡差影响规律一致。随老路固结度增加，施工期老路坡差减小，当固结度大于 70% 后，坡差对固结度的敏感性降低。此外，不同固结度下新老路基工后坡差较小，基本在 0.2% 以下。因此，老路固结状态对施工期老路影响较大，对新老路基影响较小，并且当固结度大于 70% 时，老路固结状态的影响降低。

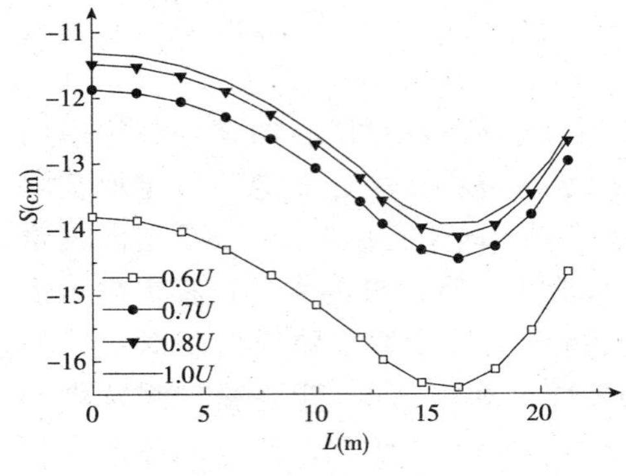

图 6.37　老路不同固结度时新老路工后沉降

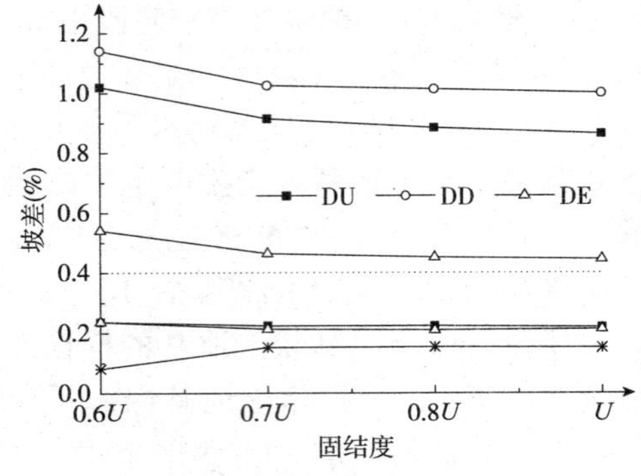

图 6.38　老路不同固结度时道路坡差

(5)填筑速率对路基沉降变形的影响

为考察新路基填筑速率对道路的影响,分析了 DD 工况下新路基 1 次填筑、2 次填筑和 4 次填筑时,新老路基工后沉降和加宽施工期老路沉降。研究发现,工后沉降变化规律与图 6.31 一致;路基分层填筑可以显著降低新老路堤工后沉降。三种填筑方式最大沉降分别为 20.0cm、18.5cm 和 16.4cm。同时,图 6.39 给出了加宽施工期老路沉降。从图中可看出,分层填筑大大减小了老路中心的隆起量和坡差,隆起量从 8.8cm、4.8cm 降到了 1.7cm,坡差从 1.3%、1.09% 降到了 0.95%。因此,新路堤分层填筑可以使软土地基内超孔压消散,强度增长,降低新老路的工后沉降量,减小对施工期老路的扰动。

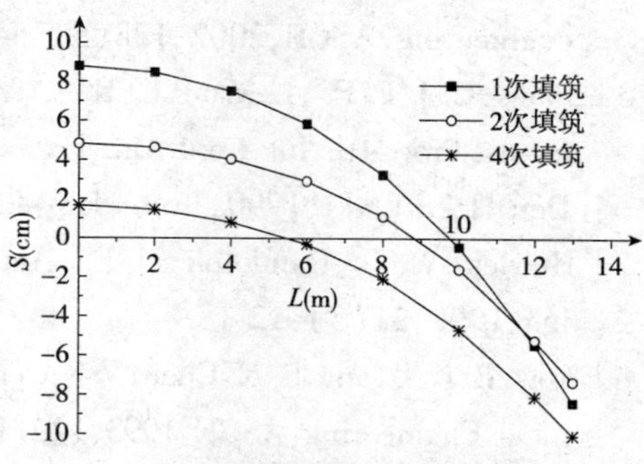

图 6.39　不同填筑速率时施工期老路沉降

6.3　本章小结

目前,控沉疏桩复合地基在高速公路加宽工程中的应用越来越广泛,深入分析其工作性状,并基于此开展优化设计,从而既节约造价,又能达到使用要求。此外,在加宽工程中,无论老路采用何种处理方式,建议新路采用复合地基(粉喷桩)和轻质路堤填料,而尽量不采用塑料排水板处理。这是因为,尽管塑料排水板法能减小新老路堤工后差异沉降,但加大了施工期老路表面差异沉降,严重时导致老路面开裂,这对于加宽施工期老路仍承担交通荷载的加宽工程非常不利。

本章参考文献

[1] A. N. G. Van Meurs, A. Van Den Berg, et. Embankment widening with the gap-method [J]. Geotechnical engineering fortransportation infrastructure, Balkema, Rotterdam, 1999:1133-1138.

[2] 何通海. 高速公路改扩建工程软土地基段新旧路基间的衔接技术[D]. 大连:大连理工大学,2003.

[3] 苏阳. 广佛高速公路扩建工程软机路段施工简介[J]. 水运工程,2001,2:51-58.

[4] 陈海珊,胡永深. 广佛高速公路加宽工程的软基处理[J]. 广东公路交通,1998,3:47-50.

[5] Han J, Gabr M A. Numerical Analysis of Geosynthetic-Reinforced and Pile-Suppor-

ted Earth Platforms over Soft Soil[J]. Journal of geotechnical and geoenvironmental engineering, ASCE, 2002, 128(5): 44-53.

[6] Jones, C. J. F. P., Lawson, C. R., Ayres, D. J.. Geotextile reinforced piled embankments. Proc. 4th Int. Conf. On gextextiles: Geomembranes and related production, Den Hoedt(ed), 1990, Rotterdam: Balkema: 155-160.

[7] Hewlett, W. J., Randolph, M. F.. Analysis of piled embankments. Ground Engineering, 1998, 21(3): 12-18.

[8] Low, B. K., Tang, S. K. Chao, V.. Arching in piled embankments. Journal of Geotechnical Engineering, ASCE, 1993, 120(11): 1917-1938.

[9] 陈云敏. 桩承式路堤土拱效应分析[J]. 中国公路学报, 2004, 17(4): 1-6.

[10] 饶为国, 赵成刚. 桩-网复合地基应力比分析与计算[J]. 土木工程学报, 2002, 35(2): 74-80.

[11] 饶为国, 江辉煌, 侯庆华. 桩-网复合地基工后沉降的薄板理论解[J]. 水利学报, 2002, (4): 23-27.

[12] 刘吉福. 路堤下复合地基桩、土应力比分析[J]. 岩石力学与工程学报, 2003, 22(4): 674-677.

[13] 沈伟, 池跃军, 宋二祥. 考虑桩、土、垫层协同作用的刚性桩复合地基沉降计算方法[J]. 工程力学, 2003, 20(2): 36-42.

[14] 贾宁. 软土地基高速公路拓宽的沉降特性及处理研究[D]. 浙江: 浙江大学大学, 2004.

[15] 陈仁朋, 许峰, 陈云敏, 贾宁. 软土地基上刚性桩-路堤共同作用分析[J]. 中国公路学报, 2005, 18(3): 7-13.

[16] J. G. Collin, C. H. Watson, and J. Han. Column-Supported Embankment Solves Time Constraint For New Road Construction[J]. Geo-Frontiers 2005 January 24-26, ASCE, 2005, Austin, Texas: 1-10.

[17] P. J. Naughton, G. T. Kempton. Comparison of Analytical and Numerical Analysis Design Methods for Piled Embankments[J]. Geo-Frontiers 2005 January 24-26, ASCE, 2005, Austin, Texas: 11-20.

[18] Reinaldo Vega-Meyer, Yong Shao. Geogrid-Reinforced and Pile-Supported Roadway Embankment[J]. Geo-Frontiers 2005 January 24-26, ASCE, 2005, Austin, Texas: 11-20.

[19] 王斌. 高速公路拼接段沉降变形特性及地基处理对策研究[D]. 南京: 河海大学, 2004.

[20] 费康. 现浇混凝土薄壁管桩的理论与实践[D]. 南京: 河海大学, 2004.

[21] Russell D, and Pierpoint N. An assessment of design methods for piled embankments[J]. GroundEng, 1997, 30(11):39-44.

[22] 江苏省沪宁高速公路扩建工程指挥部,江苏省交通基础技术工程研究中心．沪宁高速公路扩建工程软土地基沉降控制标准与处理技术研究[R]. 2005.

[23] 地基处理手册编写委员会．《地基处理手册》第二版．北京:中国建筑工业出版社,2000. 9:55-141.

[24] 陈小丹,赵维炳．考虑井阻和涂抹的砂井地基平面应变等效方法分析[J]. 岩土力学,2005,26(4):567-571.

[25] 陈小丹,李建平,赵维炳．真空预压有限元计算方法研究[J]. 河海大学学报,2005,33(4):455-458.

[26] 赵维炳,陈永辉,龚友平．平面应变有限元分析中砂井的处理方法[J]. 水利学报,1998,6:53-57.

[27] 姜弘,沈水龙,等．塑料排水板处理的软土地基的分析[J]. 岩土力学,2004(增):437-440.

[28] 赵维炳,雷国辉,等．土工织物加筋与塑料板排水联合加固软基的计算方法研究[J]. 岩土工程学报,1998,20(3):61-65.

[29] Jin-Chun Chai, Shui-Long Shen etc. Simple Method of Modeling PVD-Improved Subsoil[J]. Journal of Geotechnical and Geoenvironmental Engineering, ASCE, 2001:965-972.

[30] Jin-Chun Chai, Norihiko Miura. Investigation of Factors Affecting Vertical Drain Behavior[J]. Journal of Geotechnical and Geoenvironmenial Engineering, ASCE: 1999:216-226.

[31] 李豪,高玉峰,等．真空—堆载联合预压加固软基简化计算方法[J]. 岩土工程学报,2003,25(1):58-62.

[32] 房后国,王常明,程祖锋．排水固结法加固软基变形简化计算分析[J]. 工程地质学报,2005,13(1):567-571.

[33] 赵维炳,施健勇．土体沉降与固结[M]. 南京:河海大学出版社,1997.

[34] 段继伟．柔性桩复合地基的数值分析[D]. 杭州:浙江大学,1993.

[35] 杨涛．复合地基沉降计算理论、位移反分析模型和二灰土桩软基加固实验研究[D]. 南京:河海大学,1997.

[36] 宋修广．水泥粉喷桩的理论研究与分析[D]. 南京:河海大学,2000.

[37] 邓永锋．水泥土搅拌桩桩土相互作用理论与应用研究[D]. 南京:东南大学,2005.

[38] A. G. I. Hjortnæs-Pedersen, H, Broers. The behaviour of soft subsoil during con-

struction of an embankment and it swidening. Proc. Centrifuge 94[C]. Balkema, Rottredam, 1994:567-574.

[39] Vos, E. , J. F. Couvreur, M. Vermaut. Comparison of numerical analysis with field data of a road widening project on peatysoil. Proc. International Workshop: Advances in understanding and modeling the mechanical behavior of peat[C]. Balkema, Rotterdam, 1994:267-274

[40] 桂炎德. 高速公路拓宽设计方法初探[J]. 公路, 2004, 7:59-64.

[41] Juha Forsman, Veli-Matti Uotinen. Synthetic reinforcement in the widening of a road embankment on soft ground[J]. Geotechnical engineering for transportation infrastructure, Balkema, Rotterdam, 1999:1489-1496.

第 7 章　加宽工程差异沉降控制指标及标准研究

软土地基上道路工程中差异沉降控制标准，分为施工期动态控制标准和工后的静态控制标准。施工期动态控制标准主要从沉降速率和保证路堤稳定性两个方面进行研究，即沉降速率的控制标准，这是保证路基拼接施工稳定的关键。由于不同道路工程，地质条件千差万别，动态控制标准应根据实际工程中的沉降观测合理确定。静态控制标准即对加宽工后路基变形的控制标准，以防止路基出现过大的变形导致失稳或致使路面开裂。通过软基上高速公路加宽工程中动、静控制标准的综合应用，不但可保持路基拼接时的安全与稳定，而且能使加宽工后设计服务年限年内不产生过大的变形。

对已有理论成果和实体加宽工程分析后发现，不但差异沉降控制指标没能很好体现软基上加宽工程变形的特殊性，而且已有的控制标准差异较大，在 0.15% ~ 0.5% 之间变化[1-4]。因此，在对加宽工程新老路基变形特性分析之后，本章基于加宽工程路面的功能和结构要求，提出其差异沉降的控制指标和标准，并与现有成果进行对比，验证其合理性。

7.1　加宽工程差异沉降指标的建立

软土地基上高速公路加宽工程中新老路基间必然存在差异沉降，差异沉降过大时，将导致新的路面结构产生结构性破坏，进而影响路面的使用性能。因此，应将加宽工程新路面结构的工后最大差异沉降（相对于加宽完工后的沉降）作为加宽工程差异沉降的一个控制指标。

同时，根据第 6 章的分析可知，当新老路软土地基均采用塑料排水板处理时，加宽施工期老路堤表面沉降呈老路堤中心小、老路肩处大的反“弯沉盆”分布，差异沉降非常大，达 12.91cm，横坡比为 12.91cm/13m = 0.99%，远远超过新建道路 0.5% 的差异沉降标准[5]。考虑加宽施工期老路一直承担交通荷载，加宽施工必然会对老路面产生不利影响，严重时影响交通的正常运营。因此，加宽工程不同于新建工程，除了新路面结构的容许差异沉降外，还应选取加宽施工期老路的最大差异沉降作为加宽工程的控制指标。

因此，对于加宽工程，应建立加宽施工期老路最大差异沉降和加宽工后新路最大差异沉降两个指标。

7.2 高等级公路加宽工程路面功能要求分析

在软土地基上修筑高等级公路，不可避免地会产生一定量的沉降，为满足设计高程，其纵坡、横坡、平整度的变化，不应超出公路等级规定的技术标准；否则，纵向坡度的变化，会使原设计的纵断面凹凸不平，使公路曲线不顺，引起行车不畅。横向坡度的变化，亦会使路面上的雨水不能排出，影响路面的使用。再则差异沉降会引起路面的不平整，影响汽车的行驶质量，降低服务水平。根据 AASHTO 试验路设计指南，路面的平整度与现时服务指数 *PSI* 关系最大，所以，路面的平整度越差，服务水平越低。本节将从公路路面功能要求着手分析，得出在保证满足路面功能要求的前提下，加宽工程路基容许发生的差异沉降[2,5]。

7.2.1 高等级公路加宽工程的纵坡要求分析

由差异沉降而引起的纵坡度变化，不应超出公路等级规定的技术标准。《公路工程技术标准》(JTG B01—2003)规定的不同设计速度下最大纵坡限制如表 7.1 所示。高速公路加宽前后道路纵坡都必须满足其要求。从表 7.1 中可知，各设计速度之间仅相差 1%。因此，高速公路加宽设计公路纵坡时，考虑地基沉降而降低纵坡标准不得超过 1%；否则，会降低公路等级。由于地质条件的复杂性，同时也考虑其他一些不利因素，建议以 0.5% 的变坡作为由于软土地基差异沉降所引起的坡度变化容许值。

最大纵坡　　表 7.1

设计速度(km/h)	120	100	80	60	40	30	20
最大纵坡(%)	3	4	5	6	7	8	9

7.2.2 高等级公路加宽工程的横坡要求分析

设计横坡的目的是及时将降水排出路面，以保证行车安全。差异沉降发生后，路面结构的横坡不应超过公路等级规定的标准。通常，在路基横断面方向，土层的性质变化不大，因此，可以认为路基的差异沉降主要是由其自重引起的。但是在高速公路加宽工程中，老路地基在老路堤荷载作用下固结过程几乎完成，而加宽部分地基在加宽部分路堤作用下将发生较大的固结沉降，路基的横向沉降不同于新建道路的沉降盆，典型的加宽工程沉降曲线如图 7.1 所示。可见加宽工程完工以后，在路堤荷载作用下，地基的剩余沉降呈路中心最小、加宽路堤断面形心垂线位置最大的分布形式，从而使得路拱坡度不断增大。因此，在软土地基加宽工程设计路拱坡度时，如果采用较大值(2%)，随着加宽部分路基的固结，路拱坡度将不断增大，这虽然有利于路面排水，但是路拱坡度增大，却不利于行车安全，降低了道路等级；如果路拱坡度采用较小值(1%)，又不利于路面排水。同时，《公路工程技术标准》(JTG B01—2003)规定，六车道、八车道的高速公路宜采用较大的路面横坡。因此，高速公路加宽工程路拱坡度的设置可以采用中间值 1.5%。待沉降稳定后，路面横坡既有利于路面排水，又能够满足技术指标要求(不高于上限 2%)。由此可得横向坡差为 0.5%。

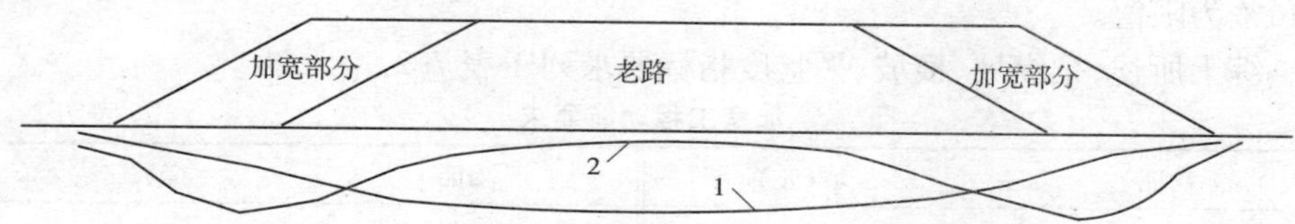

图 7.1　路基附加沉降分布示意图

1-老路基形成的沉降分布图；2-加宽形成的沉降分布图

7.2.3　高等级公路加宽工程的平整度要求分析

高等级公路，就是为了使汽车能够快速行驶，因而提高了社会经济效益。为了确保车辆能够高速行驶，必须满足许多条件。如平面线形中的平曲线，纵断面中的竖曲线，最大、最小纵横坡度的限制等。除此以外，还有一个非常重要的技术指标——道路的平整度。在一般的路面工程中，由于车速较低，因此对平整度也只是一般的要求。但对高等级公路，由于车速快，道路稍不平整，就会造成车辆的严重颠簸，行车舒适性降低，同时也会给驾驶员带来不安全感，迫使驾驶员减速，以至于达不到快速的目的。对于高等级公路的平整度各国都有较高的技术要求，但是标准并不统一，而且测量平整度的仪器也多种多样，如反应类平整度仪(美国的 PCA 平整度仪、May 平整度仪等)、断面类平整度仪(美国的 GMR 断面仪、法国的 APC 惯性断面仪)。由于道路的复杂性，各种仪器测定的指标不易相互转换和比较。因此，平整度这个对道路的服务性能有极大影响的指标很难统一规定。在国内有规定：高速公路、一级公路路面完工后 $\delta \leqslant 1.5$(δ 为平整度测定的标准偏差)，其他公路路面 $\delta \leqslant 2.5$；如果采用国际平整度指数 *IRI*，高速公路、一级公路路面完工后 $IRI \leqslant 2.5$m/km，其他公路路面 $IRI \leqslant 4.2$m/km。周虎鑫[6]采用了 3m 直尺，而《公路(JTG F80/1—2004)质量检验评定标准》工程对高速公路、一级公路未作规定，只是对其他公路规定为不平整度不得超过 5mm/3m。这个指标是针对新建道路而言，只是为了检验工程的施工质量，并不是在道路使用期间的平整度指标。鉴于目前我国的情况，参照机场道面的有关规定，根据《民用机场飞行区技术标准》(MH 5001—2006)道面的平整度用 3m 直尺对除变坡处以外的任何方向及位置检查新路面，直尺与表面间隙不得大于 3 mm；对已使用的路面，直尺与表面间隙应不大于 10mm，并且不积水，考虑到“平战”结合，世界上许多国家在高等级公路上可直接起降飞机。因此，可以利用机场跑道的平整度指标作为高等级公路的平整度指标[6]。在路面使用期间，平整度变坡为：

$$(10-3)/(3\,000/2)\approx 0.46\% \tag{7.1}$$

式中的 3 000 代表检测平整度的 3m 直尺。

高速公路加宽完工以后，使用期限内的平整度因沉降产生的变坡要求可以取 0.46% 为限值。

综上所述，把纵坡、横坡、平整度指标要求列于表 7.2。

加宽工程功能要求 表 7.2

功能	变坡(%)	功能	变坡(%)
纵坡要求	0.5	平整度要求	0.46
横披要求	0.5		

从表 7.2 可知，平整度对差异沉降指标要求最严，因此，把较严格的限值作为路面功能指标要求。考虑地基的复杂性，取 0.4% 的差异沉降坡差作为高等级公路加宽工程路面功能要求，即在不影响路面功能的条件下，可以容许 0.4% 的沉降坡差。

7.3 高等级公路加宽工程路面结构要求分析

软土具有高塑性、高含水率、低强度、低渗透性、高灵敏性、显著流变形等特点[7]，因而软土地基上进行高等级公路的加宽工程时，首先面临的问题是软土地基将发生固结和次固结沉降，而且这种沉降往往是不均匀的，显然，差异沉降的发生将会在路面结构内引起应力重分布和相对附加应力。如果这种附加应力和车辆荷载产生的荷载应力之和大于路面结构层的容许应力，则路面结构层将发生破坏，如路面的沉陷、纵向裂缝、翻浆等。有关资料[8]表明，软土地基上路基的差异沉降都使路面结构产生了较严重的早期破坏。然而，我国现行规范在路面设计时主要考虑了行车荷载的影响，没有考虑路基差异沉降所引起路面结构层的附加应力。

本节应用平面有限元理论对路基差异沉降引起的路面结构层中附加应力进行多层路面结构体系分析，从路基路面结构要求方面，求解软土地基上高速公路加宽工程中的容许差异沉降，以保证路面结构在使用年限内不发生结构破坏，确保路面的正常使用。

7.3.1 加宽工程路面结构要求分析的方法

计算时，考虑加宽工程工况的复杂性，很难根据实际工况进行路面结构施工的模拟，进而分析其在不同差异沉降下路面结构的内应力。而目前有关新建工程中，差异沉降在路面结构内引起的附加应力的分析表明，分析时将土基处理为半无限地基，增加了计算的复杂性，且数值分析表明[9]，不考虑土基与考虑土基计算出的基层最大拉应力结果非常接近，故可将路面结构层取出作为分析对象，不考虑土基。因此，计算加宽工程中差异沉降在路面结构内引起的附加应力实质为求解给定位移的结构内应力。该处理方法使得计算大大简化，且不失问题的合理性，因而在求解差异沉降引起的路面结构附加应力计算中被广泛采用[5,10]。本书中也采用该方法对加宽工程中路面结构内差异沉降引起的附加应力进行了分析。

计算中采用如下假定：

(1)路面各结构层为连续均质、各向同性线弹性材料，力学特性用弹性模量 E 和泊松比 μ 表征。

(2)路面各结构层在垂直方向完全连续，即路基不均匀沉降随使用时间缓慢增长，路面各结构层在交通荷载与自重作用下随之下沉，层间不会出现脱空现象；沥青面层、基层和底基层间为连续接触条件，考虑底基层材料与路基之间变形的不协调性，其层间处理为光滑接触条件。

(3)均匀的路基下沉对路面结构的影响不大，故只考虑差异沉降引起的附加应力。

(4)按平面应变问题分析。

7.3.2　加宽施工期老路路面结构要求分析

(1)加宽施工期老路差异沉降分布模式

从前文分析可知，加宽荷载作用下老路堤沉降呈反“弯沉盆”形分布，最大沉降发生在老路肩处，最小值位于老路中心位置，显然存在差异沉降。将沉降曲线进行平移，使顶点与坐标轴原点重合，可得到加宽施工期老路堤差异沉降曲线，进而分析差异沉降在路面结构内引起的附加应力。从图 7.2 可知，差异沉降可用式(7.2)拟合。

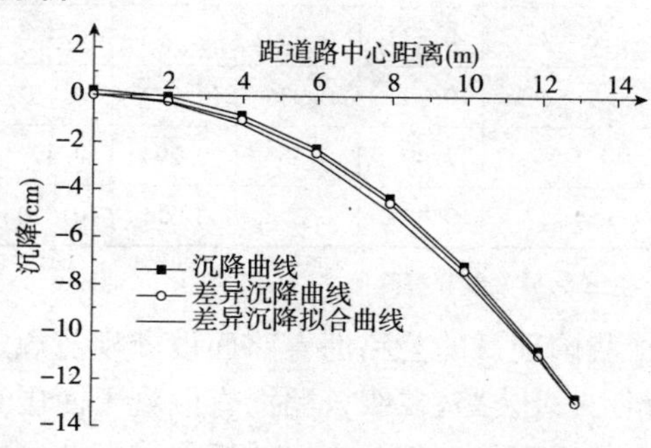

图 7.2　加宽施工期老路堤差异沉降分布及其拟合曲线

$$u_1 = -a\left(\frac{x}{l_1}\right)^2 \tag{7.2}$$

式中：u_1——老路在加宽施工阶段的差异沉降量(cm)；

a——最大差异沉降值(cm)；

l_1——老路堤宽度的一半(m)；

x——路堤表面各点坐标(m)。

(2)老路路面结构要求分析

沪宁高速公路原路面结构及结构层参数如表7.3所示。为安全考虑,模量取《公路沥青路面设计规范》(JTG D50—2006)规定的上限值;同时,考虑材料老化及水损坏等不利因素,各结构层抗拉强度取下限值。

沪宁高速公路老路面结构 表7.3

路面结构层	厚度(cm)	模量(MPa)	泊松比μ	抗拉强度(MPa)
沥青混凝土	16	2 000	0.25	0.7
二灰碎石	40	1 700	0.25	0.5
二灰土	20	900	0.35	0.2

根据式(7.2)编写子程序DISP1对路面结构进行分析,试算发现,面层和基层最大拉应力出现在道路两侧边缘内侧,为考虑轮载的影响,在道路最外侧施加轮载,以考虑最不利情况,其中荷载大小为0.7MPa,荷载作用范围$2r=2\times15.0$cm。应力计算结果如表7.4所示,应力计算时应考虑老路面被中央分隔带分开,从而确定符合实际情况的边界条件。

沪宁高速公路老路面结构应力计算结果(单位:MPa) 表7.4

位置 / a(cm)	沥青混凝土			二灰碎石			二灰土		
	4	10	16	26	41	56	62	69	76
6	0.373	0.307	0.243	0.406	0.233	0.018	0.016	0.013	0.013
7	0.393	0.335	0.277	0.462	0.268	0.022	0.019	0.016	0.016
7.5	0.403	0.354	0.294	0.491	0.285	0.023	0.021	0.017	0.017
8	0.423	0.373	0.311	0.520	0.302	0.025	0.022	0.018	0.018

注:a为最大差异沉降值。

我国现行的公路沥青路面设计规范规定,以设计弯沉值计算路面厚度,对高速公路、一级公路、二级公路沥青混凝土面层和半刚性材料的基层、底基层,应验算拉应力是否满足容许拉应力的要求。因此,这里对面层、基层和底基层拉应力进行验算。从表7.4可知,当最大差异沉降值$a=7$cm时,二灰碎石基层顶面最大拉应力为0.462MPa;最大差异沉降值$a=7.5$cm时,基层顶面最大拉应力为0.491MPa;二者都小于二灰碎石基层抗拉强度0.5MPa。面层和底基层拉应力远小于各自的抗拉强度。考虑老路路面结构材料老化、水损害等不利因素影响,其抗拉强度必将大大降低,尽管材料参数分别取模量的上限和抗拉强度的下限,仍不一定能完全反映现场的情况。因此,可取7cm作为老路面最大差异沉降容许值。也即是,当老路中心和老路肩的最大差异沉降小于 7cm 时，老路路面不会产生结构破坏。沪宁高速公路加宽工程实践表明，从加宽开始到施工至 96 区顶面，实际发生的沉降量已占总沉降量的 50% ~75%（前者适用于不处理和浅层处理情况，后者适用于疏桩处理情况）[11]。因此，保守考虑，可取加宽施工期老路面最大容许差异沉降为 7cm × 50% =3.5cm，此时，差异沉降坡差为 3.5cm/13m =0.27%，可取加宽施工期老路最大容许差异沉降坡差为 0.25%。

图 7.3 绘出了最大差异沉降 a 为 7cm 时老路路面拉应力分布曲线。从图中可以看出，底基层基本处于受压状态，面层和基层均受拉，并在道路边缘向内 1m 左右处拉应力达到最大值。因此，若新老路软土地基处治方式不合理，会使加宽施工期的老路产生很大的差异沉降，并在老路边缘内侧 1m 左右处产生最大的拉应力，从而使得该处产生拉裂破坏。同时，只要加宽施工期老路存在反“弯沉盆”形差异沉降，即使在铺筑新路面时对老路面进行整平，依然不能使老路面内的最大拉应力完全释放，在加宽完工后，当此处拉应力过大时，必然会导致路面开裂，并反射到路面表面，这也是为什么实际工程中发现拼接段的裂缝一般不出现在接缝处，而位于接缝向内 1 ~2m 的原因[1]。这种破坏形式在加宽工程中是很普遍的[12-13]。因此，在进行高速公路加宽时，应对新路软土地基进行合理的处治，进而降低老路路面拉裂的可能性，同时应在老路路肩处采取适当的措施，比如开挖一条纵向切口等[14]，对老路路面进行保护。

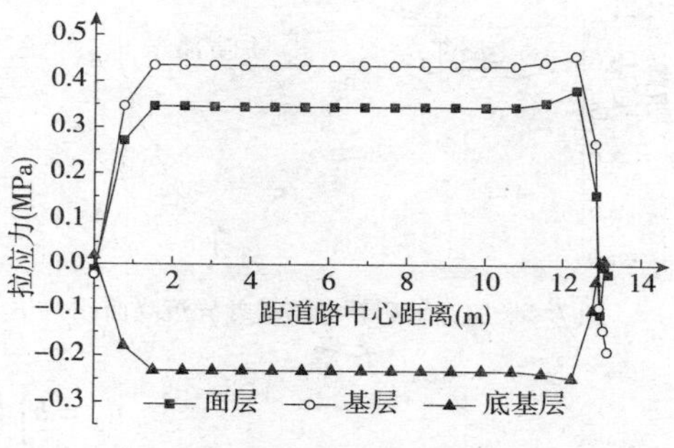

图 7.3 沪宁高速公路老路路面拉应力

7.3.3 加宽工后新路面结构要求分析

根据前文所述，加宽工程不同于新建工程，应建立两个差异沉降控制指标：加宽施工期老路最大差异沉降和加宽工后新路最大差异沉降。本节将沿袭加宽施工期老路最大差异沉降的分析思路，对加宽工程完工后新路的最大差异沉降进行结构分析。

（1）加宽工后新路差异沉降分布模式

由于加宽前老路基本处于稳定状态，加宽路堤的施工必然使老路承担偏心荷载，由于近荷载处道路沉降量大，远荷载处沉降量小，从而使得新老路堤表面沉降呈“马鞍形”分布，在老路堤中心最小，新路堤中心位置最大，加宽 8.25m 时的新老路路堤差异沉降如图 7.4 所示。前文对老路差异沉降进行了分析，本节将对加宽部分路面结构进行结构分析。

从图7.4可知，加宽部分差异沉降基本呈抛物线分布，并将A点与B点间差异沉降根据图7.5进行拟合，进而进行加宽部分路面的结构分析。加宽部分差异沉降可用方程(7.3)拟合。

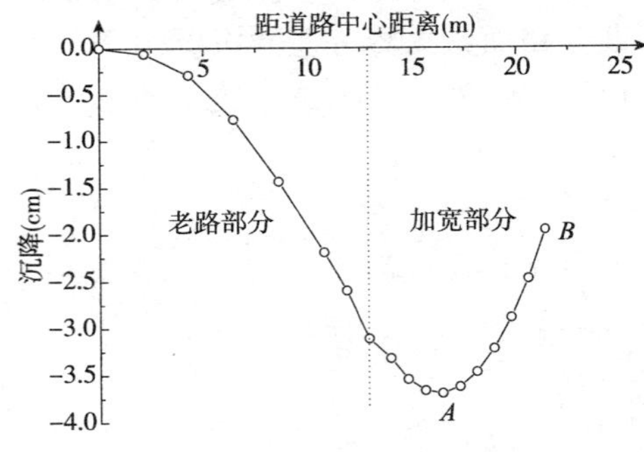

图7.4　加宽工后新老路堤差异沉降曲线

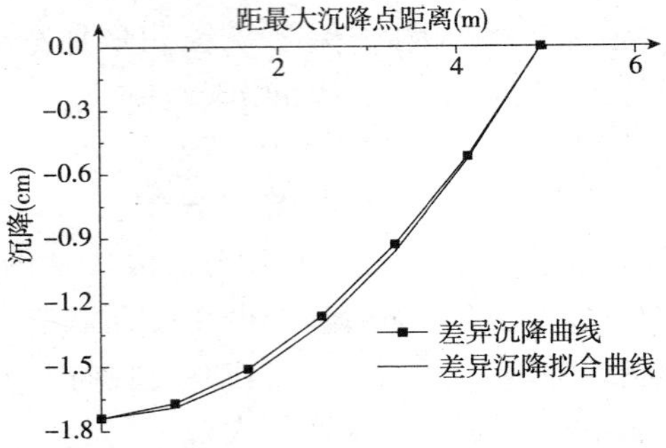

图7.5　加宽完工后新路堤差异沉降分布及拟合曲线

$$u_2 = b\left[\left(\frac{x}{l_2}\right)^2 - 1\right] \tag{7.3}$$

式中：u_2——老路在加宽施工阶段的差异沉降量(cm)；

b——最大差异沉降值(cm)；

l_2——新路肩与最大沉降点之间的距离(m)；

x——计算点距最大沉降点距离(m)。

(2)加宽路面结构要求分析

沪宁高速公路实体加宽工程采用了半刚性路面结构，为了充分利用原有老路刨铣下来的旧料，有的结构层采用旧料再生后进行铺筑，计算时路面结构中沥青混凝土面层模量取实测值[15]，其他参数根据《公路沥青路面设计规范》(JTG D50—2006)取值，路面结构及结构层参数如表7.5所示。

半刚性基层路面结构　　表7.5

路面结构层	厚度(cm)	模量(MPa)	泊松比μ	抗拉强度(MPa)
改性沥青SMA-13(玄武岩)	4	890	0.25	1.0
改性沥青SMA-20(石灰岩)	8	1 720	0.25	1.0
改性沥青SMA-25(石灰岩)	8	2 550	0.25	1.0
水稳碎石	40	2 500	0.2	0.6
水稳废料	20	300	0.2	0.2

我国现行的公路沥青路面设计规范规定，以设计弯沉值计算路面厚度，对高速公路、一级公路、二级公路沥青混凝土面层和半刚性材料的基层、底基层应验算拉应力是否满足容许拉应力的要求。因此，这里对面层、基层和底基层拉应力进行验

算。从表 7.6 可知,当最大差异沉降值 $a=1.0\mathrm{cm}$ 时,水稳碎石基层底面最大拉应力为 0.563MPa,小于其抗拉强度 0.6MPa。其他结构层层底拉应力均远小于各自的抗拉强度。因此,可取 1.0cm 作为加宽施工程新路面最大差异沉降容许值。也既是,当新路肩与最大沉降点的最大差异沉降小于 1.0cm 时,加宽工程新路面不会产生结构破坏。差异沉降为 1.0cm 时的沉降坡差为 1.0cm/4.75m = 0.21%,因此,可取加宽工程工后最大容许差异沉降坡差为 0.20%。

根据式(7.3)编写子程序 DISP2 对新路面结构进行分析,应力计算结果如表 7.6 所示。

半刚性路面结构应力计算结果(单位:MPa)　　表 7.6

位置 / a(cm)	SMA-13	SMA-20	SMA-25	水稳碎石		水稳废料
	4	12	20	40	60	80
0.5	0.003	0.004	0.005	0.067	0.282	0.060
1.0	0.006	0.008	0.010	0.134	0.563	0.120
1.5	0.008	0.012	0.014	0.202	0.845	0.180

7.4　加宽工程差异沉降控制标准研究

前文分别从路面功能要求和结构要求两个方面分析了加宽工程路面结构的容许差异沉降控制标准,分析结果如表 7.7 所示。

加宽工程差异沉降控制标准　　表 7.7

功能指标(%)			结构指标(%)		备注
纵坡	横坡	平整度	施工期老路	加宽工后新路	施工期老路差异沉降为老路中心与老路肩之间沉降差;新路差异沉降为新路肩与最大沉降点之间沉降差
0.5	0.5	0.46	0.25	0.20	

加宽工程路面结构差异沉降控制标准应取功能指标要求和结构指标要求二者的低值,从而可以确定加宽工程容许差异沉降标准:加宽施工期老路容许差异沉降标准为 0.25%(老路中心与老路肩的沉降差);加宽工后新路容许差异沉降标准为 0.20%(新路肩与最大沉降点差异沉降)。

7.5　加宽工程差异沉降控制标准的适用性分析

7.5.1　与 *PSI* 法的对比分析

为了验证本书沉降标准的适用性,考察了基于 *PSI* 法(Present Serviceability Index)的路面结构差异沉降控制标准。

PSI 法是美国各州公路者学会于 1962 年建立的一种路面服务功能的评价方法,是在实测数据和主观评价之间建立起一定的统计关系所得到的一个相对指标。它反映了路面对汽车行驶质量(行驶舒适性)影响的程度。

对刚性路面 *PSI* 计算表达式为:

$$PSI = 5.41 - 1.80\lg(1 + SV) - 0.288\sqrt{c + f} \tag{7.4}$$

对柔性路面 *PSI* 计算表达式为:

$$PSI = 5.03 - 1.91\lg(1 + SV) - 0.032\sqrt{c + f} - 0.21RD^2 \tag{7.5}$$

上两式中:c——以裂缝为中心的 1m 范围内损坏的面积(m/100m);

f——已修补和等待修补的面积,也以 m/100m 表示;

PSI——现时服务能力指数;

SV——两条轮迹的平均坡度方差,它反映路面的平整度,按下式计算。

$$SV = \frac{\sum_{i=1}^{n} y_i^{\ 2} - \frac{1}{n}\left(\sum_{i=1}^{n} y_i\right)^2}{n - 1} \tag{7.6}$$

式中:y_i——间距为 1ft(1ft = 0.304 8m)路面的高差;

n——测点数。

作为评价路面使用性能好坏的指标 *PSI* 被广泛应用于世界各国。从路面使用功能出发,按其 *PSI* 的大小把路况的好坏分成五个等级,见表 7.8。

PSI 与路况等级[16]　　表 7.8

优	$PSI > 4$ 优	差	$1.5 < PSI < 2.5$
良	$3 < PSI < 4$	最差	$PSI < 1.5$
好	$2.5 < PSI < 3$		

从式(7.5)和式(7.6)可以看出,路面平整度对 *PSI*,也就是对道路使用性能的影响是最重要的因素。如果能够确定由于路面不平整引起的 *PSI* 减小量,就可以确定 SV,从而确定坡差 i。

对于高等级刚性路面,假定刚修好时的初始服务能力为 4.5,终端服务能力为 3.0,并且其中 95% 是由于路面不平整引起的服务能力下降,根据式(7.4)有:

$$SV = 10^{\frac{4.5 - 3.0 \times 95\%}{1.801}} - 1 = 0.725\%$$

则 $$i = \sqrt{SV} = 0.269\%$$

对于高等级柔性路面,假定刚修好时的初始服务能力为 4.2,终端服务能力为 2.5,并且其中 80% 是由于路面不平整引起的服务能力下降,根据式(7.5)有:

$$SV=10^{\frac{4.2-2.5\times 80\%}{1.911}}-1=1.317\%$$

则

$$i=\sqrt{SV}=0.363\%$$

通过 *PSI* 法可近似确定坡差，虽然不能直接作为加宽工程路面的差异沉降控制标准，但由于 *PSI* 是建立在对路面使用性能大量调查的基础上，因而合理的加宽工程路面结构差异沉降控制标准应与其接近。从表 7.7 可知，加宽施工期老路容许差异沉降标准为 0.25%，加宽工后新路容许差异沉降标准为 0.20%，与基于 *PSI* 法得到的值接近，这说明两种方法都可确定加宽工程的差异沉降控制标准。但是 *PSI* 法没有考虑加宽工程变形的特殊性，并从路面结构功能要求和结构要求两方面进行分析，只能作为参考值。

7.5.2　与现有其他成果的对比分析

高速公路加宽工程差异沉降控制标准的确定是一个较为复杂的技术、经济问题，涉及施工期投资与开放交通后道路养护投资的分配问题，施工期投资和道路养护投资存在此消彼长的关系。因此，加宽工程沉降控制标准的确定，要通过经济、技术分析和实体工程验证的方法来实现。以下结合国内外研究成果、相关设计以及实体工程的现场调研资料，与本书提出的差异沉降控制标准进行对比分析，以便进一步论证本书控制标准的可靠性和适用性。

表 7.9 给出了国内外研究人员得到的加宽工程差异沉降控制标准，该值变化较大，在 0.15% ~0.40% 之间，并且都只有一个沉降指标，不能全面反映加宽工程的变形特点。

加宽工程差异沉降控制标准比较　　表 7.9

项目	汪浩	章定文	刘汉清	曾国东	规范[17]	本书
坡差(%)	0.15	0.40	0.30	0.25	0.5	0.25① 0.20②
工后沉降(cm)	一般路堤≤20cm 桥头≤10cm	—	0.6	0.5	—	—
差异沉降位置	道路中心与新路肩	道路中心与新路肩	新、老路肩	新、老路肩	原有路基与加宽路基的路拱横坡度	①道路中心与老路肩；②新路肩与最大沉降点
备注	高等级公路	高等级公路	二级公路	二级公路	—	高等级公路

另外，有的加宽工程也根据试验路建立了相应的控制指标及标准。

沈大高速公路改扩建工程路堤加宽技术研究课题组提出了新加宽路堤工后沉

降量不大于8cm的控制标准[14]。河海大学(2003)在沪宁高速公路加宽工程试验段地基处理中期报告中指出:拼接路基施工后,原高速公路路堤中心与新路肩的横坡度增大值应小于0.5%,与原公路横坡相比不得出现反坡[18]。

锡澄与沪宁高速公路[19-20]拼接段设计要求:工后沉降控制年限为15年,对一般路段工后容许沉降量≤30cm,桥头段不大于10cm,过渡段不大于20cm,拼接路堤施工引起的横坡改变值小于0.5%。扬州西北绕城—京沪拼接工程[11]认为,路面结构容许的不均匀沉降坡比为0.4%,路面功能容许的不均匀沉降的坡比为0.15%,并建议一般路堤匝道不超过20cm,桥头段不超过10cm。

分析表明,本书提出的差异沉降控制标准位于合理取值范围之内,并能较全面地反映加宽工程的变形特点。

7.6 本章小结

本章根据加宽工程变形特点,提出了加宽工程差异沉降控制指标。通过路面功能要求、结构要求分析,并考虑地基的复杂性,得出了差异沉降的控制标准。通过与美国AASHTO的PSI法和国内外对于加宽工程差异沉降标准的理论研究,以及部分实体工程根据沉降观测提出的加宽工程差异沉降标准比较发现,本书提出的差异沉降控制标准位于合理取值范围之内,并能较全面地反映加宽工程的变形特点。

本章参考文献

[1] 汪浩. 新老路结合部处治技术研究[D]. 南京:东南大学,2004.

[2] 章定文. 软土地基上高速公路扩建工程变形特性研究[D]. 南京:东南大学,2004.

[3] 刘汉清,曾国东,应荣华. 老路加宽容许工后不均匀沉降指标研究[J]. 公路,2004,3:37-38.

[4] 曾国东,应荣华,郑健龙. 老路加宽容许工后不均匀沉降指标研究[J]. 辽宁交通科技,2004,3:30-31.

[5] 何兆益,周虎鑫. 高等级公路软土地基容许工后不均匀沉降指标研究[J]. 重庆交通学院学报,1996,15(1):48-54.

[6] 周虎鑫. 软土地基上修筑高等级公路工后沉降指标的研究[D]. 南京:东南大学,1993.

[7] 张军辉. 连云港海相软土流变特性研究及其工程应用[D]. 南京:东南大学,2003.

[8] 沙庆林．高速公路沥青路面早期破坏现象及预防[M]．北京:人民交通出版社,2001.

[9] 曹东伟,胡长顺．多年冻土区路基冻融沉变形的附加应力[J]．重庆交通学院学报,2001,20(3):57-61.

[10] 毕艳祥．半刚性基层沥青路面设计研究[D]．上海:同济大学,2001.

[11] 江苏省沪宁高速公路扩建工程指挥部,江苏省交通基础技术工程研究中心．沪宁高速公路扩建工程软土地基沉降控制标准与处理技术研究[R].2005.

[12] H. G. B. Allersma, L. Ravenswaay, E. Vos. Investigation of road widening on soft soil using a small centrifuge[J]. Transportation research record 1462, 1994, 47-53.

[13] 邓永锋．水泥土搅拌桩桩土相互作用理论与应用研究[D]．南京:东南大学,2005.

[14] A. N. G. Van Meurs, A. Van Den Berg, et. Embankment widening with the gap-method[J]. Geotechnical engineering fortransportation infrastructure, Balkema, Rotterdam,1999,1133-1138.

[15] 江苏省沪宁高速公路扩建工程指挥部,同济大学道路与交通工程研究所．沪宁高速公路扩建工程半刚性基层沥青路面结构分析[R].2005.

[16] 陶向华．路桥过渡段差异沉降控制标准与人车路相互作用[D]．南京:东南大学,2006.

[17] 中华人民共和国行业标准．JTG D30—2004　公路路基设计规范[S]．北京:人民交通出版社,2004.

[18] 陈海珊,胡永深．广佛高速公路加宽工程的软基处理[J]．广东公路交通,1998,3:47-50.

[19] 何通海．高速公路改扩建工程软土地基段新旧路基间的衔接技术[D]．大连:大连理工大学,2003.

[20] 苏阳．广佛高速公路扩建工程软基路段施工简介[J]．水运工程,2001,2:51-58.

第 8 章　高速公路加宽工程性状的现场监测

高速公路加宽工程在实施拼接路基、路面施工过程及运行期间，应研究新拼接路堤荷载对老路基产生的附加沉降和横断面方向横坡改变的规律。采用沉降理论分析方法的同时，通过在路基、路面上设观测点进行全过程跟踪监测，为进一步优化设计和验证路基拼接、地基处理对策的合理性提供依据。

高速公路加宽工程路基变形监测可分为老路基在加宽期间及完工后一年的沉降观测、两侧拼接加宽过程中（包括路面施工期）的沉降观测。同时，应分不同标段选择工程地质条件具有代表性的工点，按不同路堤高度，设置重点观测断面进行横断面、分层、孔压、水平位移、土压力等内容的监测以及对地基处理前、后进行现场钻孔取样原位试验，揭示地基处理对软土特性的影响，并对处理效果作出分析评估，为软土地基处理方案的进一步优化提供依据。

8.1　加宽路基施工动态控制标准

高速公路加宽工程的施工期动态控制标准，主要从沉降速率和保证路堤的稳定性两个方面来进行研究，即沉降速率的控制标准。在路基填筑施工期，仍可采用新建道路的路基施工动态控制标准，即沉降速率不大于 10mm/d，水平位移速率不超过 5mm/d[1]。

而对于路面结构施工时路基变形速率的控制标准现行规范尚未有统一的规定。沪宁高速公路加宽施工时，对典型断面工后沉降进行了长期观测，其结果如表 8.1 所示。

沪宁高速公路典型断面工后沉降变化规律[2]　　表 8.1

序号	时间		1996.07	1997.10	1998.09	1999.10	2003.03	2003.06	沉降速率（cm/月）	工后 15 年沉降量（cm）
	断面位置		累计沉降（cm）							
1	K1 +429 徐公河中桥桥头（沪岸）（塑板 + 超载）	实测	0.0	0.8	1.2	1.6	2.37	2.42	0.1	2.94
		推算	0.0	0.8	1.2	1.6	2.35 *	2.38		

续上表

序号	时间		1996.07	1997.10	1998.09	1999.10	2003.03	2003.06	沉降速率（cm/月）	工后 15 年沉降量（cm）
	断面位置		累计沉降（cm）							
2	K1 +693 通道箱头（砂垫层）	实测	0.0	1.5	2.2	3.0	3.46	3.70	0.2	3.93
		推算	0.0	1.6	2.3	2.8*	3.54	3.62		
3	K9 – f – 214 邹家角桥头（宁岸）（塑板 + 砂垫层）	实测	0.0	1.1	1.7	2.2	3.7		0.3	4.3
		推算	0.0	1.1	1.7	2.3*	3.4			
4	K6 +647 路段（不处理）	实测	0.0	3.9	5.2	6.4	8.4*		0.5	9.34
		推算	0.0	3.5	5.2	6.5	8.5			

注：* 号代表观测序列所推算的沉降值。

由表 8.1 可知，当软土地基上路堤油面完建后的月沉降速率为 1mm/月或 2mm/月时，相应的工后沉降增量为 2.94 ~ 3.93cm。为此提出加宽路段路面结构施工时的控制标准为：拼接路基施工至 96 区顶后，路面中心（人孔井）按二等水准观测标准的实测沉降速率应小于 2mm/月；底基层施工时的沉降速率为 2 个月平均沉降速率小于 3mm/月；沥青面层拼接施工期的沉降速率应小于 1mm/月。

上述沉降控制标准的提出，应是一个动态控制过程，使拼接路堤的沉降大部分消除在施工期，但同时应注意施工期原路稳定状况的检测。

8.2　沉降观测

8.2.1　观测方法

可采用横断面沉降仪、沉降板观测、分层沉降标观测、水平位移桩（边桩）观测等方法。

8.2.2　观测频率

观测频率取决于沉降速率，务必使系统观测的次数确实能反映出沉降过程，并使观测数据在指定时间段内反映可靠的沉降量，且不遗漏沉降变化的时刻。

加宽路堤填筑期沉降速率较大，观测频率应高一些，一般每填筑 1 ~ 2 层或 5 ~ 10d 观测 1 次；预压初期（1 ~ 2 个月）每月观测 2 ~ 3 次，后期沉降曲线一般走向平缓，可调整为每月观测 1 次；加宽路面施工期沉降曲线走向平缓，可以每层观测 1 次，若下层与上层施工间隔较长，可适当增加次数。

加宽工程通车运行期沉降速率很小，一般在 0 ~ 1mm/月之间，观测频率放宽至

3 个月观测 1 次。

8.2.3 观测仪器

地面沉降通常用高精度水准仪,基础底面沉降观测可选择剖面沉降仪、地面沉降板(与新建路观测要求一致)等设备。本书重点介绍剖面沉降仪。

剖面沉降观测是通过插入埋设在路基底部沉降管中的剖面沉降仪进行的,它具有不受地面施工影响、可连续多点(一般半幅拼接为 16 个点)观测、精度可达 0.5mm 等优点。该仪器由水平探头、电缆线和读数仪组成(图 8.1)。探头通过设置在其上的两个间距为 50cm 的轮子在管中行走。探头一端通过电缆线(其上有 50cm 间隔的标记)与读数仪相连,并可直接测得前、后测轮连线的倾角,不同位置时的倾角是个变数,通过仪器中的软件,将测得的倾角换算成测轮前、后两个接触点的高差,并在存储仪采集获得数据,再通过专用数据线传输到电脑中,最后将连续观测的高差与水准点相连测,求得各点高程与沉降量。横断面沉降仪在新建路堤的埋设见图 8.2,观测原理图如图 8.3 所示。

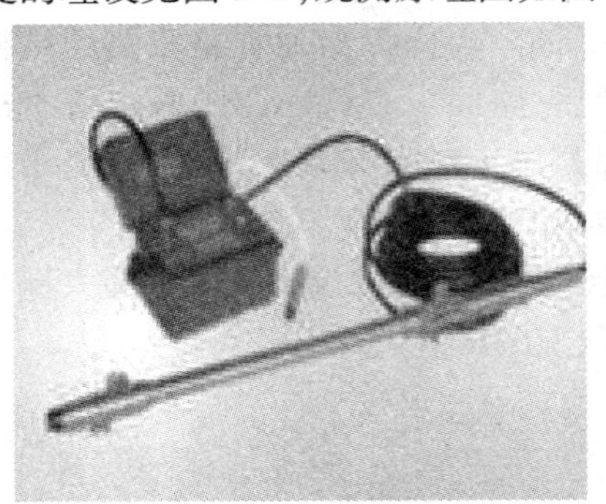

图 8.1 剖面沉降仪组成

图 8.2 横剖管埋设

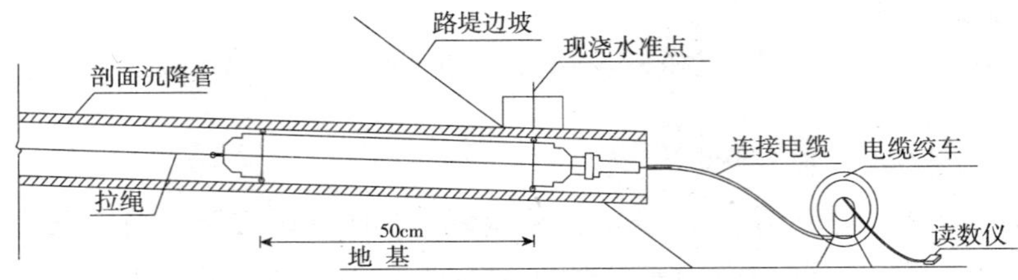

图 8.3 剖面沉降观测原理图

沉降管横断面为圆形断面,内壁均匀光滑并具有良好的挠性、柔性和刚性。其埋设步骤为:

(1)在原地面上挖沟,沟深不小于 30cm;

(2)横剖管及管接头内穿入钢丝绳(为拉动测头之用)并连接好;

(3)将横剖管底部和周边用砂、土填平、夯实;

(4)横剖管在管口处做一平台(约 40cm × 40cm)作为参照平面;

(5)在横剖管外延 50m 处设一固定水准点,每次观测时与管口现浇水准点连测可求得各前、后测轮接触点的高程变量。

8.2.4　水准点埋设

水准点分地面水准点和桥上水准点两种形式。前者用于观测加宽路上的地面沉降标的沉降,后者用于观测老路沉降标钉。埋设位置有不同要求。

(1)地面水准点

地面水准点密度应满足沉降观测断面的要求,一般每 200m 设置一个。水准点位置应埋设在断面延长方向 50m 以外,以便一个测站完成测点的观测。水准点设在土质坚硬便于长期保存和使用的地点,并埋设混凝土水准标石,统一用 BM 加序号表示,标石标志应符合规范要求。

(2)桥上水准点

进入路面施工期,为减少地面水准点转点传递对观测高程的影响,应适时将地面水准点转移到有灌注桩基础的桥上,供新路面施工及完建后工后沉降观测之用。由于桥梁加宽施工,桥上水准点一律转设在桥中央分隔带冒梁上部水泥板上,并埋设一根 $\phi18 \sim 20$mm、长 20cm 的钢筋(上端用砂轮磨成半球形头),钢筋头露出混凝土顶面 1 ~ 2cm,或用射钉打入标志。桥上水准点一律用 BM 段号加序号表示。

桥上水准点埋好后,由地面水准点用二等水准往、返引测,往、返高差闭合差为 $\pm 0.6\sqrt{n}$ mm(n 为测站数)。

8.2.5　观测点布设

观测点分新路观测点和老路观测点两种。老路观测点用于通车运行期的工后沉降观测和新路拼接荷载对老路基产生的附加沉降观测,新路观测点用于拼接自重引起的沉降变化观测。

(1)老路观测点布设

观测断面间距,对于软土地基一般为 200m,桥头增设搭板尾部和距桥头 50m 两个断面,非软土地基为 1 000m。每个断面设左、中、右三个点(桥头在路缘处增设左、右两个点),中点可设在人孔井上,左、右点设在土路肩进线向内 1m 处(停车道上)。老路观测点一般用特制的公路道钉或地界用的界址钉,钉长一般为 5 ~ 8cm,ϕ0. 8cm,钉头 ϕ2cm 的半球形标志。观测点位置如图 8. 4 所示。

(2)加宽路观测点布设

加宽路观测断面间距与老路相同。每个断面设置 4 个沉降标点,点位设置在老路坡顶、坡中、坡脚及加宽路堤断面形心点,共 4 个点。点位设计时,务必使坡中点落在新路面的中部，坡顶点距老路肩线 1m，新、老路肩点作沉降对比，求得沉降差，所有点位均展示在图 8.4 上，地基处理完毕后，在指定部位埋设沉降标，沉降标由 200mm 长、直径为 20mm 的钢管和 600mm × 600mm × 9mm 的底板组成。

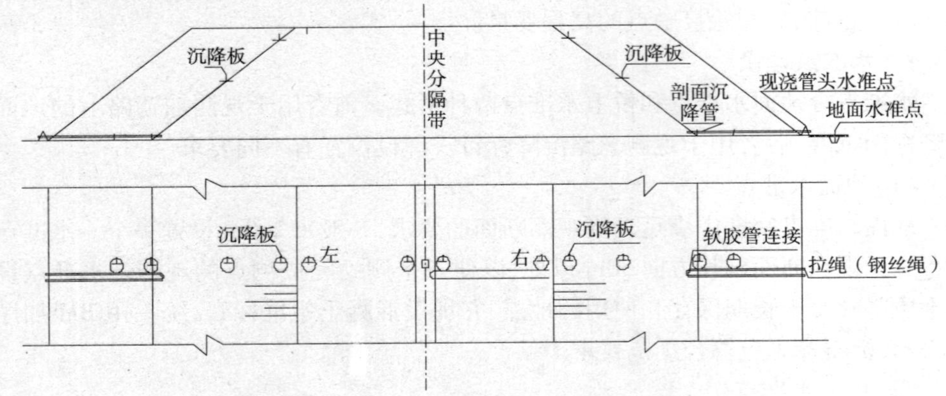

图 8.4　横剖面测管内沉降观测操作图[2]

用沉降标管作为地面沉降标，因其常受施工影响而被破坏，难以保证资料的连续性。如果改用剖面沉降仪观测，可避免施工的干扰。

8.2.6　沉降观测实施

(1)水准路线设计

加宽工程沉降观测可由两侧新路和老路三部分组成，必须分别观测。加宽路用一个地面水准点控制一个断面三个观测点，一般一个测站可完成，无须水准路线设计。但老路沉降观测时，需用少量桥上水准点引测多个断面观测点群，因此观测前必须绘制好水准路线观测图，在图上固定好测站位置，每次观测均以设计好的测站位置固定观测，消除观测中的系统误差。

水准路线分支水准路线和闭合水准路线(或附合水准路线)两种。前者必须往、返观测，符合要求后取其中数作为观测点高程；后者经平差后求得闭合(附合)路线上每个点的高程。闭合(附合)路线或支线往、返允许高差闭合差应小于 $\pm 0.6\sqrt{n}$ mm(n 为测站数)。

水准路线设计有下列几种情况：

①当桥头水准点只需引测 1 ~ 3 个断面点群，可组成左、中、右三条支线；

②当两桥相距在 500m 之内时，可组成左、中、右三条附合水准路线；

③当两桥相距大于 1 000m 时，可从桥头水准点出发，沿左线各观测点(一般 500 ~ 800m)，而后反转到右线观测点组成闭合水准路线，经平差后求得左、右线上观测点高程。中孔点水准路线有两种设计方法：一是在闭合水准路线上再组成附

合水准路线,经二次平差求得中线上各中孔点的高程,该设计方案能保证一定的精度,但增加了外业时间;二是在闭合水准路线观测的同时,分站作中视观测,该设计方案可节省外业时间,但由于仪器安置地点的局限,视距不等差难以,需放宽视距差,应从严控制 i 角值以满足要求。据理论计算,视距差放宽到 5m, i 角控制在 8″之内,视距不等差对高差的影响仅为 ±0.2mm。

(2)二等水准实施要求

①为消除或减小观测中某些系统误差,每次观测时,必须按规定观测线路图进行,并坚持五固定原则(仪器、人员、测站、水准点、后视尺固定),其中固定仪器位置最为重要。

②观测前应与当地交通巡警大队联系,同意后才可上路工作。观测人员必须身穿工作服,观测时在路面上安放移动锥形指示标,以便指示行驶车辆注意前方测量目标,做到安全行车。测量车尾部必须挂上警示标牌。

③二等水准测量主要技术指标列于表 8.2。

二等水准测量主要技术指标表[3]

表 8.2

等级	水准仪型号	i 角	视线长度(m)		视距差(m)		基、辅面读数较差(mm)	基、辅面高差较差(mm)	闭合环线或支线往返允许闭合差(mm)
			前、后距	中距	前、后	后中			
二	DS1	<8"	50	60	1.0	<5.0	0.5	0.7	$\pm 4\sqrt{L}$ 或 $\pm 0.6\sqrt{n}$

注:n 为测站数;L 为水准路线长度,以 km 计。

④二等水准操作要求:

a. 主线一个测站观测程序为后基→前基→前辅→后辅,最后读取中视基、辅读数,记录者随即计算测点的基、辅读数差和基、辅高差,符合要求后才能搬移测站。

b. 每一高差必须观测两个测回,两测回高差之差应小于 0.5mm,取其中值为最后结果。

c. 持尺质量的优劣,直接影响观测精度。二等水准必须借助竹竿扶稳水准尺。由于高速公路车辆频繁,持尺员要有耐心,在观测员读数瞬时持稳尺子。

d. 闭合圈测完后,随即计算高差闭合差和允许闭合差,达到要求后,填写高差改正表,推算闭合线上各点高程。

(3)横断面沉降观测实施

在加宽路基填筑过程中,横断面沉降观测与地面沉降观测同时进行。其优点是可以避免地面沉降标被破坏而中断沉降测量数据,重要部位可在断面上每隔 50cm 连续观测多点沉降值,使沉降分析更为可靠。实际操作时,按图 8.4 布设要求进行如下操作:

①用地面水准点测量管口水准点高程,因管口水准点有沉降,故每次观测时均要稳定;

②将测头两端分别接上电缆线和锢;

③将测头插入沉降管口,用锢钢丝绳将探头拉进沉降管里端;

④拉动电缆线,逐点由里向外每隔50cm观测一个点,测头到达每一测位时,在计数计上读得测头前、后两轮接触点的高差 h_1、h_2、h_3……最后与管口水准点联测,由管口水准点高程连续推算每个点的高程,相邻两次观测,就可以求得沉降量。

8.3 加宽工程观测断面布设与技术设计

8.3.1 断面数及观测点布设

观测点分新路观测点和老路观测点两种。老路观测点用于通车运行期的工后沉降观测和新路拼接荷载对老路基产生的附加沉降观测,新路观测点用于拼接自重引起的沉降观测。

观测断面桩号以老路人孔井或桩点为中心,分别向左和向右延伸到加宽路面的路肩处。为了在实施中找到人孔井的桩号,必须将原人孔井施工桩号换算为通车统一桩号。图8.5是已有路面及加宽工程断面观测点布置图,由路缘点 o、a、b、c 共4个点组成。其中,设在老路上的路缘点及人孔井点作老路工后沉降观测用,a、b、c 三个点为加宽路面施工期用。

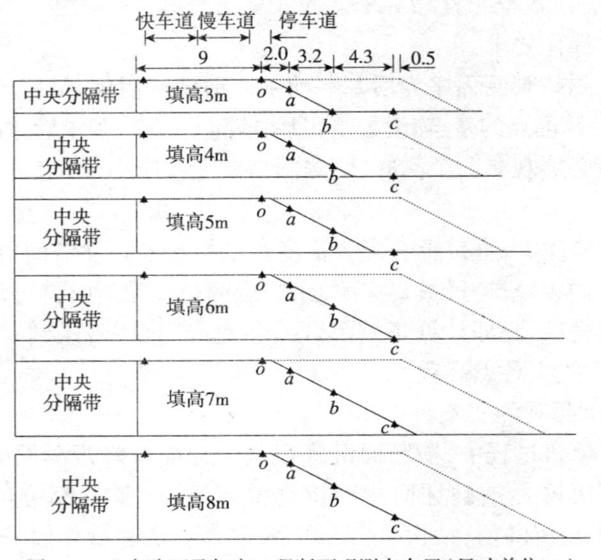

图8.5 已有路面及加宽工程断面观测点布置(尺寸单位:m)

8.3.2　重点断面观测内容

表 8.3 及图 8.6 为沪宁高速公路扩建工程试验路重点断面观测项目和数量实例，以及测斜管、深层沉降标、水平横断面管、孔隙水应力计、土压力盒测点埋设位置图[2]，可供类似工程参考。

重点观测断面观测项目明细　　表 8.3

观侧项目	深层沉降标	侧斜管	横断面沉降	测桩土应力比数	测地基应力个数	孔隙水应力计	测桩土沉降量个数	静探孔	取样孔	沉降标
观测数量	共 10 孔合计测点总长 160m	2 孔 25m	2 侧合计 20m	2 组 6 个	2 组共 6 个	2 组 5 个间距 5m30 个	4 组共 8 个	40m/2 孔	40m/2 孔	11 点

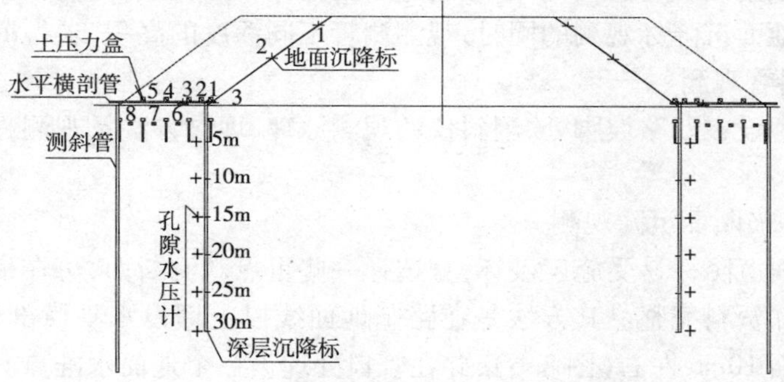

图 8.6　重点观测断面布置图[2]

8.4　加宽工程沉降观测外业

8.4.1　沉降观测内容和要求

加宽工程由于路基荷载对老路产生附加沉降和新路自重引起横断面方向横坡改变等影响，导致观测的复杂性，观测内容随之增多，具体观测内容列于表 8.4。

加宽工程沉降观测内容细表　　表 8.4

路名		项目	沉降观测内容
老路		1	一般路段左肩、中孔桩、右肩三个点的沉降观测
		2	桥头路堤 50m 内、左肩、左中路缘、右中路缘、右肩、中孔桩 5 个点沉降观测
		3	左、右两个半幅的纵、横断面观测
新路	加宽路面	1	加宽路左、右半幅中各 3 个点的地面沉降标观测
		2	深层沉降标观测
	重点断面	3	水平位移计、测斜管、孔隙水应力计、土压力计等

表8.4中,观测频率按每填筑一层观测一次规定操作,所有测点全部用二等水准技术指标观测。其中,老路纵、横坡按观测高程计算所得。横坡值应满足公路施工及验收规范中的规定设计值,为2.0%,允许偏差为±0.5%,二期观测横坡值之差为横坡的变化度。

8.4.2 加宽施工中的沉降观测

(1)地面沉降标观测

加宽路填筑到第二层时,参照新建路基要求埋设沉降标。左、右加宽路基各设三个点。

(2)深层沉降标观测

在老路坡角处,按图8.6要求埋设深层沉降标,管内分层深度根据地基处理深度确定。在地面沉降标观测的同时,观测测管不同深度的高程,求得沉降量。

(3)测斜管观测

测斜管埋设在新路坡脚处,测斜仪的观测原理、埋设方法及观测程序见水平位移相关章节。

(4)水平横断面沉降观测

由于地面沉降标易受施工破坏,宜选择一些重点观测断面,可在横断面增设水平管法来确保资料完整。其方法是在路基地面线以上埋设水平横剖管,管口伸出新路基坡脚面10cm左右(图8.6),并在管口处埋设一个地面水准点。观测时通过拉线方法将测管内的仪器探头拉向不同位置,并在读数计上测得水准点与测头观测点的高差,最后求得探头各点高程与沉降量。

8.5 资料整理

(1)观测成果检查。

外业手簿中的观测数据与测点高差必须逐一核算,确保成果的正确性。观测数据书写应清晰、整齐。高程计算精确到0.01mm,采用值为0.1mm。

(2)闭合水准路线高差调整和高程计算。

外业手簿数据合格后,将水准干线每段两测回的平均高差值填入调整表中,计算程序如下:

①计算实测高差闭合差$f_{h(实)} = \sum h$(均值)。

②计算允许高差闭合差$f_{h(允)} = \pm 0.6\sqrt{n}$。

③若$f_{h(实)} < f_{h(允)}$,表示成果符合要求,可以进行高差调整。调整时先计算每米高差改正系数,而后将改正系数乘以每段实高差得高差改正数。最后按改正后

的高差推算干线测点高程，再用干线高程计算中间点高程。

④改正后高差运算结束后，若从水准点开始推算高程再回至原水准点时其高程一致，说明计算无误。

⑤用下式计算闭合路线中最弱点中误差：

$$m_{最弱} = m_{公里}\frac{\sqrt{S}}{2}\text{（}S\text{ 的单位为 km）} \quad 或 \quad m_{最弱} = m_{站}\frac{\sqrt{m}}{2}\text{（}m\text{ 为测站数）}$$

(3)计算沉降量与沉降速率。

(4)编制月度报告及中间报告。

8.6　本章小结

现场监测是验证拼接设计和地基处理效果的重要举措，也是控制加宽工程质量的最后一个环节。实体工程中，应根据现场实际情况制订详细的监测实施方案。

本章参考文献

[1] 中华人民共和国行业标准．JTG D30—2004　公路路基设计规范[S]．北京：人民交通出版社，2004.

[2] 徐泽中．公路软土地基路堤设计与施工关键技术[M]．北京：人民交通出版社，2007.

[3] 中华人民共和国行业标准．JGJ 8—2007　建筑变形测量规范[S]．北京：中国建筑工业出版社，2007.

第9章　加宽工程路面开裂的断裂力学分析

加宽工程中，通常将老路部分的车道面层铣刨掉，新路基层与刨铣后的老路平齐，然后在其上铺筑横跨新老路宽度的面层，以组成新的路面结构。由于新老路基层材料性质的差异，必然在结合处形成沿行车道的纵向裂缝。在行车荷载和温、湿度的反复作用下，该纵向裂缝会向上扩展，进而在面层中产生反射裂缝，严重时反射裂缝会贯穿面层，在路表形成一条沿行车道的纵向裂缝（图9.1），并且在雨水等的作用下，裂缝逐渐变宽，进一步降低路面的使用性能。该种破坏形式是加宽工程中常见的病害之一[1-4]。通常的做法，是在新老路基层顶面铺设土工材料（图9.2），防止基层结合处裂缝向上扩展。此时，加筋材料将起到桥联增韧作用。

图9.1　加宽工程路面纵向裂缝

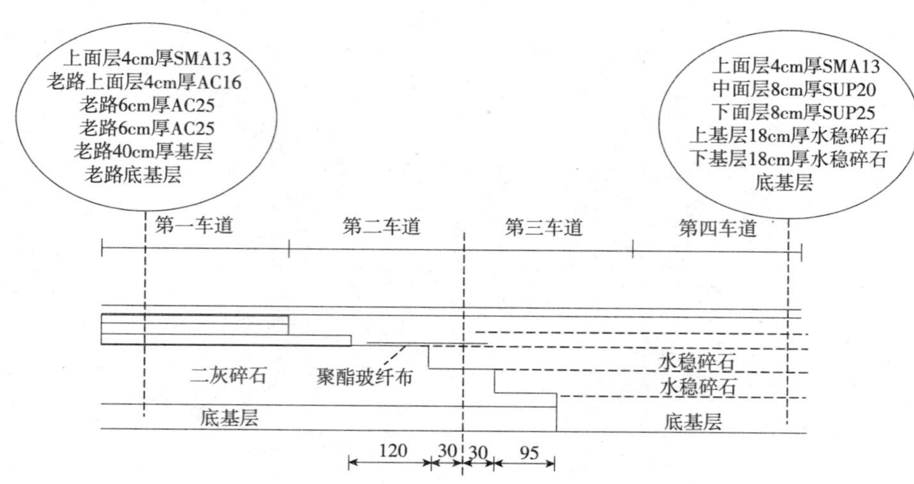

图9.2　沪宁高速公路加宽工程路面结构横向拼接[5]（尺寸单位：cm）

加宽工程路面开裂时，新路面结构的面层模量和厚度、老路基层模量、新路基层模量及加宽工程差异沉降等对裂缝扩展都有一定影响，并且，由于土工加筋材料主要在拉伸时发挥作用，因此在对称荷载和非对称荷载两种荷载作用下，它的桥联增韧作用必然存在差异。这种差异会影响对沥青路面中裂缝扩展所进行的寿命预估分析。

本章采用目前国内外道路工程界研究常用的线弹性断裂力学理论，利用平面有限元方法，对加宽工程路面开裂的影响因素及其加筋处治进行分析。首先，考察了影响加宽工程面层反射裂缝开裂的影响因素（主要包括新路面结构面层厚度和模量、老路基层模量、新路基层模量、新老路基层模量比及加宽工程差异沉降等），对加宽工程路面类型的选择提出建议。其次，研究了加宽工程开裂的沥青路面中加筋材料所起的桥联增韧作用及其随裂缝扩展的强弱变化等，指导加宽工程路面的加筋处治。

9.1　断裂力学理论及有限元实现

9.1.1　概述

断裂力学是 20 世纪固体力学领域所取得的重大成就之一，是工程材料与构件强度估算和寿命预测的重要理论基础，它是研究含裂缝的构件在各种环境下（包括荷载作用、温度变化、湿度变化等）裂缝的平衡、扩展、失稳规律以及其强度的、近 30 年来发展起来的一门新学科，可对结构的稳定性进行预测，其主要任务是确定出应力强度因子 K（线弹性断裂力学）或 J 积分及裂纹面张开的最大位移 δ（弹塑性断裂力学），进而可以确定裂纹尖端应力应变场。由于 K_c、J_c 和 δ_c 是材料本身特性常数，只要结构体在外界影响因素作用下，计算出来的 K、J 或 δ 小于材料本身特性常数，结构就不会发生失稳扩展，可以避免事故的发生。可以说，断裂力学的形成与发展对结构的安全设计赋予了新的内涵。线弹性断裂力学是断裂力学中最简单和发展相对比较成熟的一个分支。它以弹性力学的基本理论为基础，将裂纹作为边界条件来处理，通过裂纹体裂纹附近的应力场、位移场来分析带裂纹结构的承载能力和抗断裂韧性与裂纹长度之间的定量关系。线弹性断裂力学主要适用于弹脆性材料或准脆性材料，此时裂尖塑性区相对于 K 场控制的区域小很多，由应力强度因子可以用来分析材料和结构的疲劳破坏。在断裂力学原理指导下建立起来的断裂韧性 K_{IC} 和 J_{IC} 以及裂纹尖端张开位移临界值 δ_{IC} 的测定规范及相应的断裂准则，已经成为工程材料与结构设计规范的重要组成部分。

结构物中裂缝在一定条件下会失稳扩展，按照它们在荷载作用下扩展形式的不同，可以分成如下三种基本类型。

(1)张开型裂缝(Ⅰ型)，如图9.3a)所示。正应力 σ 和裂缝面垂直，在正应力作用下，裂缝尖端处左右两个平面张开而扩展，且裂缝扩展的方向和 σ 作用方向垂直。这种裂缝扩展模式称为张开型裂缝，也称为I型裂缝。

(2)剪切型裂缝(Ⅱ型)，如图9.3b)所示。剪应力 τ 和裂缝表面平行，而它的作用方向与裂缝方向垂直。在剪应力作用下，裂缝的上下两个平面相对滑移而扩展。这种裂缝扩展模式称为剪切型裂缝，或称为II型裂缝。

(3)撕开型裂缝(Ⅲ型)，如图9.3c)所示。剪应力 τ 和裂缝表面平行，而且它的作用方向也与裂缝方向平行。在剪应力作用下，裂缝的上下两个平面撕裂扩展。这种裂缝扩展模式称为撕开型裂缝，或称为III型裂缝。在实际路面结构中，这种裂缝形式较少出现。

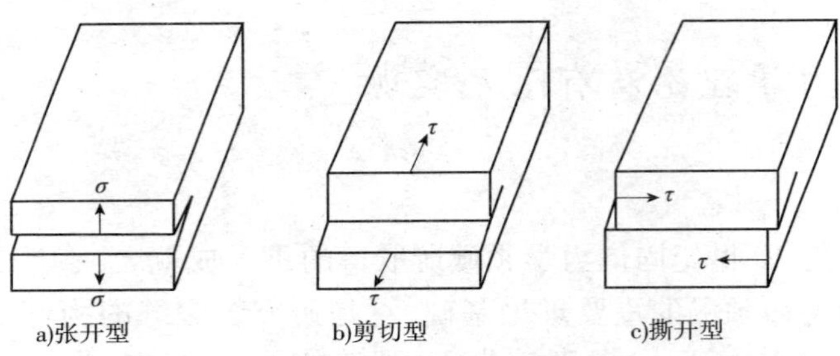

图9.3　裂纹的三种基本类型

如果在构件或材料内部的裂缝同时受有正应力和剪应力的作用，则可能同时存在I型和Ⅱ型或I型和Ⅲ型裂缝，这种组合形式的裂缝称为复合型裂缝。

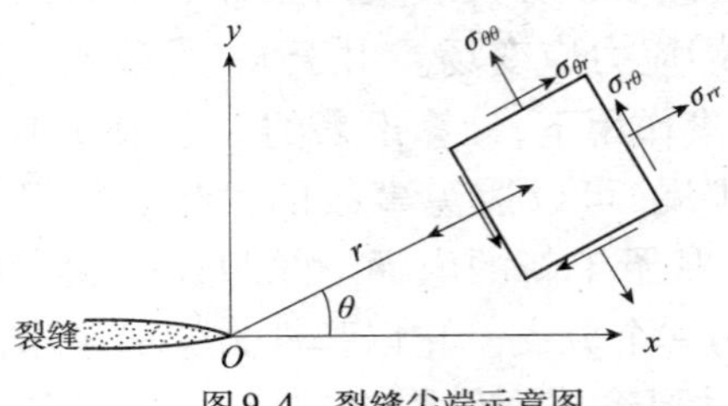

图9.4　裂缝尖端示意图

9.1.2　应力强度因子

在图9.4所示的平面裂纹中，坐标原点 O 选在裂尖，x、y 为直角坐标，r、θ 为极坐标，则极坐标和笛卡尔坐标下的裂尖渐近应力场和位移场分别为：

$$\sigma_{rr}=\frac{K_1}{\sqrt{2\pi r}}\left(\frac{5}{4}\cos\frac{\theta}{2}-\frac{1}{4}\cos\frac{3\theta}{2}\right)+\frac{K_2}{\sqrt{2\pi r}}\left(-\frac{5}{4}\sin\frac{\theta}{2}+\frac{3}{4}\sin\frac{3\theta}{2}\right) \tag{9.1}$$

$$\sigma_{\theta\theta}=\frac{K_1}{\sqrt{2\pi r}}\left(\frac{3}{4}\cos\frac{\theta}{2}+\frac{1}{4}\cos\frac{3\theta}{2}\right)+\frac{K_2}{\sqrt{2\pi r}}\left(-\frac{3}{4}\sin\frac{\theta}{2}-\frac{3}{4}\sin\frac{3\theta}{2}\right) \tag{9.2}$$

$$\sigma_{\theta r}=\frac{K_1}{\sqrt{2\pi r}}\left(\frac{1}{4}\sin\frac{\theta}{2}+\frac{1}{4}\sin\frac{3\theta}{2}\right)+\frac{K_2}{\sqrt{2\pi r}}\left(\frac{1}{4}\cos\frac{\theta}{2}+\frac{3}{4}\cos\frac{3\theta}{2}\right) \tag{9.3}$$

$$\sigma_x=\frac{K_1}{\sqrt{2\pi r}}\cos\frac{\theta}{2}\left(1-\sin\frac{\theta}{2}\sin\frac{3\theta}{2}\right)-\frac{K_2}{\sqrt{2\pi r}}\sin\frac{\theta}{2}\left(2+\cos\frac{\theta}{2}\cos\frac{3\theta}{2}\right) \tag{9.4}$$

$$\sigma_y=\frac{K_1}{\sqrt{2\pi r}}\cos\frac{\theta}{2}\left(1+\sin\frac{\theta}{2}\sin\frac{3\theta}{2}\right)+\frac{K_2}{\sqrt{2\pi r}}\sin\frac{\theta}{2}\cos\frac{\theta}{2}\cos\frac{3\theta}{2} \tag{9.5}$$

$$\tau_{xy}=\frac{K_1}{\sqrt{2\pi r}}\cos\frac{\theta}{2}\sin\frac{\theta}{2}\cos\frac{3\theta}{2}+\frac{K_2}{\sqrt{2\pi r}}\cos\frac{\theta}{2}\left(1-\sin\frac{\theta}{2}\sin\frac{3\theta}{2}\right) \tag{9.6}$$

$$u=\frac{K_1}{4\mu}\sqrt{\frac{r}{2\pi}}\left[(2\chi-1)\cos\frac{\theta}{2}-\cos\frac{3\theta}{2}\right]+\frac{K_2}{4\mu}\sqrt{\frac{r}{2\pi}}\left[(2\chi+3)\sin\frac{\theta}{2}+\sin\frac{3\theta}{2}\right] \tag{9.7}$$

$$v=\frac{K_1}{4\mu}\sqrt{\frac{r}{2\pi}}\left[(2\chi+1)\sin\frac{\theta}{2}-\sin\frac{3\theta}{2}\right]-\frac{K_2}{4\mu}\sqrt{\frac{r}{2\pi}}\left[(2\chi-3)\cos\frac{\theta}{2}+\cos\frac{3\theta}{2}\right] \tag{9.8}$$

式中：μ——剪切模量，$\mu=\frac{E}{2(1+\nu)}$，$\chi=\frac{3-\nu}{4+\nu}$（平面应力），$\chi=3-4\nu$（平面应变）。

对于撕开型即Ⅲ型裂缝来说，裂缝尖端附近的应力分量和位移分量为：

$$\tau_{xz}=\frac{K_3}{\sqrt{2\pi r}}\sin\frac{\theta}{2} \tag{9.9}$$

$$\tau_{yz}=\frac{K_3}{\sqrt{2\pi r}}\cos\frac{\theta}{2} \tag{9.10}$$

$$w=\frac{2(1+\mu)K_3}{\sqrt{2\pi r}}\sqrt{\frac{2r}{\pi}}\sin\frac{\theta}{2} \tag{9.11}$$

式中：K_1——Ⅰ型应力强度因子；

K_2——Ⅱ型应力强度因子；

K_3——Ⅲ型应力强度因子。

Ⅰ型、Ⅱ型和Ⅲ型应力强度因子控制的裂缝尖端的应力场和位移场可统一记为：

$$\sigma_{ij}=\frac{K}{\sqrt{2\pi r}}f_{ij}(\theta) \tag{9.12}$$

$$u_{ij}=K\sqrt{\frac{r}{\pi}}g_i(\theta) \tag{9.13}$$

对于不同类型的应力强度因子，$f_{ij}(\theta)$ 和 $g_i(\theta)$ 具有不同的表达式。从上面各式可以看出，只要有裂缝存在，并且外荷载不等于零（即使很小很小），则裂缝尖端处的应力总是趋向无限大的。因为应力与 $\sqrt{r}$ 成反比，在裂纹尖端处（$r=0$），应力为无限大，即应力在裂纹尖端出现奇异点，应力场具有 $1/\sqrt{r}$ 奇异性。只要存在裂纹，不论外荷载多么小，裂纹尖端应力总是无限大。如果按照传统的强度理论，无论作用多么微小的荷载，都将导致结构的破坏。也就是说，有裂缝结构的强度是趋向于零的。但是实际情况并不是如此，许多带裂缝工作的结构在一定的荷载作用下还是稳定的。在这种情况下，只用应力大小来判断结构强度的方法就不适用了。由式(9.12)可知，裂缝尖端附近的应力场与 K_1 成正比。对于同一裂缝，同一种应力状态就具有相同的 K_1 值。K_1 值越大，则裂缝附近的应力随 $r\to 0$ 时趋向无限大就越迅速。所以，K_1 可以反映裂缝尖端附近的应力场强度，它被称为应力强度因子。在断裂力学中，应力强度因子作为裂纹尖端附近应力奇异性程度的表征参量，是衡量裂纹尖端区的应力场强度的重要指标。应力强度因子可由相应的应力场和位移场定义：

$$K_1 = \lim_{r\to 0} \sqrt{2\pi r}\sigma_y(r,0) \tag{9.14}$$

$$K_2 = \lim_{r\to 0} \sqrt{2\pi r}\tau_{xy}(r,0) \tag{9.15}$$

$$K_3 = \lim_{r\to 0} \sqrt{2\pi r}\tau_{yz}(r,0) \tag{9.16}$$

或

$$K_1 = \frac{2\mu}{\chi+1}\sqrt{2\pi}\lim_{r\to 0}\frac{v(r,\pi)}{\sqrt{r}} \tag{9.17}$$

$$K_2 = \frac{2\mu}{\chi+1}\sqrt{2\pi}\lim_{r\to 0}\frac{u(r,\pi)}{\sqrt{r}} \tag{9.18}$$

$$K_3 = \frac{2\mu}{\chi+1}\sqrt{2\pi}\lim_{r\to 0}\frac{w(r,\pi)}{\sqrt{r}} \tag{9.19}$$

在一般情况下，应力强度因子的大小与荷载性质、裂缝几何形态和结构的几何形态等因素有关。现在只有几种简单情况下可以推导出应力强度因子的解析表达式。当荷载情况复杂、构件尺寸不规则时，很难解析法来确定应力强度因子，此时可以用试验的方法或数值方法来计算。从式(9.14)~式(9.19)可以看出，应力强度因子并不是一个独立参量，可由裂尖的位移场或应力场确定，所以可以在现有的有限元基础上进行计算。

根据裂缝两边相对位移回归计算张开型和剪切型应力强度因子 K_1、K_2[6]。对于沥青路面中的复合型裂缝，采用最大拉应力理论计算复合应力强度因子[7-8]。计算中，若 $K_1<0.0$，取 $K_1=0.0$。

9.1.3　奇异单元

经过几十年的发展，学者们找到了很多求解应力强度因子的方法。常用的应力强度因子解法有：查阅手册法、格林公式法、有限元法和权函数方法。随着现代计算机技术和数值计算方法的发展，有限元方法已经成为重要的解决偏微分方程组的重要手段。由于不受任何边界条件和荷载条件的影响，如今有限元方法在求解裂缝应力强度因子在断裂力学领域内被广泛应用。

最早用有限元方法来分析裂缝问题时采用的是常规单元来划分裂缝尖端附近区域，所以计算精度并不是很高。后来证明用常规单元模拟裂缝存在缺陷，如果仅用常规单元来模拟裂缝尖端，不论尖端附近的网格划分有多细，计算精度都不会很高。随着研究的进一步深入，一些模拟裂缝尖端附近特殊应力、应变场的特殊单元相继出现，如 Tracey、Bladkburn 等将形函数作了相应的调整，可以模拟应力、应变的奇异性。现在，最为简洁、通用的办法是直接采用四分之一节点单元（奇异单元），这个方法分别由 Henshell、Shaw[9] 和 Barsoum[10] 提出来，奇异单元实际上是一种畸形等参单元，参看图 9.5，在裂缝尖端处将中间结点向裂缝尖端靠拢，距裂缝尖端四分之一边长处（通常中间结点在边长二分之一处），这样的单元即可以较好地反映裂缝尖端附近的应力场。这样处理后，可以很好地模拟裂缝尖端的奇异性问题，并且单元也不用划分得那么细了，这大大地减轻了划分网格的工作强度和节约了计算时间。

以八结点等参数单元为例（图 9.6），假定结点 1 为裂缝尖端点，结点顺序编号 1-8。将结点 2 和 8 移至距结点 1 四分之一边长处，则可将裂缝尖端的应力、应变奇异性引入。现证明如下：

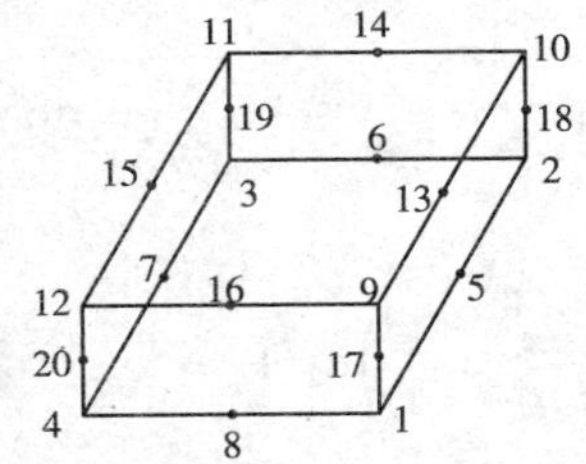

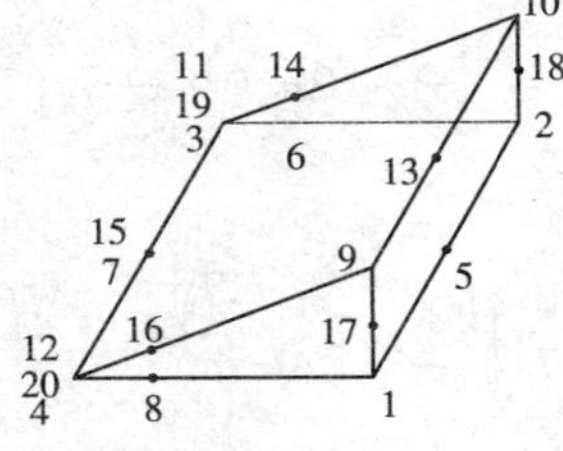

图 9.5　常规单元与奇异单元

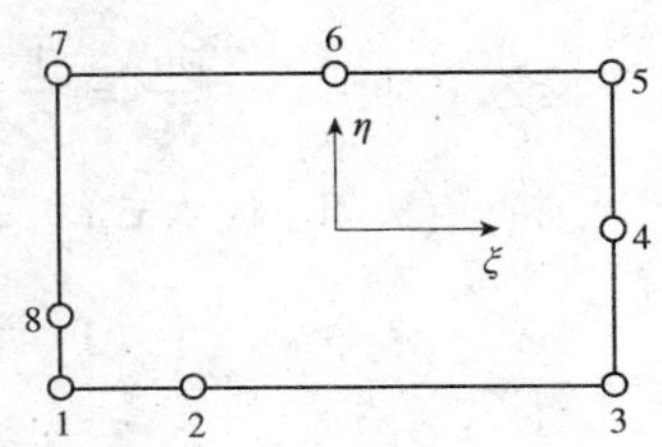

图 9.6　平面八结点奇异单元

不妨选择边 1-3，其 $\eta = -1$，在边 1-3 上结点 1、2、3 的形函数为：

$$N_1 = -\frac{1}{2}\xi(1-\xi) \tag{9.20}$$

$$N_2 = (1-\xi^2) \tag{9.21}$$

$$N_3 = \frac{1}{2}\xi(1+\xi) \tag{9.22}$$

则1、3之间的点可表示为：

$$x = \sum_{i=1}^{3} N_i x_i = -\frac{1}{2}\xi(1-\xi)x_1 + (1-\xi^2)x_2 + \frac{1}{2}\xi(1+\xi)x_3 \tag{9.23}$$

对于y，也有类似表达式。将xOy坐标系的原点置于结点1，并令边1-3的长度为L，则有：

$$x_1 = 0\ ,\ x_2 = \frac{L}{4}\ ,\ x_3 = L \tag{9.24}$$

代入式(9.23)，有：

$$x = \frac{1}{2}\xi(1+\xi)L + (1-\xi^2)\frac{L}{4} \tag{9.25}$$

进一步，则有：

$$\xi = -1 + 2\sqrt{\frac{x}{L}} \tag{9.26}$$

在雅可比矩阵中，$\frac{\partial x}{\partial \xi}$可由式(9.27)给出：

$$\frac{\partial x}{\partial \xi} = \frac{L}{2}(1+\xi) = \sqrt{Lx} \tag{9.27}$$

显然在裂尖结点1处，$x = 0$，此处雅可比矩阵奇异。另外，在边1-3方向上，可得到位移表达式为：

$$u = \sum_{i=1}^{3} N_i u_i = -\frac{1}{2}\xi(1-\xi)u_1 + (1-\xi^2)u_2 + \frac{1}{2}\xi(1+\xi)u_3 \tag{9.28}$$

或

$$\frac{\partial u}{\partial \xi} = \frac{1}{2}u_1(\xi - \frac{1}{2}) - 2u_2\xi + \frac{1}{2}u_3(1+2\xi) \tag{9.29}$$

将式(9.26)代入式(9.28)：

$$u = -\frac{1}{2}\left(-1+2\sqrt{\frac{x}{L}}\right)\left(2-2\sqrt{\frac{x}{L}}\right)u_1 + 4\left(\sqrt{\frac{x}{L}} - \frac{x}{L}\right)u_2 + \frac{1}{2}\left(-1+2\sqrt{\frac{x}{L}}\right)\left(2\sqrt{\frac{x}{L}}\right)u_3 \tag{9.30}$$

那么，x方向的正应变为：

$$\varepsilon_x = \frac{\partial u}{\partial x} = \frac{\partial \xi}{\partial x}\frac{\partial u}{\partial \xi} = -\frac{1}{2}\left(\frac{3}{\sqrt{xL}} - \frac{4}{L}\right)u_1 + \left(\frac{2}{\sqrt{xL}} - \frac{4}{L}\right)u_2 + \frac{1}{2}\left(-\frac{1}{\sqrt{xL}} + \frac{4}{L}\right)u_3 \tag{9.31}$$

因此，沿边1-3方向上的应变存在$1/\sqrt{x}$阶的奇异性，在边1-7方向上也存在同

样结果。由于极坐标与自然坐标的变换关系为:

$$
\begin{aligned}
x &= r\cos\theta \\
y &= r\sin\theta
\end{aligned} \tag{9.32}
$$

显然,在极坐标中存在 $1/\sqrt{r}$ 阶的奇异性,满足裂纹尖端奇异性的要求。

但是,在单元内结点 1 的扩散线上不符合 $1/\sqrt{r}$ 次应变奇异性。这一状态可通过令八结点等参数单元的边 1-7 长度为零,即结点 1、7 和结点 8 重合,成为三角形单元而得以消除(图 9.7)。

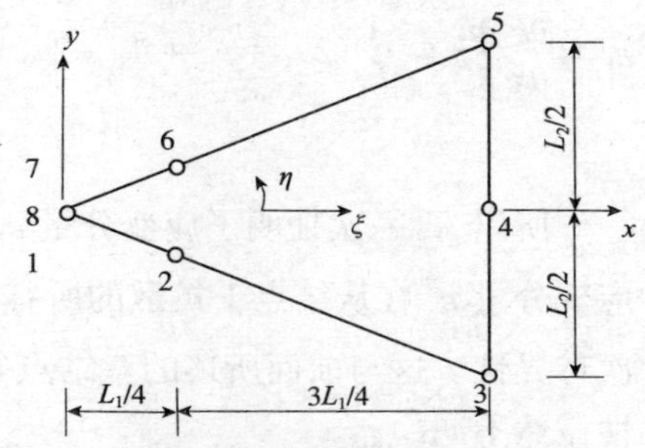

图 9.7 将中点移至四分点的三角形示意图

类似地,将裂缝尖端点(结点 1、7、8)相邻边的中点移至靠近裂缝尖点的四分点处。从图上可以直接得到,曲线参数 ξ 、η 分别直接与极坐标参数 r、θ 相关。沿轴向 $\eta = 0$,得到:

$$N_1 = N_3 = N_5 = N_7 = -\frac{1}{4}(1-\xi^2) \tag{9.33}$$

$$N_2 = N_6 = \frac{1}{2}(1-\xi^2) \tag{9.34}$$

$$N_4 = N_8 = \frac{1}{2}(1-\xi) \tag{9.35}$$

将 xOy 坐标系的原点置于结点 1(图 9.7),得到:

$$x_1 = x_7 = x_8 = 0 \tag{9.36}$$

$$x_2 = x_6 = \frac{L_1}{4} \tag{9.37}$$

$$x_3 = x_4 = x_5 = L_1 \tag{9.38}$$

同样可进一步得到:

$$x = \frac{L_1}{4}(1+\xi)^2 \tag{9.39}$$

或者

$$\xi = -1 + 2\sqrt{\frac{x}{L_1}} \tag{9.40}$$

因此如前所证, $\partial x/\partial \xi$ 在 $x=0$ 处奇异。

沿 x 轴向的位移:

$$u = -\frac{1}{4}(1-\xi^2)(u_1+u_3+u_5+u_7) + \frac{1}{2}(1-\xi^2)(u_2+u_6) + \frac{1}{2}(1-\xi)(u_4+u_8) \tag{9.41}$$

$$\frac{\partial u}{\partial \xi} = \frac{1}{2}(2u_1 + u_3 + u_5 - 2u_2 - 2u_6) - \frac{1}{2\sqrt{xL}}(3u_1 + u_3 + u_4 + u_5 - 2u_2 - 2u_6) \tag{9.42}$$

注意,当 $u_1 = u_7 = u_8$,则应变为:

$$\varepsilon_x = \frac{\partial \xi}{\partial x}\frac{\partial u}{\partial \xi} = \frac{1}{L_1}(2u_1 + u_3 + u_5 - 2u_2 - 2u_6) - \frac{1}{2\sqrt{L_1 x}}(3u_1 + u_3 + u_4 + u_5 - 2u_2 - 2u_6) \tag{9.43}$$

所以,再一次证明了应变分量 ε_x 具有 $1/\sqrt{r}$ 次奇异性。更一般地,能证明径向应变分量 ε_r 在从结点 1 扩散的所有方向上(在结点所属单元范围内)均具有 $1/\sqrt{r}$ 次奇异性。这与前面所述的八结点等参数单元仅在单元边界上达到 $1/\sqrt{r}$ 次奇异性截然不同。

9.1.4 算例分析

现选择两典型问题验证 ABAQUS 有限元程序进行断裂力学计算的有效性。

本章文献[11]给出一平面薄板,在平面内两侧受单位张力 $p = 689.5\text{kPa}$,在平板两侧对称位置各有一垂直荷载方向的初始长度为 0.254m 的裂缝,$E = 206.8\text{GPa}$,$\mu = 0.3$,$t = 1.0$(单位厚度),板宽度为 1.02m。由于几何对称性,可取 1/4 模型进行计算,网络划分见图 9.8。分别使用了 8 节点、20 节点、27 节点三种二次单元进行了计算,与理论解的比较见表 9.1。

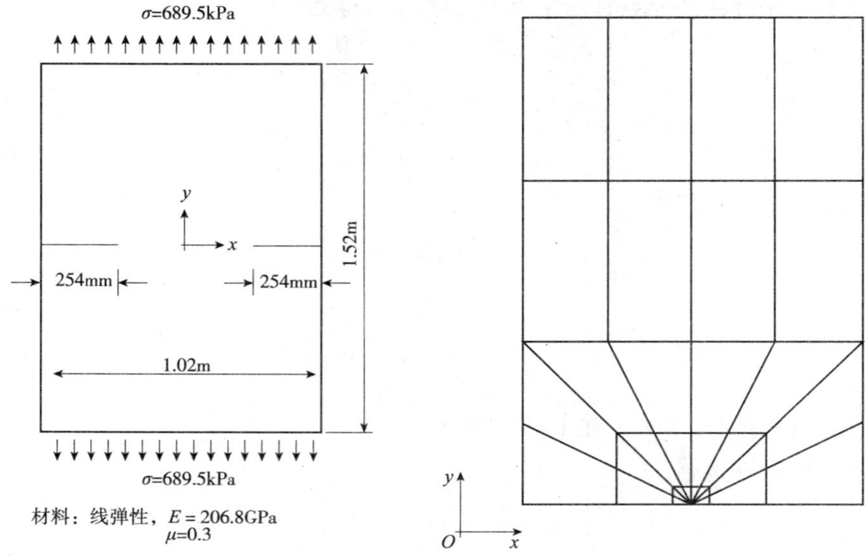

图 9.8 文献[10]模型示意图及网格示意图

不同节点单元 ABAQUS 计算值与理论解的比较　　表 9.1

节点	8 节点	20 节点	27 节点	理论解
J(N·m)	2.336	2.333	2.338	2.245

从计算结果可以看出,ABAQUS 有限元计算比较精确,取 20 节点时仅与理论解相差 4.0% 左右,满足工程设计的需要。

9.2　加宽工程路面的数值计算模型

有限元分析时,各路面结构层采用 CPE4R 平面应变减缩积分单元模拟,为提高计算精度,裂缝尖端采用奇异单元。为简化计算,并不失问题分析的合理性,根据沪宁高速公路加宽工程实际工程图 9.2,采用图 9.9 路面结构进行分析。沥青面层厚度 18cm,模量 1 200MPa;新老路基层厚度 40cm,模量 1 500MPa;新老路底基层厚度 20cm,模量 300MPa;土基厚度 400cm,模量 40MPa。

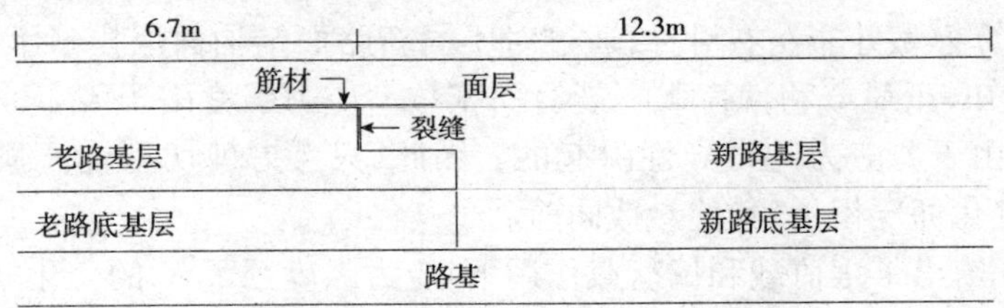

图 9.9　有限元计算示意图

根据在沥青面层与基层之间设与不设土工加筋材料分两种情形,计算中加筋时取两种筋材模量 E_g = 5.95GPa,23.9GPa。

沥青面层表面作用的交通荷载取图 9.10 中两种图式。其中,荷载大小为 0.7MPa,荷载作用范围 $2r = 2 \times 15.0$。计算中取 a 为面层厚度,裂缝在面层中的扩展长度 c 分别取 c/a = 0.2、0.4、0.6 和 0.8 共 4 个值进行分析。

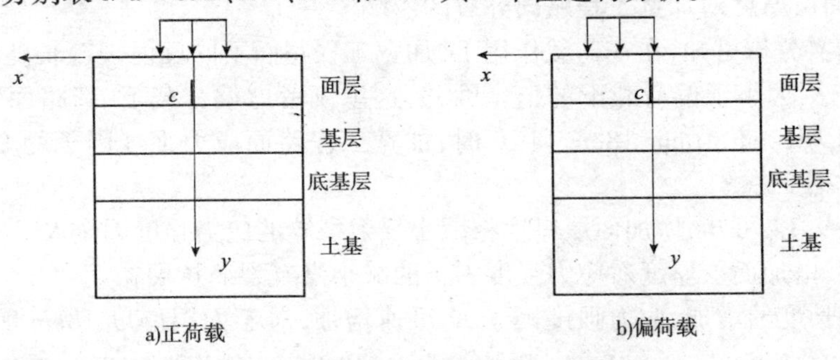

图 9.10　交通荷载作用图式

9.3 加宽工程路面面层开裂的影响因素分析

影响加宽工程路面开裂的因素很多，主要有新路面结构的面层模量和厚度、老路基层模量、新路基层模量、新老路基层模量比及差异沉降等。

从第4章分析可以看出，当新老路软土地基采用合理的处治方式时，新老路堤表面差异沉降很小。下文将分别对不考虑差异（新老路软土地基处治较好，几乎没有差异沉降）和考虑差异沉降两种情况进行分析。不考虑差异沉降时，土基底部水平向和竖向固定，左右两侧没有水平位移。考虑差异沉降时，土基底部水平向固定，竖向施加加宽工程差异沉降边界条件（取道路中心与新路堤最大沉降之间差异沉降值为4cm），左右两侧没有水平位移。

本节分析加宽工程路面开裂的影响因素时，没有考虑加筋，土工材料阻止加宽工程路面反射裂缝扩展的桥联增韧作用在下一节中进行详细分析。

9.3.1 面层模量对加宽工程路面开裂的影响

由于计算模型并非左右对称，通过对不同新路面结构面层模量下的加宽工程路面计算可知，正荷载和偏荷载下裂缝面张拉型应力强度因子 K_1 均为负值，表明裂缝扩展是由于剪应力的奇异性引起的。因此，只考虑剪切型应力强度因子 K_2。分析时，仅变化面层模量，其他参数同前。

图9.11给出了正荷载和偏荷载作用下，应力强度因子 K_2 的变化规律。c/a 为面层裂缝长度与面层厚度的比值。从图中可看出，面层反射裂缝在正荷载作用下，应力强度因子 K_2 随面层模量的增大而增大，同时，在裂缝扩展过程中，面层模量对 K_2 的影响基本一致。偏荷载下，K_2 也随面层模量的增大而增大，且在裂缝扩展后期，其随模量增大的幅度明显大于裂缝扩展初期。综合而言，正荷载和偏荷载下面层模量增加，可加速其反射裂缝扩展。此外，偏荷载下，裂缝扩展中的应力强度因子 K_2 远大于正荷载下的值，从而表明，偏荷载对面层裂缝扩展的影响比正荷载大。

9.3.2 面层厚度对加宽工程路面开裂的影响

由前文分析可知，在正荷载作用下，加宽工程路面不同反射裂缝长度时的应力强度因子 K_2 远小于偏荷载下的值。因此，这里仅考虑偏荷载下，新路面结构面层厚度分别为14cm、16cm、18cm和20时，加宽工程路面应力强度因子的变化规律，其他参数不变。

从图9.12可知，增加面层厚度将减小反射裂缝的应力强度因子 K_2，并且，裂缝扩展后期，增加面层厚度对应力强度因子的减小没有裂缝扩展初期明显。同时，随裂缝扩展长度的增加，应力强度因子 K_2 迅速增加，对于面层厚度18cm的情况，在 $c/a=0.2$ 时，K_2 为 $-119.9\text{kPa}\cdot\text{m}^{1/2}$，而在 $c/a=0.8$ 时，K_2 达到了 $-209.2\text{kPa}\cdot\text{m}^{1/2}$。

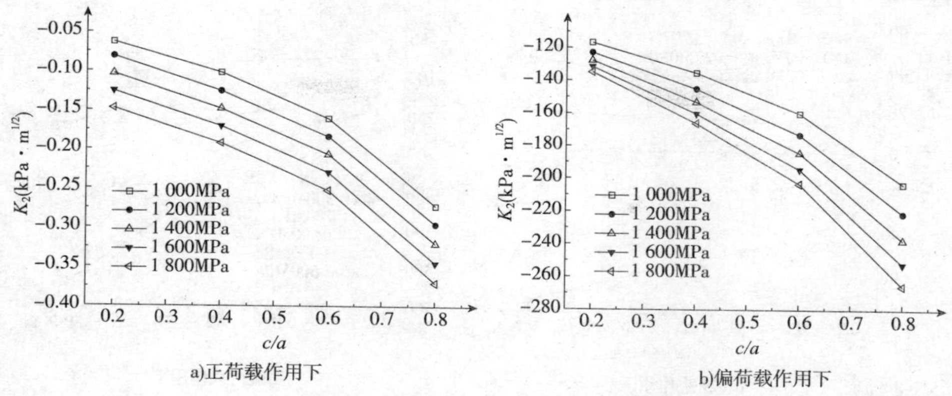

图 9. 11　应力强度因子 K_2 随面层模量变化曲线

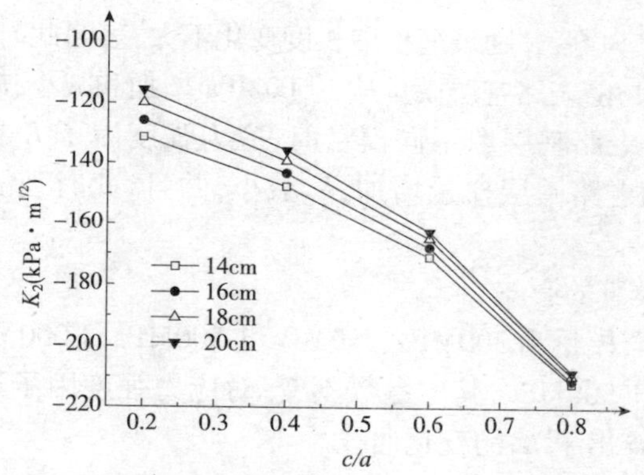

图 9. 12　偏荷载作用下应力强度因子 K_2 随面层厚度变化曲线

9. 3. 3　基层模量对加宽工程路面开裂的影响

基层模量对加宽工程路面开裂的影响可以分为老路基层的影响和新路基层模量的影响两种。下文分别对其进行分析。同时,综合考虑二者的影响,研究了老路基层与新路基层模量之比对应力强度因子的影响,并对加宽工程路面结构类型选择提出建议。

(1)老路基层模量的影响

老路基层模量分别取 300MPa、750MPa、1 500MPa、3 000MPa 和 7 500MPa,保持新路基层模量为 1 500MPa,其他参数不变,对不同裂缝扩展长度时的应力强度因子进行了计算。由于计算的 K_1 为负值,图 9. 13 仅给出了 K_2的变化曲线。

从图 9. 13 中可看出,在正荷载作用下,老路基层取不同模量时,应力强度因子 K_2(由于正负值均能导致路面开裂,仅为方向上的差别,这里仅对其数值进行分析,下文同)随裂缝扩展长度增加而增加。老路基层模量为 1 500MPa(与新路基层模量相同)

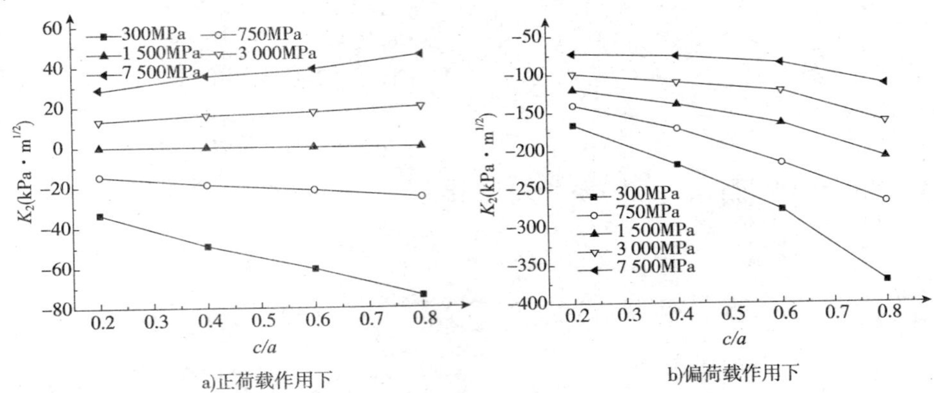

a)正荷载作用下

b)偏荷载作用下

图 9.13　应力强度因子 K_2 随老路基层模量变化曲线

时，K_2 数值最小，几乎为零，并随裂缝扩展长度变化不大，表明此时加宽工程路面开裂的可能性最小。同时，随老路基层模量从 1 500MPa 增加和减小，K_2 均增加。

偏荷载作用下，老路基层取不同模量时，应力强度因子 K_2 随裂缝扩展长度增加而增加。同时，随老路基层模量增加，K_2 减小，并且，此时裂缝扩展长度对 K_2 的影响变小。

(2)新路基层模量的影响

分别取新路基层模量为 300MPa、750MPa、1 500MPa、3 000MPa 和 7 500MPa，保持老路基层模量为 1 500MPa，其他参数不变，对应力强度因子进行计算。由于 K_1 为负值，图 9.14 仅给出了 K_2 的变化曲线。

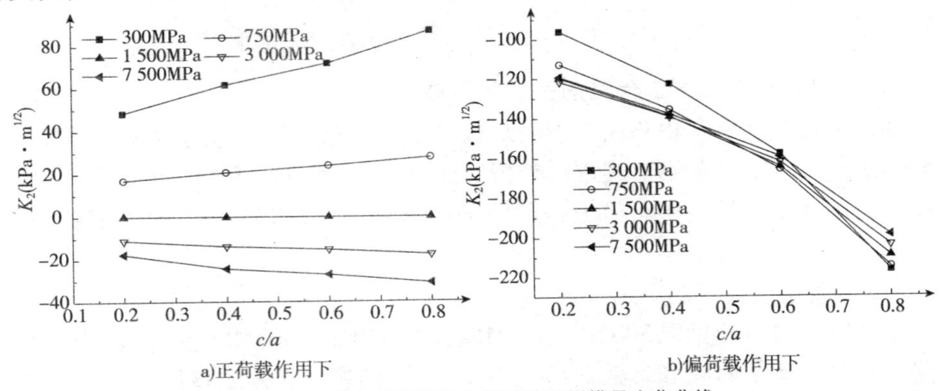

a)正荷载作用下

b)偏荷载作用下

图 9.14　应力强度因子 K_2 随新路基层模量变化曲线

从图 9.14 中可看出，正荷载作用下，新路基层取不同模量时，应力强度因子 K_2 随裂缝扩展长度增加而增加。新路基层模量为 1 500MPa(与老路基层模量相同)时，K_2 数值最小，几乎为零，并随裂缝扩展长度变化不大，表明此时加宽工程路面开裂的可能性最小。同时，随新路基层模量从 1 500MPa 增加和减小，K_2 均增加。比较图 9.13 和图 9.14 可以看出，增加或减小老路基层模量和新路基层模量对 K_2 的影响相似，但方向相反。

偏荷载作用下，新路基层取不同模量时，应力强度因子 K_2 随裂缝扩展长度增加而增加。同时，新路基层模量对 K_2 的影响较小。

(3)基于断裂力学的加宽工程路面结构类型选择

从前文分析可知，老路基层模量和新路基层模量对正荷载下 K_2 的影响相同，都是在 1 500MPa 时 K_2 有最小值，并且随裂缝扩展变化不大，只是方向不同。而偏荷载下二者对 K_2 的影响不同，随老路基层模量增加 K_2 减小，随新路基层模量增加 K_2 基本增加，且变化不大。考虑特定加宽工程中老路基层的确定，就可以通过调整新路基层的模量使二者满足一定的关系，达到降低路面反射裂缝开裂可能性的目的。因此，加宽工程路面结构类型的选择就可以通过研究新老路基层模量之比对加宽工程路面开裂的影响来完成。

分析时，保持老路基层模量不变，分别对老路基层与新路基层模量比为 0.2、0.5、1、2 和 5 时裂缝扩展至不同长度下的应力强度因子进行了计算，如图 9.15 所示。从图中可看出，正荷载下随老路基层与新路基层之比增加，应力强度因子 K_2 先减小后增加，在新老路基层模量相同时有最小值，并且，模量之比对 K_2 的影响非常大，比如，当 $a/c=0.2$ 时，不同新老路基层模量之比下的应力强度因子最大值与最小值之比为 $48.21\text{kPa}\cdot\text{m}^{1/2}/0.074\text{kPa}\cdot\text{m}^{1/2}=651$。同时，基层模量之比一定时，$K_2$ 随裂缝扩展长度增加而增加，但变化不大。对偏荷载情况下的考察发现，除裂缝扩展长度较大($c/a=0.8$)时的情况外，应力强度因子 K_2 随老路基层与新路基层模量之比增加略有减小。当基层模量之比一定时，K_2 随裂缝扩展长度增加而增加。

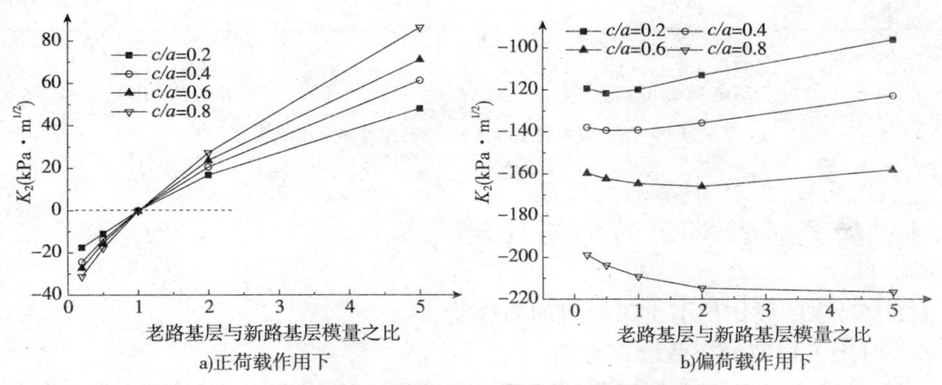

图 9.15　应力强度因子 K_2 随老路与新路基层模量之比变化曲线

研究表明[8]，一般沥青混合料的断裂韧性约为 400 ~ 500kPa · $m^{1/2}$，因此，尽管偏荷载下不同基层模量比时的 K_2 值较大，但最大值 216.7kPa · $m^{1/2}$ 仍远小于沥青混合料的断裂韧性。而正荷载下，应力强度因子 K_2 在老路基层模量大于新路基层模量之后迅速增加，很快会成为控制路面开裂的主导因素。因此，综合正荷载和偏荷载情况下不同基层模量比的应力强度因子看出，不管裂缝扩展到什么程度，只有当新路基层和老路基层模量接近时，加宽工程路面开裂的可能性才最小，并且，相同的新老路基层模量可以进一步减小差异沉降，反过来又能降低路面开裂的可能性。因此，在实际工程中，合理确定老路基层模量，并选择适当的新路面结构类型使新老路基层模量相接近是非常重要的。

9.3.4 差异沉降对加宽工程路面开裂的影响

前文分析中，均取道路中心与新路堤最大沉降之间差异沉降值为 4cm，有必要对不同差异沉降时加宽工程路面面层反射裂缝的应力强度因子进行分析。取 $c/a = 0.4$，对差异沉降分别为 0cm、2cm、4cm、6cm 和 8cm 进行分析。从图 9.16 可以看出，正荷载和偏荷载作用下，随差异沉降增加，应力强度因子 K_2 变大，并且差异沉降越大，K_2 增大的越明显。因此，应对新老路软土地基采用合理的处治措施，尽量减小加宽工程差异沉降，这和前文的分析是一致的。

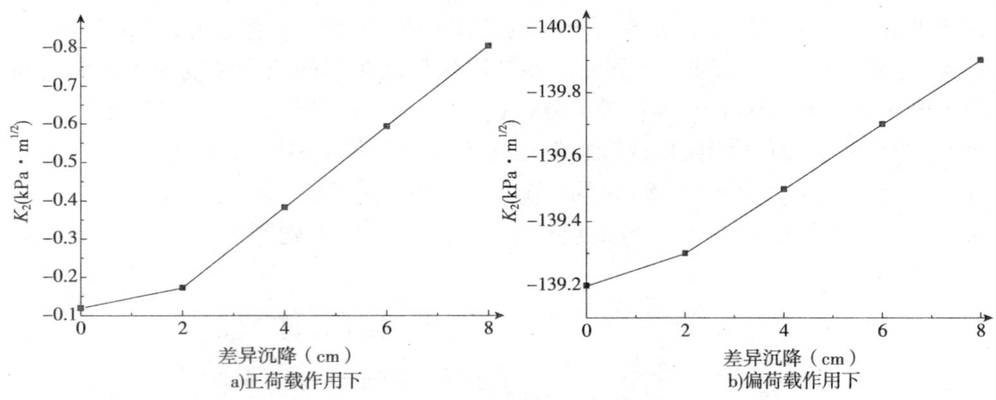

图 9.16 应力强度因子 K_2 随差异沉降变化曲线

9.4 加宽工程路面的加筋处治

9.4.1 对称荷载作用下土工材料加筋性状

(1)土工材料的桥联增韧作用

图 9.17 给出了对称荷载作用下，裂缝扩展至不同位置时裂缝延长线上拉应力

σ_x的分布曲线，其中，E_g为筋材模量。图中，σ_x随沥青层深度分布曲线清楚地表明，对称荷载作用下，当裂缝扩展长度较小时，在沥青面层近路表上部大部分范围内拉应力 σ_x几乎线性分布，具有弯拉应力的特征；当裂缝扩展长度较大（$c/a=0.8$）时，裂缝尖端上部路面结构内为压应力。同时，两种情况下均存在裂缝尖端应力集中现象，靠近裂缝尖端局部区域，拉（压）应力 σ_x趋于无限大，即具有奇异性。随着裂缝两边受弯拉作用而张开，土工加筋材料将处于张拉状态，欲将裂缝两边拉在一起，表现出一种桥联增韧效应，降低了裂缝尖端的应力集中程度，并且，这种桥联增韧效应随着土工加筋材料模量增大而愈益显著。

图 9.17 还说明，无论裂缝扩展至何位置，土工加筋材料始终对裂缝尖端拉应力集中具有降低的作用，但这种作用在裂缝扩展初期更为明显，在后期逐渐趋于稳定，尽管此时裂缝尖端处于受压状态，而沥青面层底部与基层顶部界面处的裂缝两边仍张开着，筋材继续发挥着桥联增韧作用。

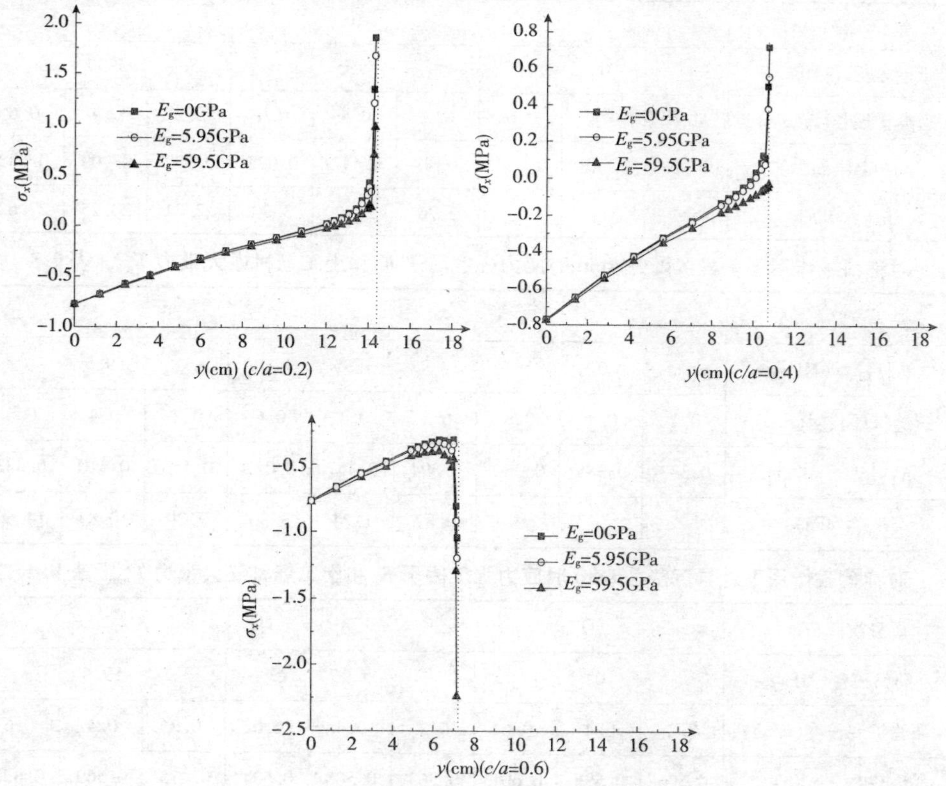

图 9.17　对称荷载作用下裂缝扩展至不同位置时裂缝延长线上拉应力 σ_x的分布曲线（差异沉降 8cm）

(2)土工材料对加宽工程沥青路面裂缝扩展的影响

表9.2～表9.5给出了对称荷载作用下,加宽工程路面不考虑差异沉降(差异沉降为0cm)和各种差异沉降(差异沉降为4cm、6cm和8cm)时,不同裂缝扩展长度的应力强度因子和土工加筋材料最大张拉力。由计算结果可知,差异沉降较小时(0～6cm),裂缝张拉型应力强度因子 K_1 均为负值,表现为剪切型裂缝。由于土工加筋材料只能受拉,而不能受压和传递弯矩,因此,同一裂缝扩展长度下,土工加筋材料对剪切型应力强度因子 K_2 影响不是很大,并且剪切型应力强度因子 K_2 都很小,远小于一般沥青混合料的断裂韧性400～500kPa·$m^{1/2}$。尽管此时裂缝尖端处于受压状态,但沥青面层底部与基层顶部界面处的裂缝两边仍张开着,筋材继续发挥着桥联增韧作用,而且,模量较高的土工加筋材料,因其抵抗变形能力强,它所承受的最大张力更大些。

对称荷载作用下差异沉降为0cm时应力强度因子 K_2 和土工筋材最大张力 T_{max} 表9.2

差异沉降(cm)	0								
筋材模量(MPa)	0			5.95			59.5		
裂缝扩展长度(c/a)	0.2	0.4	0.6	0.2	0.4	0.6	0.2	0.4	0.6
K_2(kPa·$m^{1/2}$)	0.116	0.113	0.036	0.143	0.112	0.022	0.337	0.109	0.082
T_{max}(MPa)	—	—	—	2.76	2.40	3.30	22.21	20.25	27.62

对称荷载作用下差异沉降为4cm时应力强度因子 K_2 和土工筋材最大张力 T_{max} 表9.3

差异沉降(cm)	4								
筋材模量(MPa)	0			5.95			59.5		
裂缝扩展长度(c/a)	0.2	0.4	0.6	0.2	0.4	0.6	0.2	0.4	0.6
K_2(kPa·$m^{1/2}$)	0.383	0.385	0.360	0.394	0.357	0.022	0.473	0.410	0.333
T_{max}(MPa)	—	—	—	0.87	1.74	3.30	7.29	10.84	14.66

对称荷载作用下差异沉降为6cm时应力强度因子 K_2 和土工筋材最大张力 T_{max} 表9.4

差异沉降(cm)	6								
筋材模量(MPa)	0			5.95			59.5		
裂缝扩展长度(c/a)	0.2	0.4	0.6	0.2	0.4	0.6	0.2	0.4	0.6
K_2(kPa·$m^{1/2}$)	0.596	0.598	0.601	0.563	0.588	0.604	0.475	0.569	0.621
T_{max}(MPa)	—	—	—	2.82	1.66	0.93	17.25	10.35	7.95

对称荷载作用下差异沉降为 8cm 时应力强度因子 K_1、K_2 和土工筋材最大张力 T_{max}　　表 9.5

差异沉降(cm)	8								
筋材模量(MPa)	0			5.95			59.5		
裂缝扩展长度(c/a)	0.2	0.4	0.6	0.2	0.4	0.6	0.2	0.4	0.6
K_1(kPa·$m^{1/2}$)	63.43	24.3	-35.69	57.20	18.69	-40.88	33.36	-1.1	-58.17
K_2(kPa·$m^{1/2}$)	0.81	0.81	0.84	0.68	0.71	0.78	0.31	0.44	0.64
T_{max}(MPa)	—	—	—	9.10	10.98	10.43	51.96	56.21	51.48

当差异沉降较大(8cm)且裂缝扩展长度较小时，表现为复合型裂缝，裂缝张拉型应力强度因子 K_1 为正值，此时，仅能承受拉力的土工加筋材料对裂缝扩展的影响较大。当 $c/a=0.2$ 时，不加筋、筋材模量为 5.95GPa 和 59.5GPa 下，K_1 分别为 63.43kPa·$m^{1/2}$、57.20kPa·$m^{1/2}$ 和 33.36kPa·$m^{1/2}$，应力强度因子 K_1 明显降低。

由上可知，不管对于剪切型裂缝还是复合型裂缝，对称荷载作用下，土工加筋材料均能起到一定的桥联增韧作用，降低了裂缝尖端的应力集中。

9.4.2　非对称荷载作用下土工材料加筋性状

(1)土工材料的桥联增韧作用

图 9.18 给出了非对称荷载作用下，裂缝扩展至不同位置时裂缝延长线上拉应力 σ_x 的分布曲线，其中，E_g 为筋材模量。图中，σ_x 随沥青层深度分布曲线表明，非对称荷载作用下，沥青面层 σ_x 的分布规律与对称荷载作用下的情况类似。当裂缝扩展长度较小时，在沥青面层近路表上部大部分范围内拉应力 σ_x 几乎呈线性分布，具有弯拉应力的特征；当裂缝扩展长度较大($c/a=0.8$)时，裂缝尖端上部路面结构内为压应力。同时，两种情况下均存在裂缝尖端应力集中现象，靠近裂缝尖端局部区域拉应力 σ_x 趋于无限大，即具有奇异性。随着裂缝两边受弯拉作用而张开，土工加筋材料将处于张拉状态，欲将裂缝两边拉在一起，表现出一种桥联增韧效应，降低了裂缝尖端的应力集中程度，并且，这种桥联增韧效应随着土工加筋材料模量增大而愈益显著。

图 9.18 还说明，非对称荷载作用下，土工加筋材料对裂缝扩展的影响与对称荷载作用下的情况类似。无论裂缝扩展至何位置，土工加筋材料始终对裂缝尖端拉应力集中具有降低的作用，但这种作用在裂缝扩展初期更为明显，在后期逐渐趋于稳定，尽管此时裂缝尖端处于受压状态，而沥青面层底部与基层顶部界面处的裂缝两边仍张开着，筋材继续发挥着桥联增韧作用。

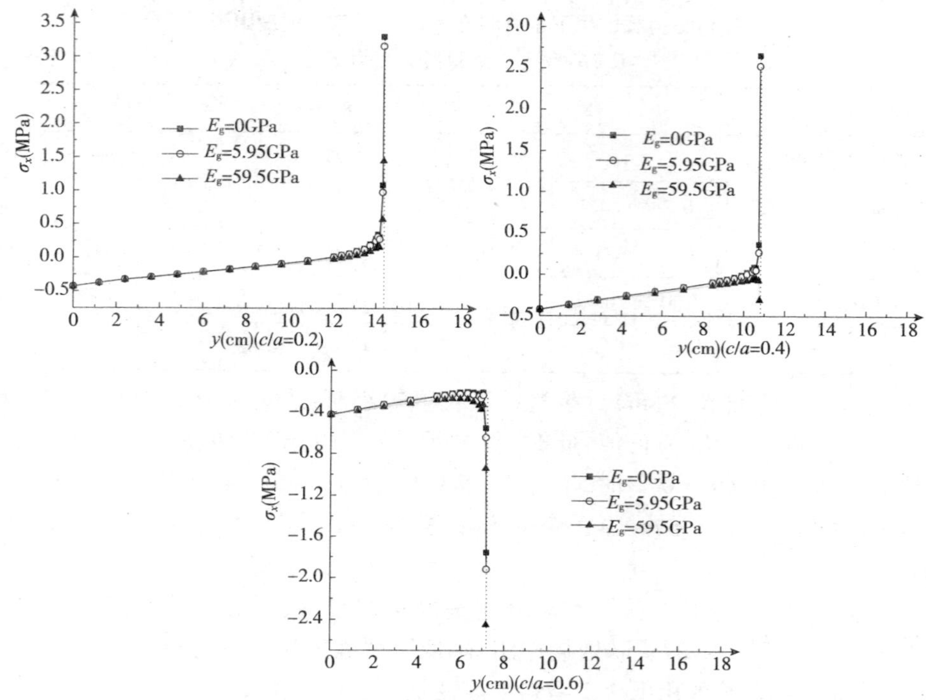

图 9.18　非对称荷载作用下裂缝扩展至不同位置时裂缝延长线上拉应力 σ_x 的分布曲线（差异沉降 8cm）

（2）土工材料对加宽工程沥青路面裂缝扩展的影响

表 9.6～表 9.9 给出了非对称荷载作用下，不考虑加宽工程差异沉降（差异沉降为 0cm）和各种差异沉降（差异沉降为 4cm、6cm 和 8cm）时，不同裂缝扩展长度的应力强度因子和土工加筋材料最大张拉力。由计算结果可知，差异沉降较小时（0～6cm），裂缝张拉型应力强度因子 K_1 均为负值，表现为剪切型裂缝，由于土工加筋材料只能受拉，而不能受压和传递弯矩，因此，同一裂缝扩展长度下土工加筋材料对剪切型应力强度因子影响 K_2 不是很大。尽管此时裂缝尖端处于受压状态，而沥青面层底部与基层顶部界面处的裂缝两边仍张开着，筋材继续发挥着桥联增韧作用，而且，模量较高的土工加筋材料，因其抵抗变形能力强，它所承受的最大张力更大些。

非对称荷载作用下差异沉降为 0cm 时应力强度因子 K_2、扩展角 θ 和土工筋材最大张力 T_{max}　　表 9.6

差异沉降（cm）	0								
筋材模量（MPa）	0			5.95			59.5		
裂缝扩展长度（c/a）	0.2	0.4	0.6	0.2	0.4	0.6	0.2	0.4	0.6

续上表

K_2(kPa·m$^{1/2}$)	120.6	139.5	165.0	120.6	139.5	165.0	120.9	139.5	164.9
θ(°)	0.0	0.0	0.0	0.0	0.0	0.0	0.0	0.0	0.0
T_{max}(MPa)	—	—	—	2.75	2.33	6.28	11.67	19.71	27.40

非对称荷载作用下差异沉降为 4cm 时应力强度因子 K_2、扩展角 θ 和土工筋材最大张力 T_{max}　表 9.7

差异沉降(cm)	4								
筋材模量(MPa)	0			5.95			59.5		
裂缝扩展长度(c/a)	0.2	0.4	0.6	0.2	0.4	0.6	0.2	0.4	0.6
K_2(kPa·m$^{1/2}$)	120.9	139.8	165.4	121.0	139.8	165.4	121.0	139.9	165.4
θ(°)	57.55	52.66	0.0	57.57	52.66	0.0	57.69	52.73	0.0
T_{max}(MPa)	—	—	—	0.86	1.20	1.70	7.39	10.34	14.46

非对称荷载作用下差异沉降为 6cm 时应力强度因子 K_2、扩展角 θ 和土工筋材最大张力 T_{max}　表 9.8

差异沉降(cm)	6								
筋材模量(MPa)	0			5.95			59.5		
裂缝扩展长度(c/a)	0.2	0.4	0.6	0.2	0.4	0.6	0.2	0.4	0.6
K_2(kPa·m$^{1/2}$)	121.1	140.0	165.6	121.2	140.0	165.6	121.3	140.2	165.7
θ(°)	67.66	62.18	57.13	67.59	62.20	57.14	67.27	62.28	57.20
T_{max}(MPa)	—	—	—	1.12	0.74	0.89	8.04	6.96	7.75

非对称荷载作用下差异沉降为 8cm 时应力强度因子 K_2、扩展角 θ 和土工筋材最大张力 T_{max}　表 9.9

差异沉降(cm)	8								
筋材模量(MPa)	0			5.95			59.5		
裂缝扩展长度(c/a)	0.2	0.4	0.6	0.2	0.4	0.6	0.2	0.4	0.6
K_1(kPa·m$^{1/2}$)	50.66	17.56	-24.46	45.71	13.11	-28.64	26.85	-2.51	-42.39
K_2(kPa·m$^{1/2}$)	121.4	140.2	165.8	121.3	140.2	165.8	121.1	140.1	165.7
θ(°)	62.8	68.16	67.74	63.53	68.75	67.27	66.36	70.19	65.73
T_{max}(MPa)	—	—	—	7.40	8.60	8.38	42.65	45.37	41.11

当差异沉降较大(8cm)且裂缝扩展长度较小时,表现为复合型裂缝,裂缝张拉型应力强度因子 K_1 为正值,此时,仅能承受拉力的土工加筋材料对裂缝扩展的影

响较大。当 $c/a=0.2$ 时，不加筋、筋材模量为 5.95GPa 和 59.5GPa 下，K_1 分别为 50.66kPa·$m^{1/2}$、45.71kPa·$m^{1/2}$ 和 26.85kPa·$m^{1/2}$，应力强度因子 K_1 明显降低。

由上可知，不管对于剪切型裂缝还是复合型裂缝，非对称荷载作用下，土工加筋材料均能起到桥联增韧作用，降低裂缝尖端的应力集中。

9.5 本章小结

本章基于断裂力学理论，对加宽工程路面面层开裂的影响因素和路面加筋处治技术进行了分析，主要有以下结论：

(1)减小面层模量、增加面层厚度及减小差异沉降等，都能减缓加宽工程路面开裂。同时，当新路基层和老路基层模量接近时，加宽工程路面开裂的可能性最小。

(2)正荷载和偏荷载作用下，裂缝扩展过程中，都存在尖端应力集中现象。扩展初期，随裂缝两边受弯拉作用而张开，土工加筋材料将处于张拉状态，表现出一种桥联增韧效应，降低了裂缝尖端应力集中程度；扩展后期，尽管裂缝尖端处于受压状态，而沥青面层底部与基层顶部界面处的裂缝两边仍张开着，筋材继续发挥着桥联增韧作用，并且，这种桥联增韧效应随着土工加筋材料模量增大而愈益显著。

本章参考文献

[1] A. N. G. Van Meurs, A. Van Den Berg, et. Embankment widening with the gap-method[J]. Geotechnical engineering fortransportation infrastructure, Balkema, Rotterdam, 1999:1133-1138.

[2] 黄琴龙，凌建明，等．新老路基不协调变形模拟试验研究[J]．公路交通科技，2004,21(12):18-21.

[3] 高翔，刘松玉．软土地基上高速公路路基扩建加宽中的关键问题[J]．公路交通科技，2004,21(2):29-33.

[4] 黄琴龙，凌建明，唐伯明，蒙华．旧路拓宽工程的病害特征和机理[J]．同济大学学报，2004,32(2):197-201.

[5] 江苏省交通科学研究院．沪宁高速公路扩建工程路基拼接设计及施工技术研究总报告[R]. 2004.

[6] 徐纪林，吴永礼．计算应力强度因子的奇异等参单元[J]．固体力学学报，1983,2.

[7] 周志刚,张起森,郑健龙. 加筋材料阻止沥青路面反射裂缝的桥联增韧的有限元分析[J]. 土木工程学报,2000,33(1):93-99.

[8] 彭妙娟,张登良,夏永旭. 半刚性基层沥青路面的断裂力学计算方法及应用[J]. 中国公路学报,1998,11 (2):30 – 38.

[9] Hensell, R. D. , K. G. Shaw. Crack Tip Finite Elements are Unnecessary [J]. Int. Journal Numer. Meth In. Eng. 1975,9.

[10] Barsoum, R. S. On the Use of Isoparametric Finite Elements in Linear Fracture Mechanics[J]. Int. Journal Numer. Meth. In Eng. 1976,10.

[11] Bowie, O. L. Rectangular Tensile Sheet With Symmetric Edge Cracks[J]. Journal of Applied Mechanics,1964,31:208-212.

第10章 高速公路加宽工程路面加宽及施工技术

高速公路加宽工程路面加宽施工的关键在于路面结构层的拼接和接缝处治，其他同新建道路，不在赘述。本章首先对路面加宽前的准备工作进行了阐述，以沪宁高速公路加宽工程为例，说明路面加宽及施工技术。

10.1 路面拼接前的准备工作

10.1.1 对路基作业的检查

路面加宽前，应对路基性状进行检查。

(1)路基外形

路面外形包括中线偏位、宽度、横坡度和平整度。

(2)路基强度检查

①压实检查。用12～15t三轮压路机碾压速度控制在1.5～1.7km/h进行表层复压，出现松散、起皮要洒水润湿后压实，出现弹簧要挖除(最小厚度大于16cm)，重新回填8%的灰土，碾压密实达到96%的压实度。

②弯沉检查。用BZZ—100标准车以规定的频率检查路基回弹弯沉，按检测时的环境条件推算弯沉代表值(保证率97.7%)，要求不大于设计弯沉值。

③路基沉降检查。原则上，施工段落内连续2个月平均沉降速率小于3mm/月，才可铺筑底基层。

路基检查内容及频率如表10.1所示。

路基质量检查验收标准 表10.1

检查项目	质量标准		检查规定		备注
	要求值或允许偏差	质量要求	频率	方法	
压实度(%)	≥96	符合规范要求	4断面/200m	每个断面每个车道一点	
纵断高程(mm)	+10，-15	符合规范要求	5点/100m	水准仪	

续上表

检查项目		质量标准		检查规定		备注
		要求值或允许偏差	质量要求	频率	方法	
中线偏位(mm)		50		1 点/100m	经纬仪测量	曲线增测 ZY、YZ
宽度(mm)		不小于设计值	边缘顺直,曲线圆滑无曲折	2 处/100m	钢尺量	取每尺最大间隙
平整度(mm)		15		4 处/200m	每处 3m 直尺连续量 10 尺	
横坡(%)		±0.5		2 断面/100m	水准仪	
弯沉		不大于设计值	取 97.7% 概率上波动界限值	2 点/50m/车道	BZZ—100 标准车	
曲线	超高(%)	±0.5	平滑顺适	2 点/曲线	水准仪	
曲线	加宽	不小于设计值		2 点/曲线	钢尺量	
外观要求		平整密实,12～15t 压路机碾压没有明显轮迹,不准积水,排水畅通				

10.1.2　清除老路肩遗留物

清除老路土路肩及路肩边坡的覆盖土、硬化的水泥混凝土块、路肩盲沟等杂物,露出老路路面结构层,并用高压风(森林灭火器)吹净附着在路面结构层上的土粒和浮土。

清理的杂物原则上废弃,有条件时可作为路基路床以下的路基填料。

10.1.3　复测定线

老路利用时,纵断面高程控制是整个路面施工的关键。施工前,全面复测老路内侧路缘带标线向内 10cm 的路面高程,每 10m 一个点(桥头、沉降较大的段落测试加密),设计单位根据复测结果调整设计,确定最终设计高程,施工单位根据最终设计高程和调整方案进行施工。

路面加宽纵断面高程变化通过调整结构层厚度实现。调整时,认真研究,将底基层顶面、基层顶面和沥青中面层顶面调整到位,并尽量在沥青面层以下进行调整,以降低工程造价。横向调整的范围应在第二、三车道内实现,加宽部分的车道和硬路肩应基本和设计保持一致。

特殊地段,路基要整体抬高及分离路段完全按设计高程控制,两头衔接处注意纵横坡平顺相接。

10.1.4 设备和材料的准备

路面各结构层开工前，料场各种集料应满足6km半幅各种集料的需求量，以后按计划进度提前10d备料，保持料场始终有半幅6km的材料储存量。路用沥青的拌和场储存能力要满足不小于2d施工需要的周转量。进料前，应按规定的频率抽检，不合格材料不得接收和使用。

各施工单位须将主要设备和试验仪器按时组织进场，其规格和数量满足最低要求，有计量装置的设备和仪器，要经地市级以上的计量监督单位标定签认。

10.2 沪宁高速公路路面加宽工程实例[2]

10.2.1 路面拼接方法

(1)无锡枢纽以东(K1+770~K104+200)路面加宽方案见图10.1。原则上，老路超车道各结构层全部利用，行车道中上面层(厚度14cm)全部刨除，下面层部分利用，基层、底基层利用，硬路肩下仅保留1.25m宽的底基层，其他各结构层次采用新的路面结构。

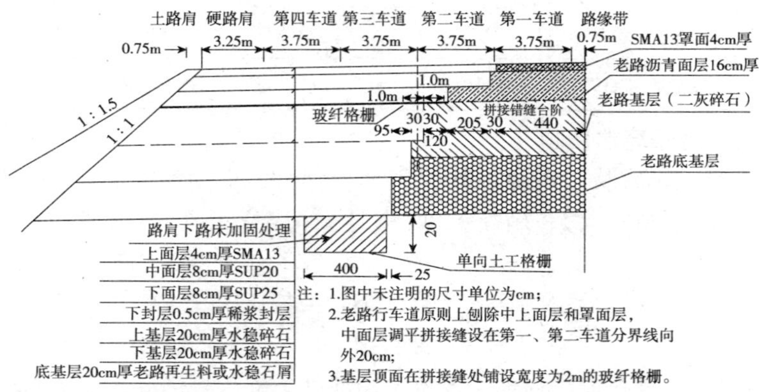

图10.1 无锡枢纽以东(K1+770~K104+200)路面加宽方案

(2)无锡枢纽以西(K104+200~K276+310)路面加宽方案见图10.2。原则上，老路超车道各结构层全部利用，并加铺4cm厚SMA13，行车道中上面层全部刨除，下面层部分利用，硬路肩下仅保留1.25m宽的底基层，其他各结构层次采用新的路面结构。

(3)无锡段HN-LM4标(K72+984.817~K95+300)从望虞河桥宁台至新兴塘桥沪台采用柔性基层，路面加宽方案见图10.3，仅利用老路内侧路缘带中面层以下结构层，其他老路结构按施工高程的要求全部铣刨，统一铺筑新的路面结构。

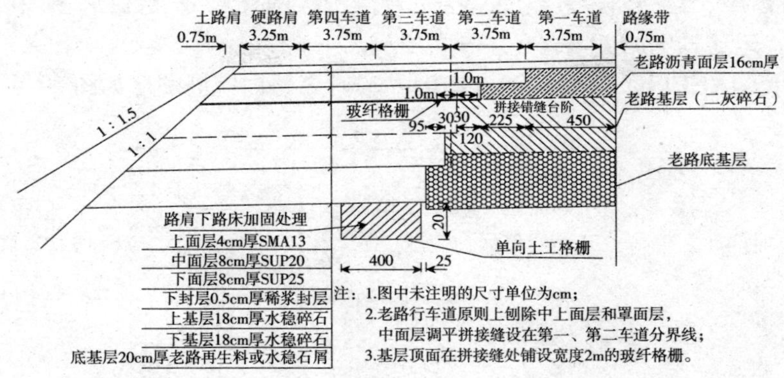

图 10.2　无锡枢纽以西（K104 +200 ~ K276 +310）路面加宽方案

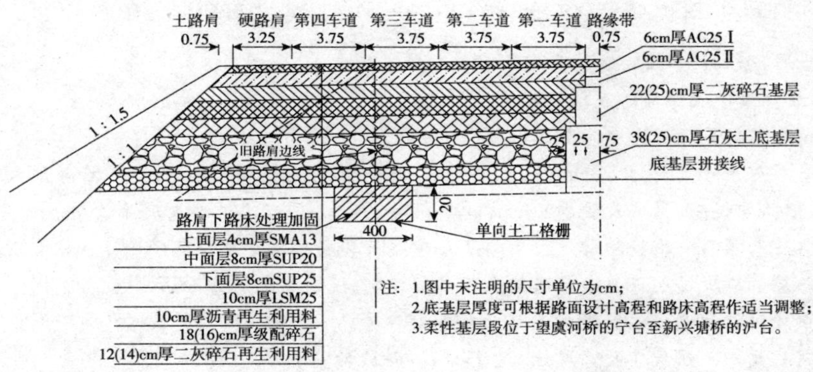

图 10.3　柔性基层段路面加宽方案

（4）铣刨时，按拼接图要求的几何尺寸形成台阶，台阶及拼接面不允许有松动粒料和灰尘，也不得因机械通过造成缺角、啃边、松散等缺陷，横向工作缝要求放在结构物处，如确实有困难，按实际铺筑层次形成台阶，其台阶宽度大于 2m，并按垂直拼缝的要求进行施工。不论纵向和横向拼接缝，线形均要求顺直，拼接处压实度应满足设计要求。

10.2.2　老路面铣刨作业

铣刨机必须选用带自动找平装置的进口铣刨机，铣刨宽度 1.9 ~ 2.1m，铣刨最大深度不小于 30cm。在可能发生啃边的地段，可预留宽度 5cm，拼接前冷切缝处理。切边线形顺直，不出现明显的啃边现象。铣刨面平整，高低差小于 8mm。铣刨深度误差 ±1.0cm。老路利用的结构层面拉毛，不允许有遗留的夹心层；如有夹心层要二次补铣。

沥青面层、二灰碎石基层、底基层按台阶拼接的要求分层铣刨,不同材料不能混铣混装,运到再生加工场也必须分类堆放。

(1)无锡枢纽以东(K1+770~K104+200)老路面铣刨顺序如图10.4所示。

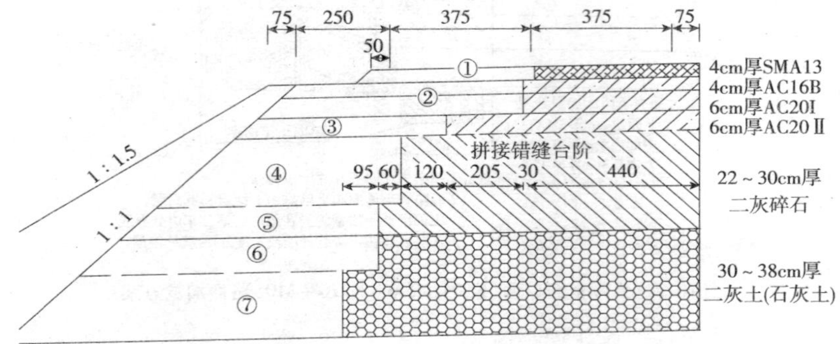

图10.4 无锡枢纽以东(K1+770~K104+200)路面铣刨顺序图

注:①4cm厚SMA13罩面的铣刨宽度为435cm;

②10cm厚原中上面层的铣刨宽度为605cm;

③6cm厚下面层铣刨宽度为410cm;

④当基层厚度小于等于25cm时,基层一次刨除,铣刨宽度为296cm;当基层厚度大于25cm时,分两次铣刨,第一次铣刨20cm,铣刨宽度296cm,第二次铣刨宽度为256cm;

⑤老路底基层第一次铣刨厚度按新路基层顶高程和新拼路基层厚度不小于40cm双重控制;

⑥底基层第二次铣刨厚度以新路路床顶高程控制,铣刨宽度约为180cm;

⑦图中尺寸单位以cm计,圈中数字为铣刨顺序号;

⑧铣刨宽度以铣刨层顶面宽度计,超宽按1:1斜坡计。

(2)无锡枢纽以西(K104+200~K276+310)老路面铣刨顺序如图10.5所示。

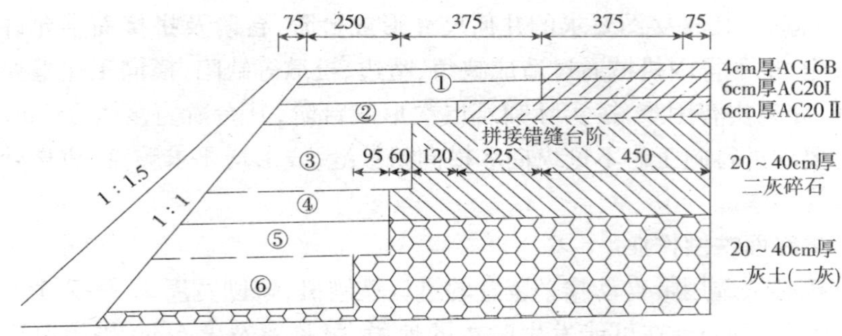

图10.5 无锡枢纽以西(K104+200~K276+310)路面铣刨顺序图

注:①上中面层铣刨深度为10cm,铣刨宽度为625cm;

②下面层铣刨深度为6cm,铣刨宽度为410cm;

③二灰碎石基层第一次铣刨深度 18cm，铣刨宽度 296cm；当基层厚度为 20cm 时，一次刨除 20cm；

④当二灰碎石基层厚度为 30cm 时，第二次铣刨深度为 10cm，铣刨宽度约为 256cm；当二灰碎石基层厚度为 40cm 时，第二次铣刨深度为 20cm；

⑤底基层第一次铣刨以新路基层底高程和新路基层厚度不小于 36cm 控制铣刨深度，宽度约为 266cm；

⑥底基层第二次铣刨的深度以新路床顶高程控制，铣刨宽度约为 177cm；

⑦图中尺寸单位以 cm 计，圈中数字为铣刨顺序号；

⑧铣刨宽度以铣刨层顶面宽度计，超宽按 1∶1斜坡计。

(3)HNLM－4 标段柔性基层老路铣刨顺序如图 10.6 所示。

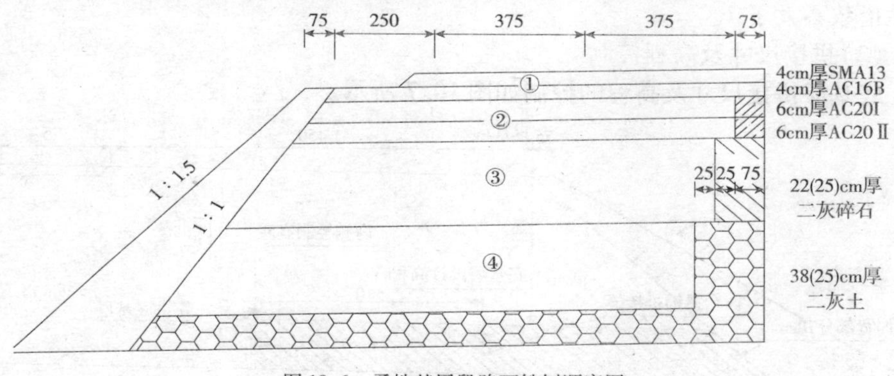

图 10.6　柔性基层段路面铣刨顺序图

注：①罩面及上面层铣刨深度为 8cm，铣刨宽度为 1 000cm；

②中下面层铣刨深度为 12cm，铣刨宽度为 929cm；

③二灰碎石基层铣刨宽度为 916cm，分层铣刨；

④底基层铣刨的深度以新路床顶高程控制，铣刨宽度为 916cm，分层铣刨；

⑤图中尺寸单位以 cm 计，圈中数字为铣刨顺序号；

⑥铣刨宽度以铣刨层顶面宽度计，超宽按 1∶1斜坡计。

(4)铣刨作业应注意的问题

铣刨作业边角切缝处的大块旧料(如沥青止水带、风镐切除的边角料)要单独装运废弃，粒径大于 5cm 的不能再生利用；铣刨厚度在不受台阶高程控制的部分可以加厚，但沥青面层和基层、基层和底基层混在一起铣刨，从而影响再生利用料的质量；铣刨机在施工段加水，不准泄漏，防止水渗入保留的路面结构层中，影响路面的长期使用质量。

铣刨作业应当和施工路段的车辆通行密切协调，防止因车辆通行拼接缝出现松散、啃边，影响拼接质量。

10.2.3 底基层拼接方法

(1)材料

底基层利用老路面铣刨材料。老路面层沥青铣刨料和基层二灰碎石铣刨料可按各50%,掺不超过2%的水泥,控制含水率为最佳含水率±2%,拌和方式为厂拌。经试验满足要求后,根据老路面层、基层铣刨材料的数量,适当调整配合比,铣刨利用料不足时,用粒径为4.75mm以下的混合石屑掺2%水泥的场拌混合料替代,控制含水率为最佳含水率±2%。采用32.5级早强缓凝硅酸盐水泥,安定性满足要求,使用温度小于50℃。铣刨混合料的最大粒径小于50mm,不结块,含水率不大于3%。石屑的最大粒径不大于4.75mm,0.75mm通过量不大于8%,粉料的塑性指数不大于7。

(2)拼接尺寸及高程控制

底基层拼接尺寸及高程的控制如图10.7所示。

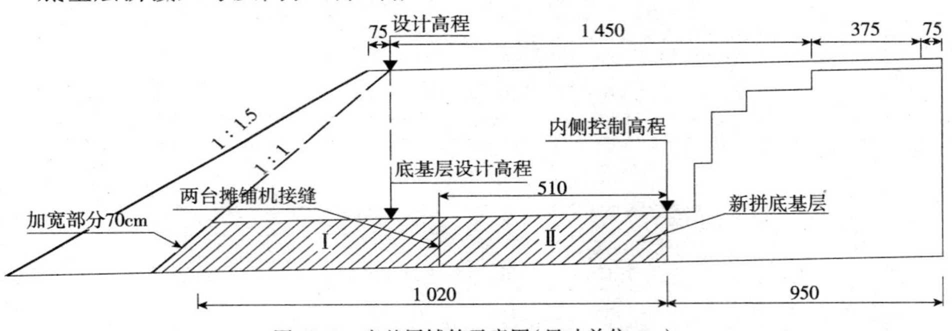

图10.7 底基层铺筑示意图(尺寸单位:cm)

注:①底基层实际铺筑宽度10.2m,其中,拼接缝至硬路肩边缘点垂直投影的宽度为9.5m,加宽铺筑70cm;

②以硬路肩边缘的设计高程减去底基层以上结构厚度作为底基层的外侧高程,并作为钢丝基准面的控制高程;

③内侧控制高程为设计高程控制的铣刨台阶高程。

(3)底基层铺筑

①图10.8中,Ⅰ、Ⅱ表示两台摊铺机阶梯摊铺的平面位置,每台摊铺宽度5.1m,两台摊铺机接缝熨平板重叠10~15cm,前后距离4~8m。

②底基层平整度控制:Ⅰ号摊铺机外侧走钢丝,控制纵向顶面高程,横向用横坡仪控制,Ⅱ号摊铺机两侧都采用纵坡仪控制。一侧基准为Ⅰ号摊铺机的摊铺面,另一侧以铣刨的基层底面台阶为基准,用长度不小于1.0m的雪橇控制高程。

③拌和、运输、摊铺、碾压、养生施工要求同水稳碎石基层施工要求。

④为防止铣刨料结块可采取以下措施:

a. 在铣刨时适当加大水量;

b. 铣刨料堆高不要超过 2m;

c. 在铣刨料仓中增加破拱装置;

d. 每天拌和工作结束后将铣刨料仓放空。

10.2.4　水稳碎石基层拼接方法

(1)基层拼接尺寸及高程控制如图 10.8 所示。

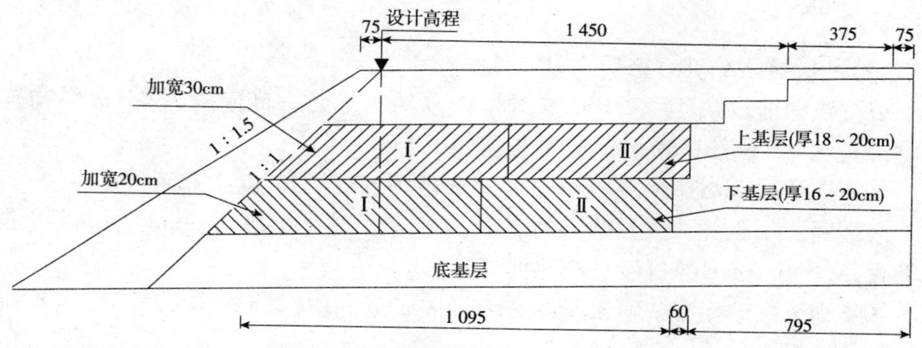

图 10.8　基层铺筑示意图(尺寸单位:cm)

注:①基层分两层铺筑,下基层铺筑宽度 1 095cm,其中含加宽 50cm,上基层铺筑宽度 1 135cm,其中含加宽 30cm;

②下基层外边缘高程 = 硬路肩边缘设计高程 - 上基层厚度 - 20cm - 50cm × 0.02;

③上基层外边缘顶高程 = 硬路肩边缘设计高程 - 20cm - 30cm × 0.02;

④上下基层的内侧高程分别以上下基层拼接台阶的顶高程为控制高程。

(2)上下基层铺筑层厚的控制

①新基层厚度为 40cm,每层铺筑厚度 20cm。

②新基层厚度为 36cm,且老路基层厚度大于 25cm 时,每层铺筑厚度为 18cm。

③新基层厚度为 36cm,且老路基层厚度为 20cm 时,上基层铺筑厚度为 20cm,下基层铺筑厚度为 16cm。

④新基层厚度为 36cm,且老路基层厚度为 22 ~ 25cm 时,每层铺筑厚度为 18cm,但下基层拼接台阶应按 25cm 铣刨,控制台阶顶高程,以确保台阶顶面下基层铺筑厚度不小于 7cm。

(3)基层铺筑

①上下基层均需用两台摊铺机成梯队摊铺,前后距离 4 ~ 8m。下基层Ⅰ号摊铺机摊铺宽度控制 5.5m,Ⅱ号摊铺机摊铺宽度控制 5.45m,两台摊铺机熨平板重叠宽度不小于 15cm。上基层Ⅰ号摊铺机摊铺宽度控制 5.70m,Ⅱ号摊铺机摊铺宽度控制 5.65m,两台摊铺机熨平板重叠宽度不小于 15cm。

②平整度控制。Ⅰ号摊铺机外侧走钢丝，纵坡仪控制以上下基层外侧边缘设计高程控制钢丝基准面，内侧横坡仪控制，Ⅱ号摊铺机两侧都采用纵坡仪控制，外侧以Ⅰ号摊铺机的摊铺面为基准面，内侧以拼接台阶面为基准面，雪橇长度不小于1.0m。

③两层铺筑的时间间隔。下基层的养生时间根据施工温度和工程进度来确定；如果两层基层连续施工，则应保证施工车辆不会对基层形成破坏；否则，将形成薄弱夹层。

(4)基层拼接缝玻纤格栅铺设

玻纤格栅铺设宽度为2.0m，玻纤格栅以新老基层拼接缝两边各1m纵向连续铺设，搭接长度不小于50cm。施工工艺如下：

①清扫基层。对拼接缝两侧各1.25m范围进行清扫、吹尘和清洗。

②灌缝。用森林灭火器吹除拼接缝内灰尘。对小于等于5mm的拼接缝灌乳化沥青；对大于5mm的拼接缝灌热沥青。

③喷洒透层油。在拼接裂缝两侧各1.0m范围内，按0.5kg/m^{2}沥青用量喷洒透层乳化沥青。

④布设玻纤格栅。将玻纤格栅平铺在裂缝两侧各1.0m范围内，且必须与基层粘牢。

⑤洒布黏层油。在裂缝两侧各1.0m范围内按0.3kg/m^{2}沥青用量洒布黏层乳化沥青，待乳化沥青破乳后，按10kg/m^{2}洒布粒径为3~5mm的石屑，将玻纤格栅覆盖。

10.2.5 沥青下面层拼接方法

(1)拼接几何尺寸和高程控制如图10.9所示。下面层新拼宽度为12.41m(含加宽0.16m)，外侧以硬路肩边缘高程减去12cm作为拼接下面层顶高程，内侧以利用的下面层顶高程作为拼接下面层顶高程。

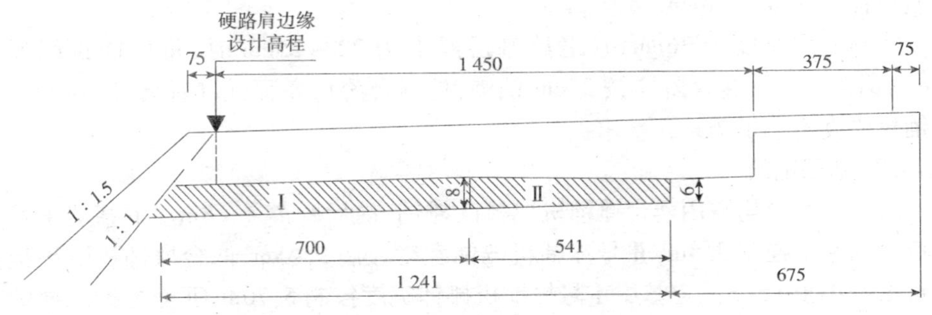

图10.9 下面层铺筑示意图(尺寸单位：cm)

(2)摊铺方法。用两台摊铺机梯队摊铺,纵向错开 4 ~ 5m, Ⅰ号机摊铺宽度 7.0m,外侧纵向走钢丝以设计高程控制钢丝基准面,内侧用横坡仪控制,Ⅱ号机摊铺宽度 5.41m,两侧都用纵坡仪控制,外侧基准面为Ⅰ号机的摊铺面,内侧以利用的下面层顶高程为基准面,铺筑厚度由 8cm 变化到 6cm。

(3)非桥头过渡段的高程调整段和老路行车道下面层及基层需要补强的地段,下面层应和新路下面层一并铺筑,此时和老路的拼接缝应放在距老路超车道和行车道分界线向外 30cm 处,Ⅱ号机摊铺宽度为 7.36m。因此Ⅱ号机拟采用油压伸缩摊铺机,基准面控制原则同第 2 条。

(4)老路桥头过渡段下面层铺筑,要整幅将高程调整到位。其铺筑方法是:以调整后的下面层顶高程为准。在老路面路缘带和行车道外侧边缘挂钢丝基准面,从老路行车道外边缘至内侧路缘石摊铺,宽度为 8.35m,一台摊铺机全幅摊铺。摊铺厚度大于 10cm 时分两层摊铺,下面层拼接位置在第二、三车道的分界线,摊铺超宽 10cm 切除,和新路下面层冷缝拼接。

10.2.6 沥青中面层拼接方法

(1)中面层新拼宽度 14.58m(含加宽 8cm),外侧以硬路肩设计高程减去 4cm 作为中面层外侧顶高程,内侧以老路超车道外侧边缘高程为控制高程。

(2)铺筑方法。用两台摊铺机梯队摊铺,纵向错开 4 ~ 5m。Ⅰ号机摊铺宽度 7.50m,外侧走钢丝用纵坡仪控制,以设计高程控制基准面,内侧用横坡仪控制,Ⅱ号机摊铺宽度 7.08m,两侧都用纵坡仪控制,外侧基准面为Ⅰ号机的摊铺面,内侧以利用的下面层顶高程为基准面,无锡枢纽以东(K1 + 770 ~ K104 + 200)要降低 4cm。铺筑厚度由 8cm 变化到 10cm,如图 10.10 所示。

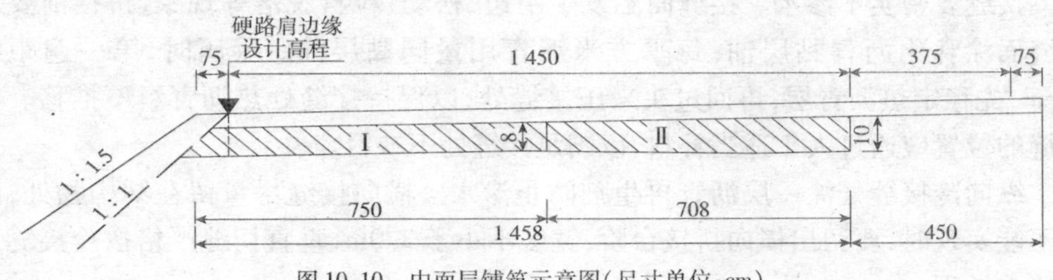

图 10.10 中面层铺筑示意图(尺寸单位:cm)

(3)老路超车道高程调整段、维修补强段、桥头过渡段,要在新路中面层铺筑前完成,铺筑时超宽 10cm,然后切缝到拼接位置。

10.2.7 上面层拼接方法

(1)无锡枢纽以西段(K104 + 200 ~ K276 + 310)上面层铺筑宽度 19.0m,用三台摊铺机成梯队摊铺,纵向错开 4 ~ 5m,除桥头调坡段外,应按设计高程控制,如图 10.11 所示。

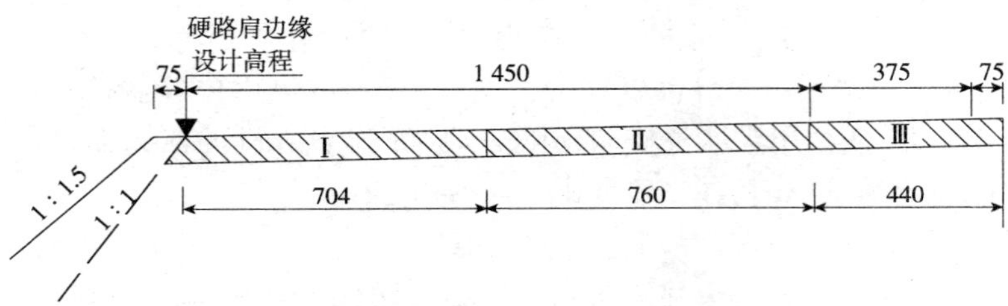

图 10.11 上面层铺筑示意图(尺寸单位:cm)

(2)无锡枢纽以西段Ⅰ号机摊铺宽度7.04m(含加宽4cm),Ⅱ号机摊铺宽度7.60m,均以悬浮式找平梁控制压实厚度4cm,均匀连续摊铺,Ⅲ号机两侧纵坡仪控制,外侧以Ⅱ号机铺筑面为基准,内侧在路缘石内拉钢丝以设计高程控制基准面。

(3)无锡枢纽以东段(K1+770~K104+200)超车道罩面利用,上面层铺筑宽度14.64m,用两台摊铺机成梯队摊铺,纵向错开4~5m,外侧以设计高程控制,内侧以利用的超车道的外缘高程控制。

(4)无锡枢纽以东段Ⅰ号机摊铺宽度7.04m(含加宽4cm),采用悬浮式找平梁控制压实厚度4cm均匀连续摊铺,Ⅱ号机两侧纵坡仪控制,外侧以Ⅰ号机铺筑面为基准,内侧以老路超车道路面为基准。

(5)无锡枢纽以东段超车道高程调整段病害维修处理段,必须在新路上面层铺筑前完成,形成连续的基准面。

(6)桥头调坡段及桥面拟和新路上面层同步铺筑,铺筑方法同第(2)条。

10.2.8 面层拼接接缝的处理

接缝要密实不渗水。接缝面不发生啃边、松动、粒料脱落等现象,拼接前要对接缝面涂乳化沥青黏层油,每平方米沥青用量同黏层油。碾压时,第一遍距缝30cm,先稳定热沥青层,再回过头来压接缝处,以保持接缝处热沥青料不推移。在接缝的位置应通过人工适当补料,以满足接缝处不缺料。

纵向冷接缝处涂一层沥青再生剂防止渗水。横向接缝尽量留在结构物处,因故不能实现时,要留出横向拼接台阶,宽度不小于2.0m,垂直切缝严格按冷接缝工艺要求处理。

10.3 本章小结

路面加宽的核心问题是接缝处治。本章以沪宁高速公路路面加宽工程为例,对老路面铣刨,底基层、基层、面层的加宽及施工进行了阐述。具体实施过程中,应因地制宜开展研究。

本章参考文献

[1] 中华人民共和国行业标准.JTG D30—2004　公路路基设计规范[S]. 北京:人民交通出版社,2004.

[2] 江苏宁沪高速公路有限公司. 沪宁高速公路扩建工程路面施工指导意见(试行).2003.